靛花卷三字

西南联大
书信录
下

龙美光 著

团结出版社
UNITY PRESS

目 录

1941

1946

1941

无论如何，
我们现在已经
完全住进了这所新房子，
有些方面
它也颇有些美观和舒适之处。
我们甚至有时候
还挺喜欢它呢。但看来
除非有慰梅和费正清来访，
它总也不能算完满。
因为
它要求有真诚的朋友
来赏识它真正的内在质量。

——林徽因

家国进步足抵从前四百年

——刘文典致胡适

适之吾兄左右：

弟和吾兄四年未见面了，这四年中间家国社会的进步足抵从前四百年，吾兄对国家的功绩之伟大更是前无古人。故人在远道闻之，也引为光荣。弟自北平沦陷后备历艰危，次年春间始由叶企孙先生派人设法，脱离险境，经天津、香港、安南到昆明。始则整理旧稿，就《庄子》一书与日本之武内义雄、狩野直喜交战，幸胜过之；继则在《大唐西域记》《慈恩大师传》与前人竞争，尝以战绩示寅恪先生，极承嘉许，为拙作制序，以为"可匡当世之学风"。近来拟治《佛国记》，惜日本西京帝国大学所刊善本无法购求，乃未动手，计算四年的成绩不过此区区耳。所堪告慰于老友者唯有一点，即贱躯顽健远过从前，因为敌人飞机时常来昆明扰乱，有时早七点多就来扫射，弟因此不得不黎明即起，一听警报声，飞跑到郊外山上，直到下午警报解除才回寓。因为早起，多见日光空气，天天相当运动，都是最有益于卫生，所以身体很好，弟常说"敌机空袭颇有益于昆明人之健康"，并非故作豪语，真是实在情形。内子与小儿平章前年夏也到昆明，现在都很好。内子很惦记嫂夫人，从前听说在上海，祖望在美国，不知道现在都到美国了么？

弟现在有一件事拜托吾兄，务乞推爱留意，弟有得意弟子陈福康，江阴人，清华大学工学院毕业，其成绩之优异为师友所器重。弟往岁荐之孟余兄，派在粤汉路工作，六年以来已升至帮工程师，此人品学均佳，有志上进，原拟在路上工作数年，再到美国留学，以求深造，不意战事发生后外汇高涨，伊故乡居宅毁于兵火，已无自费留学之财力，仄闻吾国在美青年领事馆员多有半工半读、继续求学者，如有此等机会，务恳吾兄为之留心，倘荷玉成，感同身受。伊现在昆明川滇路工务科服务，特开一履历附呈。专此寸简，敬颂

勋祺。不一

弟文典再顿首
一月十三日

所以从俗写"勋祺"二字者，以吾兄真有大勋劳于国家也。

乞速赐覆

这是西南联大文学院中国文学系教授刘文典于1941年1月13日致胡适的信。信中细述了他几年来奔赴大后方，在联大服务的工作、生活实际情形。

这时，因为全面抗战的爆发，刘文典和旧友胡适分别已快四年了。到联大任教，也快三年了。

生于1889年的名教授刘文典，在联大，在每一所学校里都是以极具个性著称的。先生原名文骢，字叔雅，安徽合肥人。1906年到设于芜湖的安徽公学学习。1907年加入同盟会。1909年赴日本早稻田大学求学，1912年回到上海，与于右任等主办《民主报》。1913年"二次革命"失败后再度赴日，加入中华革命党，并在孙中山秘书处任秘书。1916年回国后到北京大学任教。曾担任《新青年》英文编辑。1927年应聘出任安徽大学校长。1929年任清华大学国文系主任。抗日战争期间在西南联大任教。中华人民共和国成立后，在云南大学任教，并加入九三学社，被选为全国政协第一、第二届委员。一生译有《生命之不可思议》（1926）、《进化与人生》（1927）、《进化论讲话》（1927）、《日本陆军大臣荒木贞夫告全日本国民书》（1933）等多部作品，撰有《三馀札记》（1928—1939）、《淮南鸿烈集解》（1931）、《庄子补正》（1947）等论著。

1958年病逝于昆明。

1928年，刘文典因顶撞蒋介石而遭牢狱之灾。鲁迅激于义愤，曾撰写杂文《知难行难》声援："安徽大学校长刘文典教授，因为不称'主席'而关了好多天，好容易才交保出外，老同乡，旧同事，博士当然是知道的，所以，'我称他主席！'"这便是刘文典以狂人本色和特立独行闻名于世的开始。

以此思哀，哀可知矣

作为联大的知名教授，他是因抗战而来到昆明任教的。与陈寅恪等教授一样，他也与日寇有着不共戴天之仇。

早在九一八事变之时，刘文典爱子刘成章即因日寇侵华而卧轨身亡，使他极为悲愤。他在1939年完成的《庄子补正》自序中自述心绪："五稔以还，九服崩离，天地几闭，余复远审荒要，公私涂炭。尧都舜壤，兴复何期，以此思哀，哀可知矣。"

如信所言，卢沟桥事变爆发后，日寇入侵北平。滞留在平的刘文典拒绝与敌寇合作，只好辗转逃难，逃离北平，由塘沽搭乘外轮，从香港、越南海防，经两个多月，于1938年5月22日来到云南蒙自西南联大任教（年底随学校迁到昆明）。其间，因为逃难，他积攒一生的珍本图书遭受了厄运，寄存于香港大学的珍贵藏书为日寇尽数掠去（后藏于台湾科技大学）。

在西南联大文法学院，刘文典向学生讲授《文心雕龙》等课程，与联大诸多名流留连于南湖的旖旎风光之中。

"风物居然似旧京，荷花海子忆升平。桥边鬓影犹明灭，楼上歌声杂醉醒。南渡自应思往事，北归端恐待来生。黄河难塞黄金尽，日暮人间几万程。"又是南渡之愁绪，又是北归之茫然。手抄挚友陈寅恪的七律诗句，刘文典心中亦是难解的家仇国恨。

失子、失书、背井离乡，在如此的哀情悲愤中，刘文典常常沉浸在痛苦之

刘文典下课归来（刘平章
保存，章玉政提供）

中。早在来联大之前，为了减轻这种痛苦，夫人张秋华建议他吸食鸦片以缓解苦痛。无奈，从此染上了吸食鸦片之恶习。又因他喜食火腿，故有"二云居士"之雅号。新中国成立后，刘文典当选全国政协委员，他认为，老子政治哲学中的精义"生而不有""为而不恃""长而不宰"，已经一一实现了。他动情地说："处于反动统治的旧社会，走投无路，逼我抽上了鸦片，新中国成立后，在共产党领导下，社会主义国家蒸蒸日上，心情舒畅，活不够的好日子，谁愿吸毒自杀呢？"他还说："今日之我，已非昨日之我！我'再生'了！"在这样的欣喜之情下，他以两个月之毅力，决然戒掉鸦片。

《庄子》研究　天下之至

刘文典素以狂士名士风采著称。但在联大，他不仅是狂人，更是极具个人魅力的师者。他独特的讲课风格在学生心目中留下了深刻的印象。联大学子回忆，刘文典教学生写文章，仅授以"观世音菩萨"五字。学生们不明其所旨，他解释道："观"乃多多观察生活，"世"乃需要明白世故人情，"音"乃讲究音韵，"菩萨"则是要有救苦救难、关爱众生的菩萨心肠。

他开《文选》课，一年只能讲其中两三篇文章，其中又必讲《文赋》。几千字的《文赋》一讲就是两个月。谈到《文赋》精彩处，即表白："《文赋》有多种讲法，讲一年亦可，讲一月亦可。例如此句此字，真乃一字千金！要不是它真好，古人与我非亲非故，我又何必这么捧它？"

在联大，刘文典主要讲授"中国文学专书选读"和"中国文学批评"等课程。其中《庄子》的选读选讲一时受到联大学生热捧，"情况甚盛"。

他历来致力于《庄子》研究，自诩为中外研究庄子的两个半人之一。正如他致胡适的这封信所说，他的庄子研究显示了独有的个人风格，足以与外间人交战。值得注意的是，他的研究成果并没有堆积在书房里，而是最为及时地走进了课堂。1941年1月24日，《朝报》刊文称："联大教授刘文典，为国内第一流学者。前在师范学院演讲《庄子哲学》时，曾说：'中外古今人士，研究庄子者甚多，但能称得懂得的，只有两个半人：一个是日本的武内义雄，一个是马夷初先生，还有半个就是俺刘文典也。'按武内义雄研究庄子，虽精湛，但远不及刘先生，故能把武内压倒，替我国争光，此刘先生自己亦已承认之矣。"

吴晓铃也回忆："在西南联合大学，我听过叔雅先生讲《庄子》，不是在'破瓦寒窑'式的所谓'新校舍'，而是在大西门里文林街的基督教文林堂，那儿的牧师常常邀请昆明各大学的教授去作学术报告，爱讲什么就讲什么，反对宗教迷信都没关系，倒也开明豁达。叔雅先生报告中给我印象最深的是他解释《庄子》第二十七篇《寓言》里'万物皆种也，以不同形相禅，始卒若环，莫得其伦，是谓天均'的'天均'。他使用了一个西方哲学的用语，说：'均'就是Natural balance嘛！言简意赅，一语中的，不能不使人钦服。现在回味起来，觉得其味无穷。Natural balance岂不就是大家经常长在嘴上的'生态平衡'么！老师宿儒的横通功力，后学者诚难望其项背，不愧被反将赐以'学术权威'

之嘉名也。"

至于刘文典的《庄子》研究水平如何，早在1939年11月14日，陈寅恪在《庄子补正》一书序言中就表彰有加："合肥刘叔雅先生文典以所著《庄子补正》示寅恪，……寅恪承命读之竟，叹曰：先生之作，可谓天下之至慎矣。……先生此书之刊布，盖将一匡当世之学风，示人以准则，岂仅供治《庄子》者之所必读而已哉！"

"红学"之盛　联大一绝

刘文典的《红楼梦》研究，在联大也是一绝。1948年6月14日，北平《新民报日刊》刊发《红学之派别》，即专门述及西南联大的"红学"热，文章指出："近来研究红学之风，更盛极一时，西南联大既设红学讲座于前（主持者为刘文典教授），文学家王昆仑复出版专著于后（太愚：《红楼人物论》），皆极有成就。"

关于刘文典的《红楼梦》讲座，且不说他与吴宓在课堂上的互动佳话，先来看看1942年3月17日《朝报》报道的盛况："联大国文会主办之中国文学第十二讲，昨晚七时在师范学院举行，特请联大名教授刘文典讲红楼梦。按刘文典为国学名宿，精研庄子，为国内唯一学人。每次作公开演讲，凡文化界人士，辄废食往听。刘先生对国学之造诣，于兹可见。昨应国文学会之请，特讲演素具心得之红楼梦。数日前该布告贴出后，联大同学，无不以一听为快。昨晚男女同学废食往听者甚众。未及五时，教室座位几被男同学占据一空，鹄立门外之女同学尤众。刘先生至时几无路可通。开讲后，全场空气异常肃静。刘先生每讲至精彩部分及其独具心得之处，听众心领神会，无不动容，一时余始毕。惟同学怅然之情，犹以为未足云。"

"一次他的学术讲座，因为人多，一连换了三次地方。最后决定露天讲学。"联大学生马逢华在《刘文典教授》中就有精彩的回忆："那次是刘文典讲

《红楼梦》，校园里到处都贴满了海报。时间是某天晚饭以后，地点在图书馆前面的广场上。届时早有一大群学生席地而坐，等待开讲。其时天尚未黑，但见讲台上面灯光通亮，摆着临时搬来的一副桌椅。不久，刘文典身穿长衫，登上讲台，在桌子后面坐下。一位女生站在桌边，从热水瓶里为他斟茶。

"刘文典从容饮尽了一盏茶，然后霍然起立，像说'道情'一样，有板有眼地念出他的开场白：'只、吃、仙、桃、一口，不、吃、烂、杏、满筐！仙桃只要一口，就行了啊！'这两句开场白，一方面表现出他的自负，一方面也间接回答了大家对他长期缺课的怨言。语毕，他又端起杯子，喝了两口茶，然后说道：'我讲《红楼梦》嘛，凡是别人说过的，我都不讲；凡是我讲的，别人都没有说过！今天给你们讲四个字就够了。'于是他拿起粉笔，转身在旁边架着的小黑板上，写下'蓼汀花溆'四个大字。……刘文典那次演讲的内容，正像他的面貌一样，在我的记忆中，已经模糊，但是他那几句开场白，却是我终生不会忘记的。如此豪语，学术圈里哪得几回闻！"

成名成家　吹牛资本

作为一名古典文学教授，刘文典给不少人留下的或许是一个学究的形象。然而，他的至情至性又该是多少人没有注意到的？联大哲学心理学系校友刘兆吉在《刘文典先生遗闻轶事》一文中披露：

西南联大青年教师陶光是刘文典的得意门生。以下是陶光告诉我的故事：他因为备新课久未看望文典先生了。这次特别抽暇去看他。不料见面就没头没脑的，被以"懒虫""没出息""把老师的话当耳旁风"等话骂了起来。"我想他是鸦片没吃足，发神经病，我一向尊重老师，但学生也不是奴隶，随便辱骂，我已忍无可忍，要以暴易暴。"正要怒目反击时，忽见刘先生用力一拍桌子，声音更大地说："我就靠你成名成家，作为吹牛的本钱，你不理解我的苦心，你

民國卅一年七月下澣寫於小長安之學稼軒 木翁

西南联大时期，刘文典画在书边的老鼠。（刘平章保存，章玉政提供）

忍心叫我绝望么？"愤怒的脸忽然变成可怜的脸。陶光也把行将爆炸的怒火，压了下去，变成了同情、怜悯老师了！

"对于老师视我为他'吹牛的本钱'一语，很受感动，几乎破涕为笑，即扶老师坐下，为老师倒一杯茶，承认太粗心，也说明备新课任务重，致久未来问候等。他也许自知批评学生太过火，留我吃晚饭。"陶光说，"知我者，叔雅师也。"

文典先生在盛怒之下，看学生已被激怒，面有愠色，大有火山即将爆发之势，他随机应变，话锋一转，以幽默的语言，道出了蓄意已久的真心话，使陶光转怒为喜。一场山雨欲来的风暴，变成风和日暖，师生友谊更加深了。

成功的学生是教师最好的作品，不过，学生再大的成功也超不过老师对他们的期许。刘兆吉从陶光处听来的这段往事，以及致胡适的这封信中，为了替已升任粤汉路助理工程师的陈福康争取继续提升的机会，特意举荐、"打招呼"

的举动，都使文典夫子悄然走下了"狂人"的神坛。

是的，刘文典，就是我们身边一位有情有爱、有血有肉的老先生。他因狂狷而孤独，也因孤傲而卑微，更因卑微更伟岸。

警报内外　几多悬案

在这封信中，刘文典还专门谈了跑警报的情形："所堪告慰于老友者唯有一点，即贱躯顽健远过从前，因为敌人飞机时常来昆明扰乱，有时早七点多就来扫射，弟因此不得不黎明即起，一听警报声，飞跑到郊外山上，直到下午警报解除才回寓。因为早起，多见日光空气，天天相当运动，都是最有益于卫生，所以身体很好，弟常说'敌机空袭颇有益于昆明人之健康'，并非故作豪语，真是实在情形。"

跑警报有益于健康，这在当时，应该说有别于他人的观点。通过跑警报，加强了运动，强健了体魄，确有道理。由是，穿越时空而去，刘文典或许已成为当时抱着每天早起运动打卡意识的第一人。

关于跑警报，刘文典之子刘平章回忆，到昆后不久，"我们搬到了西站附近的龙翔街。龙翔街靠左边有一栋两层楼的房子，我们在耳房上租了一间。住在龙翔街一是为了父亲去联大上课方便，二是有利于跑警报。那时候我们跑警报就是去虹山，从家里走过现在的一二一大道，过去便是虹山。那时跑警报首先是看看五华山上的灯笼，挂一个就是预袭警报，就要准备跑了。我早上起来，母亲就叫我去看五华山上是否挂上灯笼，一有灯笼我就回家报告。这时父母和我三个人便跑过马路往前走，大概走半公里就到了虹山。当时虹山一间房子也没有，小山坡还有一块平地，我们花了点钱挖了一个土洞。在那里大概从10点，待到下午一两点钟才回家。跑警报的时候，有时会有西南联大的学生遇到父亲，就和父亲一起跑，还到我们挖的那个土洞里，拿着书读，或者在里面谈谈学问和其他什么。有次我们跑警报回来，家里房子虽然没倒，但是一上楼看，整个瓦面全飞掉了，没有了屋顶，家里到处都是灰尘。没有办法，就托人到官渡给我六叔报信。六叔找了个马车把我们家不多的行李运到了官渡，从此我们就住在官渡了。在官渡那段时间比较安全，因为敌机是不到那边轰炸的。"

刘文典跑警报，流传更广的故事是：在西南联大期间，一次跑警报，刘文典看到极为钦佩的陈寅恪教授也在"跑"之列，于是一边跑一边大喊"保存国粹要紧！保存国粹要紧！"，迅速赶去搀着陈寅恪。此时，见到沈从文从身旁跑过，便挖苦："陈寅恪是为国粹而跑，我刘某人为了庄子而跑，学生则是为了未来而跑，你沈从文到底是为谁而跑呢？"

经过几十年的流传，这一传闻已越传越真，越传越神。但我们却可以从沈从文为怀念朱自清而写的《不毁灭的背影》中见一端倪。沈从文说："熟人记忆中如尚记得联大时代常有人因同开一课，各不相下，僵持如摆擂台局面，就必然会觉得佩弦先生的折衷无我处，如何难得可贵！……陈寅恪、刘叔雅先生的专门研究，和创作上的试验成就，佩弦先生都同样尊重，而又出于衷心。"不难想象，假如被刘文典奚落过，沈从文怎么可能写出这样表彰文典先生的文章来？

对此，刘平章也自述说："沈从文在昆明的那段时间，住在丁字坡旁边，也就是以前的唐公馆对门，而我们家住在龙翔街。住在丁字坡的人跑警报，往往是跑以前的英国花园或现在的圆通山后面。我们跑虹山，他们两人是不会遇到一起的，而且我们没跑几次就搬到了官渡。我觉得那时敌机要来了，大家都是慌慌张张地跑，一个人遇到另一个人还能说出'你跑什么？我跑是为……'这样的话，估计那已经不是一个正常人了。"

无论如何，如火如荼的全民团结抗战热潮，使刘文典看到了国家的力量、民族的希望。正如他在信首所说，抗战以来"这四年中间家国社会的进步足抵从前四百年"，倭寇之败当在必然，我中华之胜利当在不日之将来。因此，尽管自己在家破人亡之后"备历艰危"，来到这荒僻的边地，与国家民族同患难，也是值得的。

见肉心喜，思之可笑
——朱自清致俞平伯

朱自清姓名中一个"清"字，或蕴含着清高之意，其实更蕴含着清贫之意。至少，在联大八年，他是处于清贫之中的。

李广田曾在《最完整的人格》一文中说，1942年"我到了昆明，在大街上遇到的第一个熟人就是朱先生，假如不是他老远地脱帽打招呼，我简直不敢认他，因为他穿了一件奇奇怪怪的大衣，后来才知道那是赶马的人所披的毛毡，样子像蓑衣，也像斗篷，颜色却像水牛皮。我当时只是想笑，然而不好意思，他却很得意地告诉我一个大消息：太平洋战争已经爆发，中国的抗战已成了世界大战的一环，前途十分乐观。以后我在街上时时注意，却不见有第二人是肯于或敢于穿这种怪大衣的"。

这样的披毡，多见于云贵山林间的放牧者身上，其用途多为避风雨与御寒，因此哪怕是乡间农家日常生活中也是不易得见的。然而，朱自清却因无力购买棉服，时常身着这样一件放牧者的披毡，可见其清贫至极了。

这样的清贫境况，也反映在他的书信中。

1941年4月16日，他致挚友俞平伯说：

平伯兄：

前奉手教，借念起居，颇为欣慰。售书事承惠允代办，并将整理罗列，极感盛情。曩书匆促写成，尚有一二事乞为留意。一、弟在英伦所得书片四册，拟不出售。二、逻辑讲义拟不出售。三、《谢灵运诗注》《鲍照诗注》《玉川子诗注》拟不出售。但此信到时如以上文件均已售脱，即亦听之而已。且此文件或不在存府上诸箱中，则亦请斟酌办理。四、兄所需用之书，可留存，不必出售，即作为弟奉赠。稻公处另附一信，曩函实太草率，殊不近人情也。

更有一事奉恳。即《谢灵运诗注》一书，弟暑后拟授谢诗，需用甚切。如能拆开，每数页另封，列号寄下，最所感盼，能挂号自最佳。上海可行此法，不知北方如何。能航寄自请航寄。大约须作为信件。此事甚麻烦。如不方便，即请作罢。惟前托汇沪款一节，仍恳设法办到，极所铭念。舍弟妇姓陶名芹，寄书可写"陶芹女士"。

五华中学高二班毕业纪念师生合影。第一排左起：谭秀琼、范宁、杨名聪、李为衡、朱自清、于乃义、张澜庆、王瑶、汪篯、孙本旺、马荣礼；第二排左二起：彭行录、严达、赵仲邑、俞和权、凌德洪、焦瑞身、高鼎三、吴征镒、扈进修、江风、郭玉贞、陈光远。

弟近来胃病大发，精力颇不如前，大约营养亦差也。肉食虽不致太缺，然已见肉心喜，思之可笑。离家年半，客中生涯亦不至太寂寞，但时思则不免耳。家父近有来信，尚健，惟已须人扶持行动。扬州一女一儿俱已就事，只最幼之女在家侍奉家父，如此负担可以略轻。

近赠江清一诗录奉台阅。尊作尚未得读，暇当向七公索观耳。

小枨、江清长谈，得慰岑独作此赠之：

天涯联榻各无家，狼藉丹铅送岁华。

退食高言河汉远，钉盘常供锦糖赊。

忧来乘病如蜂拥，语重兼金抵纩加。

蛮蜑相期君一笑，碍人芳草不须嗟。

弟自清

四月十六日昆明

信一起头，就谈委托代售书籍事宜。生活重压之下，朱自清只好出售藏书。但这些书中，亦有不拟出手的几种，均乞留意。此种依依难舍的心境，正乃其清贫窘状也。交代完图书处置等事宜后，他接着告知，近期胃病发作，精力大不如前，估计和营养太差也极有关系。昆明处于大后方，但并不比前线好多少，生活条件方面，"肉食虽不致太缺，然已见肉心喜，思之可笑"。这种窘迫的境遇，全面抗战以来，始终伴随着朱自清。

几年来，艰难困苦，从未改变，反而呈愈演愈烈之势。1943年12月22日，他上致俞平伯的信又写道：

平伯兄：

三片一函均收到。弟书承兄代售并设法多得价，感谢之怀，非言可罄，他日当泥首谢耳。存款拟专作扬州家用。信到后乞即汇约值沪币二千七百元之数至舍弟妇处为感！以后隔一月请再汇沪币一千二百元。又前谈及《谢灵运诗

有鱼改善生活，孩子们都很
开心。这是周培源的两个女
儿如枚、如雁在戏鱼。（选
自《周培源》画册）

注》，在此百方求觅而不可得。兄如方便，可否乞为购回？即不能寄下，亦请存
尊处，恐战后亦不易求也。琐琐不情之请，乞酌办，为幸！

　　兄寄昂若诗，已见重庆报端。关心兄者借此得见尊抱，颇以为慰。圣兄来
信亦述及此。有刊物曰《文坛》，久嘱弟作一短文叙兄情况。诺之已久，尚未动
笔，最近必当写寄，借示关心诸人。

　　近七公觅出兄银婚诗，淡远秾丽，兼擅其美，是在忧患中语，读之感慨。
弟离家二年，天涯已惯，然亦时时不免有情也。在此只教读不管行政。然迩来
风气，不在位即同下僚，时有忧谗畏讥之感，幸弟尚能看开。在此大时代中，
更不应论此等小事；只埋首研读尽其在我而已。所苦时光似驶，索稿者多，为
生活所迫，势须应酬，读书之暇因而不多。又根柢浅，记忆差，此则常以为恨
者，加之健康渐不如前，胃疾常作，精力锐减。弟素非悲观，然亦偶尔栗栗自
惧。天地不仁，仍只有尽其在我耳。前曾拟作一诗，只成二句曰，"来日大难常
语耳，今宵百诵梦魂惊"，可知其心境也。

前函述兄为杂志作稿事，弟意仍以搁笔为佳。率直之言，千乞谅鉴。

家父与一男二女在扬州，一男已成壮"丁"，颇为担心，但亦无力使其来西南。此事甚以为苦，大男仍在边境经商。成都有二男二女，大女采芷在川大已第三年。小女生甫三周岁，二男已俱在小学，尚知勤学。闰生明暑似可卒业矣！诚侄闻已来昆，未见，欣侄仍在重庆。此二君颇能干，可能自了，贤伉俪尽可放心。惟其生活方式或未必同于我辈一代，此亦自然之势，我辈亦无所用其惊诧也。纸短意长，姑止于此。即

　祝

双安！

老伯、伯母大人前乞代请安！

弟清

十二月廿二日

两三年过去，朱自清先生的生活仍然是：卖书卖书卖书。《谢灵运诗注》一种，1941年的信中曾交代拟不出售，何以两年后竟百方求觅而不得？原来真已售出，现在要购回却难了。他的这些艰难遭遇，恰如他在联大时一首题为《市肆见三希堂山谷尺牍，爱不忍释，而力不能致之》的旧诗所写：

> 诗爱髯苏书爱黄，
>
> 不妨妩媚是清刚。
>
> 摊头踯躅涎三尺，
>
> 了愿终悭币一囊。

空袭将繁盛之地毁半

——杜汝楫致中山大学高中级友

西南联大的同学来自全国及南洋各地知名中学校。有学生考入联大，常常是这些中学引以为豪的资本。能考入联大，也成为这些同学向母校的最好汇报。

汇报的最好形式之一，则是向这些中学所办的校友刊物、级友刊物写信介绍昆明及联大的情况。

众多的致母校、致级友、致学弟学妹信，多半围绕春城的美丽风光、人情风俗和联大的大体见闻来下笔。但是中山大学高中民二七级校友、联大法商学院政治学系学生杜汝楫1941年4月29日在致级友的信中，主要汇报的却是昆明被轰炸的情形。

其信写道——

各级友：

今日接到民二十七级会寄来一份"通知书"（暂且称为通知书吧），知道我们的校友并不散漫，甚为可喜。现在我没有什么东西写给你们，不过是说些闲话而已。

自你们离开云南后昆明便遭过很多次的空袭，最近已将繁盛的地方毁半矣。破坏的情形待我说给你听：

正义路繁盛的店铺多已炸毁，最显著的就是汇康百货公司全部烧掉，真是

1939年，西南联大实习师生与中山大学师生在云南澄江相会后合影。

连渣都没有，其他如世界书局、亨达利钟表铺等皆成瓦砾之场。福照街中段亦疮痍满目，那里的铺子多是新建的，当我们去巡视灾区时，从破瓦残垣中还看见"紫气东来""上梁大吉"等字样，但那里不见紫气东来却是红气东来了，（因敌机放夷烧弹致烧掉的）这也许是神明不公平的报酬吧！其他地方受敌机炸毁的尚有大众影院，并且附近百余铺位，皆化成灰烬。

在昆明除轰炸之外尚有一件悲伤的意外事，那就是新建的大逸乐倒塌压毙的，大约有三四百之多，可谓空前遭劫。"大众"及"大逸乐"电影院本为"老滇"唯一的娱乐场所，而现今皆毁坏，无论使老滇娱的情感无从发泄，乃齐向一般人认为使文化人的娱乐场所的"南屏""昆明"两影院拥去。结果这两间影院都变成老滇化了。因为变成滇化，所以我们只得退到家里来。有人说："读书乐好。"如能试试看，看看古人之言有无错误！

我告诉你们一个消息，我们有一位级友，是一个飞天将军——卢伟英君，听说已经毕业了，并听说要调到伊黎去，当他接到这个消息时，那种欢欣的表情真是不可以形容的。听说他们之所以这样欢喜，原来是因为伊黎的少女甚为漂亮，尤其那里的番女，又美，又白，又嫩，又多情，又活泼，谁个青年不善钟情？……

可是最近接到卢伟英从成都寄来的信，知道他们仍不能开到伊黎去。还要在成都作"政治训练"，也许至二十二个月后始能开赴到现代的"桃花江"云。

末了，希望你们告给我一点消息。

祝你们

进步！

弟杜汝楫　四月二十九日

中山大学民二十七级（1938级），即1938年在云南澄江中山大学附中毕业者。信中"伊黎"即新疆伊犁，原文如此。杜汝楫说，自级友毕业离开云南后，昆明便遭遇了多次空袭。自1939年9月28日遭遇第一次轰炸昆明后，日机多次前来轰炸昆明的繁华区域、文化机关。1941年，在此信发出前，又袭击了正义路繁盛街道。敌祸之外，新建的大逸乐影戏院在2月27日的倒塌则造成了惨剧。当晚，该影戏院正在放映新片《少奶奶的扇子》，23点左右，在第三场快放映完时，突然发生了倒塌，观众伤亡甚重。事件发生后，昆明人编顺口溜调侃道："少奶奶的扇子，扇倒大逸乐的房子。"

对于这个大逸乐，联大人总是记忆犹新。联大剧团曾在那里演出过曹禺的名剧《雷雨》，法商学院法律学系毕业的陈道毅同学回忆：

昆明遭空袭时天空盘旋
的日机（胡小平提供）

记得有一次，大约是1939年，有个联大的同学到"大逸乐"电影院看电影。后排坐着一位军官和他的女朋友，一边吃瓜子，一边大声谈笑。那位同学掉过头说："先生，请你小声点，我们要听英语。"散电影后，几个彪形云南士兵不由分说，将这个学生绑在圆柱上，用鞭子抽打，血流满地，扬长而去。

如今，这一放映了大量外国电影的摩登之地轰然倒塌，自然引起写信人的惋惜。他说，"大逸乐"倒闭，人们"乃齐向一般人认为使文化人的娱乐场所的'南屏''昆明'两影院拥去"。影院太挤，"滇化"严重（大抵是指影院内多为云南人，又多操着云南方言解说电影），联大同学就只好安心回到学校生活，尝尝"读书乐好"的滋味。

信中还谈到一位从该级毕业的卢伟英同学。联大法商学院法律学系袁昌本

西南联大被日机轰炸后情形

同学于1941年10月10日回忆了在联大与他重逢的情景：

　　记得在昆明初次和他会晤的那天正是一个酷寒的日子，他在图书馆找到我，相见之下我真惊喜得忘形，料不到阔别四年的老友还是从前那样结实粗壮的个子，深绿色的军装，束一条皮腰带，雄赳赳地真不愧是一个勇敢的战士。

　　我们（还有他的几个同侣）在学校附近的饭馆里饱餐一顿，各自倾吐几年来的生活经历，才知道他在南京入伍，后来撤退到汉口，再调到云南蒙自受训练，最近才到昆明来，如今在高级班，快毕业了。

　　……差不多每个星期日例假他都到我们学校里来。这是唯一的见面的日子，除非他偶然有机会进城，骑单车"偷鸡"到我们这里来。我们常常到南屏电影院看一场电影，然后到冠生园吃一顿晚餐，嗜嗜家乡的风味。或许这种生活太简单了，然而在这古旧的山城里，还有什么更好的娱乐呢？

　　在黄昏七点钟以前他们还得赶回航校去报到，不然，禁足的黑房子正开着等待人进去哩。

　　卢伟英从昆明航校到联大串校，倒也给这些没有经历过军营生活的大学生，增长了不少校外的见闻，使他们对于外面的世界有了稍微的了解。然而，就在杜汝楫的信发出后不到两个月，1941年6月22日，卢伟英等在与敌机的遭遇中英勇牺牲。袁昌本说："他和几个同侣在某次警报解除后从广元乘坐一架轻轰炸机回成都去，不料却遭遇一队敌寇的战斗机。在这种强弱悬殊的情势中是不能应战的。他们屡次冲杀突围都不可能，而且都相继受了重伤。还有什么好说呢？明星就此殒堕了！"

　　这是一封冥冥之中生发着不祥征兆的旧信，不仅他所报告的昆明遭受轰炸、影院倒塌的信息令人沮丧，就是信中稍让大家有所好奇、有所期待的英俊青年卢伟英，却也在短期内为国牺牲。

　　这大时代下接连不断的惨闻，将愈益催促着联大人拼搏奋进。

恳稍留玉步俾得领教

——林抡元致查良钊

查训导长钧鉴：

　　蒙陈序经先生之介，拟于本月十八日（星期日）清晨六时半趋师院贵寓求教。届时如钧座有空，恳稍留玉步，俾得领教，不胜感激！专此即请

钧安

学生　林抡元　谨上

五月十六日

　　这是1941年5月16日，联大文学院中文系学生林抡元（后改名林元）在经济学系陈岱孙教授的推介下，给联大训导长查良钊教授的一封信，现在保存在云南师范大学档案馆里。

　　早在林抡元求访前一年，就有人在报纸上发表了一篇《记查良钊先生》。文中写道："他住在师院一间小屋里，一张木板床铺着白白的被单子，书桌上零散着公事纸张，和线装及洋装的书籍，一架大理石的小屏，很幽雅的。但他本人在这屋子的时间却只有晚上回来休息。从清晨六点钟后，你再找他，是不容易见到的！他的时间就是为着青年们去奔波！"

　　林抡元唯恐查良钊在清早六点半前就外出，恳请其"稍留玉步"，以遂登门求教之愿。看来，哪怕是周天，早起奔忙已经是查良钊一贯的良习，这已为联

1939年6月，师范学院第二部教育参观团团员道中留影，中立者查良钊。卧者为宋道心、卢石丞、龙炜、邓衍林、张执中、李学曾。（云南省档案馆保存）

大师生所共知。要去见教，非得赶在这老夫子大早出门之前。而陈序经愿意将查良钊推荐为学生的求教对象，这自然也因为查先生是联大公认的同学们的良师益友，是最善于与同学们亲近的师长之一。

查先生字勉仲，是浙江海宁人，早年毕业于南开中学。留美归国后，于1938年应邀担任西南联合大学师范学院教授，次年出任联大训导长。他以训教合一为原则，注重教育价值，在学生管理方面实行自治、启发与同情，以期营造淳朴风气，得到学生的一致拥戴。

热爱青年的"查婆婆"

查良钊曾撰诗《赤子吟》："孩子头，孩子头，有颗赤子心，走遍天下不知愁。尽所能，取所需，凭着赤子心，为人服务何所愁。不怨天，不尤人，发挥赤子心，教教学学何所忧？既不愁，亦不忧，保我赤子心，观化乐天更何忧？"

"孩子头"是查良钊的自况，也是其一生不老童心的完美写照。他经常站在同学们中间，为大家克服各种各样的困难出主意，想办法。他常常开导年轻朋友，常对他们说："青年人永远不许说'没办法'三个字！"正因如此，联大学生将"查婆婆""查妈妈""查菩萨""查胡子"等凡是能想到的称号都送给了查良钊。

联大"除夕"副刊主编的《联大八年》中，对查良钊有如下记载："我们有名的查菩萨（潘光旦先生也如此说）。查先生主持联大的训导真是煞费苦心。

1944 年 7 月，时任美国副总统华莱士在梅贻琦、潘光旦、查良钊等陪同下访问联大。

查先生最了解同学的苦衷，公费第一次请不准，向他诉诉苦第二次自然就准了……查先生常为同学们的衣、食、住、行忙，从前吃公米的时候，他曾亲自跑到玉溪去弄米，有时遍跑昆明各公私机关，为同学借米。"

联大学生李凌回忆："教育部规定了公费百分比，但查先生明白同学的困穷，批准公费额大大地超过了比例，因为种种缘故还没有批准的可以到查先生家里借钱交伙食费，吃不到饭的学生们找上查先生，他会请吃一碗米线，两个饵块。大家吵着他，围着他，像孩子们围着家长一样。"有学生结婚，"查婆婆""查妈妈"时常是跑不掉的、当然的主婚人。

联大学生殷海光说："当时我们替他取个外号，叫他'查婆婆'，其热爱青年并受青年敬爱可以想见。如果每一个学校都坐着这样的一位'婆婆'，那么青年人将会感到多么温暖！"

"查婆婆"虽有着长辈的风范，却并不摆长辈的架子。他时常像同学们的同龄朋友，行走在校园里，他有时会冷不丁从背后拍一下你的肩膀，或者大声地喊一声你的名字。有时他一着急，也会一本正经地发个脾气，但只要你不跟他对着来，而是冷静地听他训话，他又马上低下头略表歉意，然后用他厚实的手掌轻轻地在你肩膀上拍两下。此时，你们又将成为忘年的朋友。

热爱青年的查良钊不仅鼓励学生从军抗日，自己也数次带头为抗日将士献血。一二·一惨案发生后，他沉痛地写了一副挽联："爱护国家，爱护学校，首应爱护青年，愧个人责任未尽；争取民主，争取自由，尤在争取人格，愿君等精神永生。"

一生秉持兼容豁达

抗战时期，曾有广为传扬的联语颂赞联大："自然，自由，自在；如云，如海，如山。"这副对联的上联，系联大师范学院教授黄钰生所出，下联为查良钊口应。浦薛凤认为，该联语"一方面形容西南联大之优美校风，同时亦为勉仲之人品风格之描述"。

曾有人请教查良钊怎样才能做好学生工作，他的回答很简单："把学生看作自己的子弟，一切为他们着想就好了。"于是，他的办公室门口老站着许多前来求助的学生。只要查先生一到，同学们就马上一拥而进，办公室马上变得水泄不通。许多同学是来申请贷金的，而贷金数量总是有限，很难做到每请必准，查先生只好设法调补名额，尽可能使来办公室候着的同学都能得到满足。同学们经过多次试验，很快就知道，只要缠着"查妈妈"，一定能解决问题，于是纷纷效法。他这种全心服务学生的精神受到学生的尊崇。因此联大同学说："在别的学校，认为多余的训导处，在联大却变成同学们生活上不可缺少的一部分。回想起来，我们就不能不衷心感激查先生的开明和对学生的仁爱了。"

在训导工作中，只要学生不违背抗战大局和学校规章，查良钊对于思想上的不同观点并不横加干涉，对任何一位青年学生也从不鄙弃和轻易处分。虽然学校规定学生壁报要向训导处登记备案，但对于壁报内容查良钊并不审查，充满各种思想观点的壁报得以在联大百花齐放。

查良钊时常参加联大学生组织的远足、郊游和营火会，与学生们打成一片，并以乐观向上的精神激发大家积极进取的热情。尤其是每年12月12日的师院院庆纪念日，一到晚饭后，查良钊总要约集全院师生围成圈，每人手执火把，由他带领绕室齐唱："传播光明，传播光明；传播，传播；光明，光明；还要光明，还要光明。"坚定了师院学生献身教育事业的使命感，也彰显出查良钊一生不绝的教育精神。

他曾自书一诗明心志："人家气你你别气，你若生气中他计，不气不气真不气，气出病来没人替。人生何所苦，苦在不知足，求足何时足，知足便是足。自然、自由、自在，如云、如海、如山。"显示其一生秉持的兼容豁达的品格。

怀抱自然　传播光明

1946年8月，组成西南联大的三校复员北上，师范学院留昆独立设置，改称"国立昆明师范学院"，查良钊担任首任院长。此前，他向教育部去信，建议将学院定名为西南师范学院，以保持西南联大光荣传统的连续性，最终未获允准。

联大结束之际，查良钊与北大、清华、南开签订了合作办法，挽留一批教师留昆任教（全校180余名教师中约三分之二为联大留任者），使昆明师院的教师队伍粗具规模。在给教育部部长的信中，查良钊谈到，要继承三校重视学术

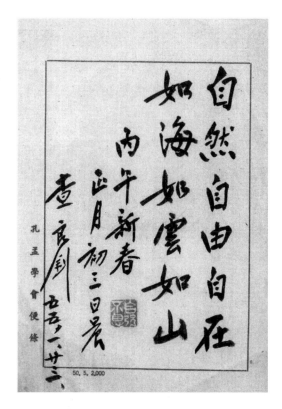

查良钊一生热爱西南联大，这是他在晚年所写的与黄钰生所对的对联："自然自由自在，如海如云如山。"这是联大精神的经典诠释之一。（查重传提供）

价值与兼容并包的精神，以造成笃实渊博之学风；重校际合作，以开通风气和扩展眼界；要因材施教和因地制宜培养高质量的师范生。

查良钊认为，学校如花开，需要时间扶植。昆明师院成立后，除沿用联大校舍外，还建造了"联合亭""清华园"等纪念性建筑，并通过学风学制等方面的改革向联大看齐，为边疆培育优厚师资及各领域人才。

1947年，赴北平参加清华校庆之际，查良钊为昆明师院赋诗《传播光明愿》："在伟大自然的怀抱中，师长、校友和学生，大家欢欣的团聚一起，每人怀着一颗赤子的心。光明磊落，活泼精诚，接受先民的文化遗产，发扬民族的仁爱精神。普及教育，唤起民众，学术创造，责在人人。每人手中高擎火炬，贡献热情与光明。在这里四季如春，在这里有爱没有恨！教学相长，互爱互敬，继往开来，努力前程！"传播光明，正寄寓着查良钊最珍贵的期盼。

西南联大结束时，昆明《和平日报》记者郝萍在访问查先生后，写成了《好好先生查良钊》一文。作者在文章中说："他是最富于感情的，快乐的时候就笑，悲哀的时候就流泪，最乐意助人解决疑难的问题。他做过战区来昆学生就学指导处的主任，到现在这些学生中很多还常和查先生通信。因为他们认为查先生不但是良师，而且更有家人父子之感。查先生自己一点也不反对他是极富感情的这种说法。"

对于这位相处起来更像父子的师长，林抢元那么早的登门求教情形如何？我在查教授和林同学晚年的文章中均未阅见，想来他应该没有辜负那虔诚的恳求吧。因为，无论如何，青年人是不许说"没办法"的。

老金是那样一种过客

——林徽因致费慰梅、费正清

1941年8月，从长江第一城的四川宜宾南溪县李庄（今属南溪区），发出了这样一封妙趣横生的信。信是这样写的：

1938年，林徽因在昆明巡津街9号。

最亲爱的慰梅和正清：

尽管我百分之百地肯定日本鬼子绝对不会往李庄这个边远小镇扔炸弹，但是，一个小时之前这二十七架从我们头顶轰然飞过的飞机仍然使我毛骨悚然——有一种随时都会被炸中的异样的恐惧。它们飞向上游去炸什么地方，可能是宜宾，现在又回来，仍然那么狂妄地、带着可怕的轰鸣和险恶的意图飞过我们的头顶。我刚要说这使我难受极了，可我忽然想到，我已经病得够难受了，这只是一时让我更加难受，温度升高、心跳不舒服地加快……眼下，在中国的任何角落也没有人能远离战争。不管我们是不是在进行实际的战斗，也和它分不开了。

……我们很幸运，现在有了一个农村女佣，她人好，可靠，非常年轻而且好脾气，唯一缺点是精力过剩。要是你全家五口只有七个枕套和相应的不同大小和质地的床单，而白布在市场上又和金箔一样难得，你就会在看到半数的床单和两个枕套在一次认真地洗涤之后成了布条，还有衬衫一半的扣子脱了线，旧衬衫也被揉搓得走了形而大惊失色。这些衬衫的市价一件在四十美元以上。在这个女佣人手里各种家用器皿和食物的遭遇都是一样的。当然我们尽可能用不会打碎的东西，但是看来没有什么是不会碎的，而且贵得要命或无可替换……

思成是个慢性子，愿意一次只做一件事，最不善处理杂七杂八的家务。但杂七杂八的事却像纽约中央车站任何时候都会到达的各线火车一样冲他驶来。

1938 年，在昆明巡津街 9 号。左起：金岳霖、汪彭夫人、空军军官黄栋权、林徽因、联大学生及梁思成的两个小孩。

我也许仍是站长，但他却是车站！我也许会被碾死，他却永远不会。老金（正在这里休假）是那样一种过客，他或是来送客，或是来接人，对交通略有干扰，却总能使车站显得更有趣，使站长更高兴些。

　　就这点来说，既然你已知道老金也在这里，他觉得自己还有几句话要说。

爱你们的菲丽丝

一九四一年八月十一日　李庄

　　写信人"菲丽丝"带着一种特别调侃的心情描写了其在鬼子轰炸下不同寻常的生活，其中透着中国人吓不怕、打不倒的乐天无畏。

　　这位菲丽丝，就是著名建筑学家、女诗人林徽因。我们当然也就知道，"思成"就是建筑学家梁思成先生，"老金"自然就是著名哲学家金岳霖先生。

　　这封信，就是林徽因在李庄写给远在大洋彼岸的好朋友费正清、费慰梅夫妇的。

　　在信中，林徽因调皮地将梁思成比拟为车站，自诩为车站的站长，老金则是车站的过客。写这封信的时候，车站正在进行着紧张的文字生产，而站长和过客都该是面面相觑着。所以，信的最后一句话说："既然你已知道老金也在这里，他觉得自己还有几句话要说。"

　　如此，老金也就不客气地接上话头了。他在站长的信后面接着写道："当着站长和正在打字的车站，旅客除了眼看一列列火车通过外，竟茫然不知所云，也不知所措。我曾不知多少次经过纽约中央车站，却从未见过那站长。而在这里却实实在在地见到了车站又见到了站长。要不然我很可能把他们两个搞混。"

　　两天后，信还未寄出，"中央车站"终于有时间加入进来了。他在过客附言后，继续留言："现在轮到车站了：其主梁因构造不佳而严重倾斜，加以协和医院设计和施工的丑陋的钢铁支架经过七年服务已经严重损耗，从我下面经过的繁忙的战时交通看来已经动摇了我的基础。"极为巧妙地表达了他们三位主角之间无瑕的友情，同时又乐观地报告了自己不佳的身体状况。

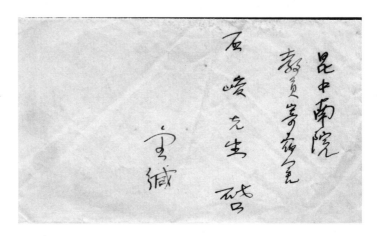

西南联大时期，金岳霖致石峻信封，惜原信已失。（龙美光保存）

梁思成、林徽因夫妇是中国营造学社的知名学者，也是西南联大建筑设计顾问，两年前投入使用的西南联大新校舍设计图就出自这两位"梁"上君子之手。他们设计的西南联大原教室在今天的西南联大旧址仍完整地保留着一座。

梁、林夫妇的老朋友金岳霖先生是西南联大哲学心理学系的教授。中国营造学社随西南联大和史语所搬到昆明后，梁思成、林徽因自然随之到了昆明。1938年，梁思成夫妇首先居于巡津街。一年多后，又随史语所、营造学社迁北郊棕皮营。金岳霖，这位梁思成夫妇一家特殊的过客（他则自称"旅客"），则不跟着他们走就像丢了魂一样的，一直跟着梁、林夫妇住到了各处。

关于棕皮营的生活以及他们的老朋友"老金"——金岳霖在这里的情形，林徽因在1940年9月20日致费氏夫妇的信中写道：

老金正在过他的暑假，所以上个月跟我们一起住在乡下。更准确地说，他是和其他西南联大的教授一样，在这个间隙中"无宿舍"。他们称之为"假期"，不用上课，却为马上要迁到四川去而苦恼、焦虑。

我们正在一个新建的农舍中安下家来。它位于昆明市东北八公里处一个小村边上，风景优美而没有军事目标。邻接一条长堤，堤上长满如古画中的那种高大笔直的松树。我们的房子有三个大一点的房间，一间原则上归我用的厨房和一间空着的佣人房，因为不能保证这几个月都能用上佣人，尽管理论上我们还请得起，但事实上超过了我们的支付能力（每月七十美元左右）。这个春天，老金在我们房子的一边添盖了一间"耳房"。这样，整个北总布胡同集体就原封不动地搬到了这里，可天知道能维持多久。

出乎意料地，这所房子花了比原先告诉我们的高三倍的钱。所以把我们原来就不多的积蓄都耗尽了，使思成处在一种可笑的窘境之中（我想这种表述方式大概是对的）。在建房的最后阶段事情变得有些滑稽，虽然也让人兴奋。所有在我们旁边也盖了类似房子的朋友，高兴地互相指出各自特别啰唆之处。我们的房子是最晚建成的，以致最后不得不为争取每一块木板、每一块砖，乃至每根钉子而奋斗。为了能够迁入这个甚至不足以"蔽风雨"——这是中国的经

林徽因（中）与梁从诫（左）在昆明棕皮营村自住宅建筑工地上（刘致平摄）

典定义，你们想必听过思成的讲演的——屋顶之下，我们得亲自帮忙运料，做木工和泥瓦匠。

无论如何，我们现在已经完全住进了这所新房子，有些方面它也颇有些美观和舒适之处。我们甚至有时候还挺喜欢它呢。但看来除非有慰梅和费正清来访，它总也不能算完满。因为它要求有真诚的朋友来赏识它真正的内在质量。我必须停下了，将把其余的八页手写稿打出来。因为老金等着要把他给道丽的信寄走。我没有机会给她写信了，但我很想写。

对于这些辗转伴随的日子，金岳霖充满了难忘的情思。他后来回忆说："梁思成、林徽因是我最亲密的朋友。从1932年到1937年夏，我们住在北总布胡同，他们住前院，大院；我住后院，小院。前后院都单门独户。30年代，一些朋友每个星期六有集会，这些集会都是在我的小院里进行的。因为我是单身汉，我那时吃洋菜……除早饭在我自己家吃外，我中饭晚饭大都搬到前院和梁家一起吃。这样的生活维持到七七事变为止。抗战以后，一有机会，我就住在他们家。他们在四川时，我去他们家不止一次。有一次我的休息年是在他们的李庄家过的。抗战胜利后，他们住在新林院时，我仍然同住，后来他们搬到胜因院，我才分开。"

金岳霖回忆中所说的"休息年"，指的就是林徽因在上封信中的这次休假。在这次休假中，他完成了哲学名作《知识论》的绝大部分篇章，这是那段"过客"的友情生活之外预定的，也是额外的收获。

书归天禄阁，人在首阳山

——吴晗致黄裳

裳兄：

孝通字附上。

佩弦处下次见到一定拿来。

文章收到，谢谢！

唐弢、柯灵处未发信，因为不知道他们的通讯处，承代乞，极感！

平伯再写一张小的，由无问题，已告静远，叫他去说，因我不常进城也。

在昆明你曾给我信，这事提起，还有点影子，不过，已记不清楚了。

在重庆，我是去年五月七日到的，住国府路三百号同盟代表团办事处，六月九日才离开，并未住联大招待所，所以错过了。

在昆明没有书，自己有几千卷书，六年前没饭吃，都卖掉了，曾贴春联："书归天禄阁，人在首阳山。"好几年未去掉，后来只凭借来的几本书，乱抄一点，谈不上什么。

《明太祖》这本书，我很生气，天可恼，这个夏天有时间，一定把它重写，重印。

现在，有的是书，只是没有细细读它的时间。我极喜欢你的趣味情调，二十年前我们相熟，你的现在也许就是我的过去。那时代，我还喜欢写旧律呢。现在都是梦了，想一想，成天是政治，说的，看的，写的，谈的，连做梦都是，就是剁烂了也分析不出一丝丝趣味，情调彻头彻尾的俗。

不过，享受不能，喜欢还是喜欢的。

……

这半年买了差不多百万之书，最近一部《资本论》十六万，书有了，可是肚子空了。

郑公的书，和你同感。好是也好，可是，买不起，奈何！祝

著安！

晗　六，卅

我的二十四史也是百衲本，零星收至尽全，刻本，收了好久才搭齐，书品书相杂乱得莫名其妙，"七七"时寄回浙江几百包，战时在昆明买的吃掉了，存托北平的非中国字的被毁掉了，留下的是无法染色的烂线装书，足足十四大箱，是战前遗留下的一点小财富。可怜得很，可是，比之昆明是太富足了！假如能太平，十年后我相信会成为一个小藏家。欢迎你来享用！

——上述文字，节选自1947年6月30日吴晗教授致上海《文汇报》"文教"版编辑黄裳的信。其中，"孝通"自然指费孝通，"佩弦"乃朱自清，"平伯"即俞平伯。信中谈了吴晗受黄裳委托向朋友们约稿的情况，尤其是谈到了在昆明时以藏书换升斗之米和医药费的无奈情形，其中表达了这一代知识分子对书香的渴望。

"你知道我是最爱书的。"朱自清在《给亡妇》一文中的这句话，很真切地代表了抗战中包括吴晗在内的太多西南联大人的心声。

书，是中国知识分子的心爱之物，对联大人来说，尤其如此。

宁可食无肉，不愿居无书。毕生爱书成性，嗜书成瘾。为了书，愿意献其所有，倾其所爱，这是许多联大人共有的特点。

迁校移籍　舍财护书

来联大之前，不少教授的爱书故事已悄然流布。钱穆曾说："北平如一书海，游其中，诚亦人生一乐事。"在北平的几年里，前后购书逾5万册约20万卷，每年薪水多耗于藏书。他和朋友戏言，一旦学校解聘，哪怕自己摆一个书摊，也不愁生计了。吴宓在抗战以前也以优厚的薪资购得不少书籍，其中不乏珍本，南下长沙时即选带了4000册，1939年还挑了其中1000余册赠给了联大图书馆。

七七事变爆发后，北大、清华、南开三校被迫迁校，在湖南合组国立长沙临时大学。尔后，南京沦陷，又再迁云南，改称国立西南联合大学。两次迁徙，

吴晗教授在演讲

乃至后来部分师生在四川叙永短暂办学。从平津而长沙、昆明、蒙自、叙永，联大人最不忍舍弃的仍然是书。一些教授无法将家中藏书全部带出，只能择其珍爱者上路，结果除了留平津或别处的藏书大多遭劫遭灾，就连随身而带的藏书也遭受种种不同的命运，令人扼腕叹息，成为中国现代史上不能回避的一次"书厄"。如，刘文典的不少藏书就被日寇劫掠，部分流落于中国台湾。

朱自清从北平迁云南，其书的迁徙和保存就有着不凡的经历。其胞弟朱国华回忆，1938年朱自清带病南迁时，行装极简，却携带了一批珍贵的藏书。刚到昆明时，这批书暂存于昆华师范学校。由于日本飞机轰炸日益频繁，朱自清、闻一多搬到乡下，这批书却一时没有办法处理。考虑到哥哥身体虚弱、食少事繁，朱国华便自告奋勇地承担了书籍转移任务，其过程显得惊心动魄。朱国华说："一次，一前一后两只大口袋刚挎上肩膀，预备警报呜呜拉响了。我想，时间不早，还是赶紧走吧，也许还来得及出城。谁知已望见城门口了，警报大作，一架日本飞机旋即在头顶上盘旋。不好，我瞅见路旁一块低凹的菜地，赶忙伏在路基与菜地之间的浅沟里，一袋书压在身下，一袋甩在一边。片刻间，一声巨响和震动，炸弹在前方不远处爆炸，我闻到一股呛人的硫磺味。战乱之中，天天跑警报，时时轰炸声，但这一次毕竟是最近的了。敌机终于飞远了，我背起沉重的书袋继续赶路，当我带着一身泥巴到达龙院村时，夜幕笼罩了山壑……"1946年春，朱国华调至四川叙永，他收到了哥哥手书的诗稿《寄三弟叙永》，深情地追忆了弟弟为他转移藏书的往事："铁鸷肆荼毒，邻室无遗痕。赖汝移藏书，插架今纷纶……"兄弟二人因爱书护书情更浓。

历史系教授皮名举则留下了舍财护书的故事。随联大到蒙自时，皮名举雇了一辆手推车搬运行李，自己则随车步行，手上提一个皮包，包内放有几本心爱的书。途中见一人摆地摊叫卖旧书，便停下来随手拾取一本翻阅。等猛想起行李车时，车已不知去向，找了许久始终未找着。事后，他得意地说："幸喜我几本书没有放在那车子上。"一晚，皮去陈寅恪教授处长谈，回宿舍后发现挂在门后的新呢大衣被盗。他连忙查看书桌、抽屉等处，看到藏书无恙，才放下心来。1942年，皮名举由联大回湖南蓝田国立师范学院任教。火车到达衡阳站，忽然大雨倾盆。他提着几本心爱的书跑到避雨的地方站着，其他几件行李则丢在露天下，任凭雨淋水泡。皮名举夫人一个人拖也拖不动，便让他帮忙抬一抬，他却无动于衷。夫人气得直埋怨，他却说："那些东西淋坏了有什么要紧，不要就是了。我的书淋坏了怎么办？买都买不到！"

摊头蹀躞　悭币一囊

联大师生中，潜藏着无数旧书摊旧书店的爱好者。闻一多、朱自清、钱穆、唐兰、吴晗、潘光旦、陈序经、吴晓铃、吴泽霖、沈从文、冯至、毛子水、龚祥瑞、陈士林、杨振宁、邓稼先、黄昆、罗荣渠、汪曾祺……假如要认真地做个普查，摊头店中的联大爱书家，还可以续上很长的名单。

在长沙临时大学时，在南岳圣经学校校区上课的中文系教授王力，在课余以在长沙书摊上购得的《红楼梦》作为研究汉语语法的对象，并开始撰写《中国现代语法》专著。该著作不久就成为联大语法课的讲义，出版后成为他的代表性学术著作。

钱锺书堂妹夫劳陇回忆当年二人同在西南联大时的情景时说："钱先生当时特别喜欢看张恨水的小说，有一次他问我有没有《春明外史》，我说没有，于是两人就一起去旧书摊找这本书。"沈从文也常常穿梭在旧书摊中间，1945年10月5日，他在书摊购得中华书局1936年初版的《漆器考》，喜悦之情溢于言表，随手写下了"从枪声盈耳中购来"的题记。

陈寅恪执教于联大时，有幸在旧书店购得店主从前在常熟钱谦益旧园中所拾红豆一粒。他后来写道："自得此豆后，虽藏置箧笥，亦若存若亡，不复省视。然自此重读钱集，不仅借以温旧日梦，寄遐思，亦欲自验所学之深浅也。"

冯至教授在《昆明往事》中专门回忆了昆明的旧书店。他说："值得怀念的是青云街的一个旧书店，它并没有什么珍本奇书，但我在那里买了几本书，对

西南联大历史系1946级毕业合影。一排左起：傅发聪、黄清，二排左二起吴晗、刘崇鋐、噶邦福、
毛子水、姚从吾。

我很有意义。"这几本书是《圣经辞源》《清六家诗钞》《杜少陵诗详注》。

汪曾祺则在《旧书摊》中对他和联大同学逛昆明旧书摊的情形作了生动的
记录："昆明的旧书店集中在文明街，街北头路西，有几家旧书店。我们和这几
家旧书店的关系，不是去买书，倒是常去卖书。……有一个同学发现一家书店
的《辞源》收售价比原价要高出不少，而拐角的商务印书馆的书架就有几十本
崭新的《辞源》，于是以原价买到，转身即以高价卖给旧书店。他这种搬运工作
干了好几次。"

物价的腾贵和飞虎队的到来助长了旧书摊的兴盛。除了文明街等地而外，
联大校门两边也时不时有旧书摊摆出来。这样，校门两旁干脆也形成了同学间
的二手书市场。一方面，学校图书馆借不到的一些书也有可能在旧书摊觅得；
另一方面，师生们亟须补充的外文图书也可以通过旧书摊得到补给。据联大同

学观察，在联大任教的钱锺韩（钱锺书堂弟）也钟情于此，当时在昆明书摊上的美军小册子（即小开本的袖珍"口袋书"，笔者也曾访得）差不多被他搜罗殆尽。

联大校友戈革非常得意地说，多年以来，最喜欢逛旧书铺和古董铺。虽然一生寒素，受尽压迫和折辱，不敢望"收藏家"的项背，然而精诚所至，也因缘际会地收到过一些"绝品"。例如曾买到一书，名《妖怪学》，竟是蔡元培先生在北大的讲义。

1999年以后七八年的光景中，笔者每周总能见到一位80多岁的老先生，常常身着灰布正装，微微地佝偻着身躯，留连在昆明张官营旧货市场的旧书摊前。即便淘不上几本，就算是抚摸一下旧书，也看得出他的心满意足。不久，旧书市场的摆摊人告诉我，说他是西南联大的一位毕业生，那躬身于旧书摊间的背影一直萦绕心海。到西南联大博物馆工作后，同事们告诉我，老先生应该就是联大法商学院商学系毕业的张孝感先生，他以96岁高龄病逝，生前把一生淘得的好书全部捐赠到了馆里。他学富五车的识见，一般人难以有机缘见教，云南大学王新教授以一篇《不负书生——"奇人"张孝感先生素描》，留下了这位名不见经传的联大学生书痴晚年孤傲的背影。

旧书摊给了不少联大师生接二连三的惊喜。但在薄弱的购买力面前，那里也曾留下无尽的遗憾。在旧书摊，面对魂牵梦绕的宝贝，却只能望书兴叹，那样的辛酸苦楚真是一言难表。联大时期，朱自清就曾以一首《市肆见三希堂山谷尺牍，爱不忍释，而力不能致之》的古体诗写下了这种怅惘之情："诗爱髯苏书爱黄，不妨妩媚是清刚。摊头踯躅涎三尺，了愿终悭币一囊。"

觅得善本也好，错失珍本也罢，联大师生确确实实是从书摊中得到了古今传统、中外文化精神的滋养。作为书香生活的一部分，旧书摊经历充实了他们不凡的人生。

爱书成癖　典书淘生

联大人，多半爱书成癖。他们与书的故事，几天几夜也讲不完，说不尽。诗人穆旦随湘黔滇旅行团步行到昆明，六十多天的行程，他一路走一路读书，抵达昆明时，一本英文词典已经背完了。

闻一多结束湘黔滇旅行团的行程后，初到蒙自，整日整日沉醉于书丛而不肯下楼，从此得了"何妨一下楼主人"的雅号。冯至则回忆："我从1941年春起始翻译并注释《歌德年谱》，从外文系图书室借用40卷本的《歌德全集》……那时我下午进城，次日早晨下课后上山，背包里常装着两种东西，一是在菜市上买的菜蔬，一是几本沉甸甸的《歌德全集》。我用完几本，就掉换几本，它们不仅帮助我注释《歌德年谱》，也给我机会比较系统地阅读歌德的作品。"

从浙江大学转学西南联大的李政道，在坐火车到联大求学的路上，由于看书入迷，好几次把行李和衣服丢得精光，但书一本也没丢。著名学者王士菁在联大中文系读书时，经历过多次敌机空袭，有的人带着钱财逃警报，也有人带着情书躲避警报，他却带着《鲁迅全集》疏散。邓稼先一次借到一本难得的书，激动得将全书重要的地方一字不漏地誊抄下来。方龄贵回忆，有一位同学在联大时没有一天不读书，只有在他接到自己父亲逝世的消息之日，哀毁过甚，破例停止读书一天。

这些都只是联大诸多爱书故事中的片段。不少联大同学，远离家乡，远离亲友，在昆明，每逢生日，给自己最好的犒劳，倒不是海味山珍和生日蛋糕，而是一本心爱的书籍。他们在书籍的扉页常常写上一句话："某年某月某日生日购于联大。"有书可读，当是人生最大的快乐。"只要读书救国好，哪妨菜坏吃不了？"这是他们的信条。

对联大爱书人来说，最感无助的是要卖书换钱。联大迁到昆明后，师生们的境遇一日不如一日。尤其是物价一再上涨，与艰难困苦交相折磨读书人，使得不少师生（尤其是教师）在兼职兼差，卖文卖字仍然不能完全解决困难的情况下，不得不变卖心爱的藏书以对付生计。

为了战胜上涨的物价，以及筹钱给夫人袁震就医输血，吴晗将自己珍藏多年的书卖给联大图书馆，以解燃眉之急。于是，就有了吴晗在本文开头与黄裳述及的那一幕。信中那副贴了好几年的春联"书归天禄阁，人在首阳山"是植物学家蔡希陶撰赠的。曾多次穿梭于西南联大校园，并在这所战时大学的图书馆借阅过《越缦堂日记补》的黄裳当然知道，对联中的"天禄阁"当然就是指联大图书馆了。

为了全家不挨饿受冻，闻一多除了挂牌治印，也忍痛把历尽艰难从北平带出来的几部古籍卖给学校，换钱买米下锅。他把书送到图书馆时，眼里闪现着无奈，说："将来回北平我还要赎回来。"

1941年，化学家黄子卿得了疟疾，不得已也卖裘典书以购药。事后，他曾怆然写诗记述："饭甑凝尘腹半虚，维摩病榻拥愁居。草堂诗好难驱疟，既典征裘又典书。"

然而，就是在这样贫病交加的情况下，面对全国的同难者，联大爱书人却能主动克服自己的困难去帮助他们。他们有的为云南赈灾捐出了得之不易的救济金，有的为援助抗敌将士捐出了捉襟见肘的积蓄。

1944年9月18日，同样受贫病考验的吴晗致函云南日报社："谨以最近稿费所得国币一千元，献给正在艰苦挣扎中的贫病作家，费神贵报转交。几年来的情形是有力者出力，有钱者出钱。这一千元的数目虽少，杯水车薪，然而这钱的来路是分明的、干净的，抛砖引玉，至希望贵报能扩大深入的发展援助贫病作家运动，并发动下列三事：一、发动昆明文化工作者献助'一文'所得，蚂蚁运粮，各尽各的心。二、指定一天辟贵报专栏，替贫病作家说话。三、用舆论的力量请有钱的人拿出一点来。"他的信，代表了联大广大师生的心声。

援助贫病作家运动在昆明发起后，闻一多积极响应，表示特愿为人刻章10

只，每只2000元，全数捐助贫病作家。与此同时，其他师生也纷起响应。其中，联大中文系国文学会联合外文学会、新诗社、神曲社、熔炉社、现实文学、学习、生活、潮汐等壁报社开展募捐，一周内即募集到45万元。至1945年春，国文学会的募捐总额达162万余元。这是身在象牙塔的联大读书人对贫病中的另一批读书人深深的关切和爱护，是为了读书种子、文化种子深耕中华文明土壤所做的最大努力。

舍财护书，摊头踟蹰；典书征裘，换米下锅；身在困境，援助贫病……这是鲜活生动的群贤爱书读书图。在这样壮丽的文化图景里，联大人一面在抗战的大时代中沉涵并开掘知识海洋，一面又在大时代的奔涌浪潮中舞动青春年华。他们以读书救国、学术报国、科教强国的担当，谱写了一代书香种子的爱国赞歌。他们奋力营造的书香气度，正穿透岁月，浸润今天，启示未来。

最可羡慕学术空气浓厚

——李文达致《寿昌青年》副刊编辑

1941年11月19日，一位刚考入西南联大地质地理气象学系的浙江学生荣乐同学致信《寿昌青年》编辑，向家乡县报的读者汇报自己离别家乡后投考西南联大，以及在西南联大学习生活的情形。

其信说——

××兄：

大函及证明文件今天始辗转收悉。承你告诉我家乡的消息，使我对别后的家乡释下远念。你知道对于一个远离家乡的人是如何惦记他的家乡啊！

小学的校舍已经开工，这个更令我兴奋，我相信，有一天我回来时，第一个映入我眼帘的是一所新颖的学舍，我该是如何快乐！我祈祷着一个未开拓的村乡会因着你的领导，走上幸福的大道！

我无日不在惦念着你，及一切故乡的人们，但由于我生活的不定，心情又老是悬荡着的，所以一直没有写信给你！这里让我约略告诉你一些别后的近况：从浙江到贵阳共廿二日，本来想到重庆的，后来得知重庆生活程度太高，于是决定在贵阳参加考试。在浙江听到的消息以为考试要在七月中旬，到贵阳后始知须在八月中旬，首先住在贵州省农业改进所一个朋友处，后来又住到大夏大学。考试之后，参加红十字会服务队，派到离贵阳九十六公里的安顺军医学校附属医院去工作，在贵阳住二个月，在安顺也住满二个月。大学试验因为分区太多，直到十月六日才发榜。离开安顺是在十月廿五日，从安顺到昆明路上费五天。虽然是长途的奔波，路上还不算困难，最足庆喜的是我的身体一点没有出过毛病！

我是考进了西南联合大学，联大是由清华、北大、南开三个大学合成的，最可羡慕的是名教授多，学术自由的空气很浓厚，而昆明生活程度又较重庆低，这次考试也以投考西南联大的人最多。联大有三个校长：蒋梦麟是北大的校长，梅贻琦是清华的校长，张伯苓是南开的校长（现在任参议会副议长，学校里长久不来了）。联大以理学院及文学院最有名，我是读理学院地质系。

昆明的气候好，但有一个缺点：下雨就冷了。据老昆明说，一年的变差很少，但一日的变差很大，早上冷，中午热。至于昆明的风景，在内地各都市算是最美丽的。联大附近有个翠湖——长堤柳树，游人甚夥，而西山听说可与北

1939年，屠守锷等联大同学在盐行宿舍共同学习的情景。（选自《清华十二级毕业六十周年纪念刊》）

平的西山比；大观楼有西湖的风味，亭台楼阁，并且还有"三台映月"呢！昆明的物价原来已渐渐下降，因为物品可以由滇缅路输入，但最近越南紧张，昆明的物价又上涨了，不过比起重庆、成都来还是便宜的。

我们现在吃饭约五十多块钱一月，每天吃两餐。米价正在涨，也许不久就要加高也说不定。

经过了长途的奔波，现在总算安定下来了，但困苦的生活也从这里开始。离家五个月，家里带出来的钱早已用光，从安顺到昆明一段路费是借来的，到了校里也负了债。联大里缴费只缴五元，学杂费等一概免收，吃饭可以请求贷金，但贷金是否请准，还要等一个月以后才晓得。联大没有公费的设置，所以这点对我最苦。家里是远水不救近火，并且一点钱又够什么用！我想在校外找点工作，半工半读（联大工读学生很多），又怕将来身体吃不消，所以真是苦事！

你兼任《寿昌青年》的编辑，我自然应当帮忙写点稿。但一年级功课较忙，恐怕不能常常写东西，现在寄上《滇缅道上》数则，余下的等续写后马上寄上。

祝你好！

荣乐叩

一一、一九、午后

据笔者考证，这位荣乐同学，其实就是我国矿床地质学家、原地矿部南京地质矿产研究所所长李文达先生。

这位西南联大的篮球名手，曾和赖启良、冯耀宗、张诚模等同学一起，是叱咤昆明篮赛的风云人物。

他在信中写到的《寿昌青年》是浙江寿昌县（今已并入建德市）所办的《新寿昌报》的一个青年副刊，常常刊登一些特约通讯和散布全国各地的寿昌青年的来鸿，以便本地青年学生更好地了解各地抗战情势，并鼓舞青年们为全面抗战作出自己的一份贡献。

1939年，在北大文科所，傅斯年夫妇、郑天挺、吴晗等。

全信首先表达了他对家乡及家乡亲友的无限惦念，接着汇报了辗转投考西南联大的情形。信中说，当时重庆的生活程度太高，不得不在贵州投宿朋友处和大夏大学，借而投考大学。考完试，先参加了红十字会的服务工作。8月参加大学招生考试，10月才等到发榜，终于考进了联大。

经过长途的奔波，到联大后，最大的感触是名教授如云，学术空气极其浓厚，生活程度也相对较低。加上宜人的气候，绝美的风景，可以说特别的满意。不过，由于越南局势紧张，也影响到了昆明的物价，今后究竟会变成何种情形还在不确定中。

联大的费用是很省的，但是"困苦的生活也从这里开始"。因为离家近半年，从父母那里带来的钱早已花光。来学校后，虽然只要缴5元的费就可以了，但因为贷金能不能申请到还说不准，所以自己想半工半读，以解决拮据的经济窘境。对于这一点，效仿的自然是联大的其他同学，但又担心自己身体吃不消，的确处于两难。

　　李文达同学在信中提到的名教授，对其影响最大的有两位。一位是冯景兰教授，他在文章中写道："当笔者在学生时代听冯景兰先生讲授《矿床学》课程时，正是Emmons和Lindgren学说——岩浆热液成矿学说盛行时期，冯先生那时也是岩浆热液成矿学说的拥护者和传播者。岩浆热液成矿学说在矿床学史上的地位是不可抹杀的，在我国矿床学发展史和矿床普查勘探史上也同样起过作用。冯先生作为我国矿床学的奠基者之一，是有不可磨灭的历史功勋的。随着时代的迁移，自然科学的各个分支都有很大进展，热液成矿的概念也已逐渐改变。记得当时在西南联大十分艰苦的条件下，由于太平洋战争，要得到一本新版的教科书或期刊是非常困难的。冯先生每得到一本新的书刊时，总很快地把新的内容补充进讲稿，介绍给我们，使得我们学的知识能跟上时代。"

　　另一位是从中山大学转联大任教的米士（Peter Misch）教授。他回忆说："他性格开朗，没有学者架子，特别是在野外，他和我们一样住在老乡家的牛棚、猪圈顶上，打地铺，吃挂面，生活艰苦朴素。为了搞清一个地质问题，跋山涉水，从不怕累。我们在二年级时，他教我们'野外填图'，每星期六下午，有时是整个星期天，奔波于昆明郊区。那时光凭两条腿，大家一路走，一路说笑，无拘无束。Misch对我们既是严师，又是益友。他常和我们开玩笑，当然我们也经常Play jokes on him。那时马杏垣先生是他的助教，马先生和我们一样，是这样naughty boys中的一个。当然我们免不了有时会受到Misch教授的责备。每到一个岩层出露处，他总要指着发问'What is this？'有时我们远远一看就会脱口而出'This is…'可这时就会受到批评甚至斥责。他要求每个人都要用铁锤敲开岩层，仔细观察后才下结论。他带着我们追索每个地质露头和界线，精确地在五万分之一地形图上定位。通过他的严格训练，联大同学一般都能胜任野外工作的。"

　　在教授们的指导下，他从西南联大本科毕业后，又考入西南联大北京大学理科研究所攻读地层古生物学方向的研究生，完成了《云南东部石炭纪后期地

西南联大 1940 级电讯专修科学生进行野外实习的情景（周国杰提供）

层之初步研究》等论文。西南联大结束后，曾与米士等教授一起短暂留任国立昆明师范学院博物学系教师。

像冯景兰、米士这样，从一年级开始就把接轨世界的最新知识教授给学生，同时又严格训练学生学术能力的名教授，在联大当然比比皆是。在这些名教授的直接带动影响下，校园内外一片学术竞跑、学业竞赛的热烈空气，学校成了培育教育、文化、科学精英的温床，这也是李文达一进联大就被迷住的原因。

1942

际兹非常时期，

从事教育者

无不艰苦备尝，

而以昆明一隅为尤甚，

九儒十丐，

薪水犹低于舆台，

仰事俯畜，

饔飧时虞其不给，

徒以同尝甘苦，

共体艰危，

故虽啼饥号寒，

尚不致因不均而滋怨。

——冯友兰　张奚若等 25 名教授

以研究学术启迪后进为天职

——教授会及 25 名教授致联大常委会

"教授教授，越教越瘦。"这是抗战时期流行于昆明地区的一句口头禅，也是联大教职员艰窘狼狈生活的真实写照。

和联大办学的艰难相映衬的，确实就是广大师生艰苦的生活。联大同学中，除了少数的云南学子，更多的是来自全国四面八方甚至是海外的华侨子弟。远离故土，无亲无靠，通信又极为不便，学习生活条件的艰难异常是同学们的常态。而与一人吃饱，全家不饿的学生相比，承担着工作重担、家庭负担和社会责任，拖家带口在云南生活的大部分教职员的艰苦情形其实更甚。学生在领受贷金之外，尚能通过兼差自足。而教授之家，常常几口人全靠一人的工资维持，实难度日。

在生活重压下，包括知名教授在内的一大批教职员或以个人身份，或组团向学校、向教育部建言求助。1941年11月25日，蔡维藩、高崇熙、华罗庚等54名教授向联大常委会提议召开教授大会共商解决生计办法。称："抗战以来，同人等随校辗转湘滇，四年于兹，努力教学，未敢或懈，献身国家，固未计及个人身家之利害也。年来物价日增，维持生活日感艰难，始以积蓄贴补，继以典质接济。今典质已尽，而物价仍有加无已，生活程度较战前已增加二十余倍。但同人等之薪给，始则七折八扣，迄今收入尚未倍于战前。同人等一家数口，负担綦重，今已罗掘俱穷，告贷无门，若不积极设法，则前途何堪设想。为此，特恳钧座从速召集全体教授大会，共商办法，是所至祷。"

12月，经教授大会协商讨论后，由教授会呈请联大常委会转呈了教育部一封言辞恳切的请愿信——

敬启者：

查自抗战以来，物价逐渐高涨，而国家给予同人等之报酬初则原薪尚有折扣，继则所加不过十分之一二，以视物价之增高，实属望尘而莫及。同人等虽极力降低生活之标准，然尚须典卖借贷，始能自存于一时。乃自暑假以来，物价又复飞涨，比于战前多高至三十倍以上：米价于暑假时每公石不过百二三十元，今则二三百元；炭价于暑假时每百斤仅四五十元，今则将及百元；其他物价比于暑假时皆相倍蓰，大略称是。同人等薪津平均每月不及六百元，以物价增长三十倍计，其购买力只等于战前之十七八元，平均五口之家何以自存。同人等昔已为涸辙之鱼，今更将入枯鱼之肆矣。

1945年11月28日，西南联大经济学系商学系教授会同人合影。

夫守道安贫，固为同人所宜勉；而尊师重道，国家自亦有常经。说者或谓战时军人所得报酬视前亦未大加，后方服务之人不宜有所争论；同人等以为前方将士躬冒矢石，捍卫疆土，国家报功失之于薄，诚为事实，但就维持生活而论，则军人食有军米，衣有军衣，以至住行皆有公给，其不能如此者。则或因环境之特殊，或由经理之未善。以视同人等一切皆须以高价自购者，其待遇优劣亦不难分矣。

说者又谓，战时困苦为一般人所皆应忍受，大学师生为民众之表率，不宜先有不平之论；同人等以为，若使后方人士皆与同人等受同等之困苦，则同人等即委身于沟壑亦不敢有微辞。乃事有大谬不然者，姑无论市井奸商操纵物价，转手之间便成巨富，即同为政府机关，而亦有司书录事之职，其薪津即多于教授者，至于自有收入之机关，其人员举动之豪奢尤骇听闻，一筵之资可为同人等数月之薪津！孰非为国服务，何厚于彼而薄于此？

"不患寡而患不均，不患贫而患不安。"此先圣之明训，亦国父之遗教，此尤同人等所愿当局注意者也。同人等上不能执干戈以卫社稷，下亦不忍用国家之锱铢如泥沙，故不望如前线忠勇将士之多得实物，亦不愿如后方豪奢机关之滥耗国帑，惟望每月薪津得依生活指数及战前十分之一二。无论数目之多少，总期其购买力能及战前之五十元，俾仰事俯蓄，免于饥寒。庶几风雨如晦，鸡鸣不已，以求国家最后之胜利。区区之愿如斯而已，望转达教育部采择施行，实为幸甚。

抗战以来，昆明物价变动，谨依昆明市政府所集资料择要列表附陈（这里从略）。此致
常务委员会

教授会谨启

信中陈述了物价渐涨的情况下通过"典卖借贷"等各种办法均未有效改善的窘遇。其实，联大和其他内迁院校初进云南时，当时不到20万人口的昆明

（1937年为15万人）一下子就热闹起来。这些外乡人除了更为摩登、更为前卫之外，在云南人眼里，也阔绰不少。因为联大初到云南，使用的是法币，而云南本地使用的是滇币，1块法币可抵10块滇币。当时云南物价水平较低，联大师生在昆明和蒙自都显得比当地人优裕不少。于是，有些商户便将各物的价格提高了。有一次，一名个旧人给西南联大写了一封匿名信说："你们出高价钱租房子，反使我们没有房子住，当以卫生丸相敬。"这样的情况令联大师生哭笑不得。

所以，联大最初进入云南时曾经与当地有一段融合期，但是随着时间推移，慢慢就相互理解了，并且建立了深厚的感情，共度时艰。其间，随着抗战时局的发展，一方面，由于内迁人口增长，昆明本地的物价也不断上涨；另一方面，国民政府未能有效控制，物价涨得更快了。两相叠加，昆明物价常为全国之冠。

据联大杨西孟教授统计，以1937年至1946年算，教授薪金由350元增至14万元，而物价指数却由100增至51万，物价涨了5000多倍，1946年的薪金实际上才合1937年时的27.3元。因此，"教授们初到昆明，告诉人家月薪三百元，人家惊奇得不得了，说太高了；然而过了两年告诉人家月薪八百元，人家也惊奇得不得了，说太低了"。

一方面是物价飞涨，通货膨胀严重，基本生活难以为继，联大教职员还得守道安贫，在生活自救方面作出各种各样的挣扎和努力。另一方面是"市井奸商操纵物价，转手之间便成巨富，即同为政府机关，而亦有司书录事之职，其薪津即多于教授者，至于自有收入之机关，其人员举动之豪奢尤骇听闻，一筵之资可为同人等数月之薪津"。国家到了这步田地，是最让人难以忍受的。

在这之前，往往是一系或一学院之教职员要求改善待遇，现在竟以教授会形式要求校方请求教育部认真对待教师们的诉求，确实到了万不得已的时候了。

然而，信送出后，未见教育部有何回应。1942年5月19日，本年度教授会第二次会议继续商讨维持生活的办法：（一）请教育部以战前薪给十分之一为基数，乘当地物价指数，发给最低限度之生活费。（二）推举周炳琳、吴有训、陈雪屏三位教授为代表，赴渝陈述生活艰苦之实在情形，请政府根据本会决议办法，及早实施。

教授会议结束后，三位教授立即启程赴重庆请愿，结果无功而返。

典书度日济时艰

在这样的状况下，不少教授只好四处兼课，中法大学、云南大学、昆明各中小学（有不少是联大师生创办的），时时可见他们兼课的身影。

一些教授为了保证生活的继续，改变了一些固有的生活习惯。例如陈岱孙，本来是吸烟的，到了联大，一狠心把烟给戒了。黄子卿烟瘾极大，一时无法戒去，只好上街去买土烟解馋。一次，他在小摊上买了几根真正的香烟，没挪动地方就马上大口大口地吸起来，并且一边吸一边叹气。卖烟的老太婆见了也为之感叹："可怜啊，可怜！"而提倡优生学的潘光旦教授，甚至耗子肉都尝试吃过。

到抗战中期，很多教授甚至不得不把自己历经艰辛从平津带出来的珍藏多年的书籍、衣物等拿出来变卖（其中费青教授则将其德、英、汉文全部藏书出售给北大法律研究所），以贴补生活甚至救治病体所需。从此，一些教授一改过去时尚的穿着，不再时髦。闻一多很长时间只穿一件亲戚送他的早已过时了的夹袍，朱自清在冬天则只穿一件云南赶马人的披毡遮雨御寒。

联大附近、翠湖周边的典卖商店是师生们常往之地，忍痛舍去心爱的书、物，即便如此，面对高昂的物价，仍是入不敷出。

1944年，李广田在致《当代文艺》编辑的信中谈道："我以为现在谈到生活有三个字可以包括，那就是'穷病忙'，而这三者又是有连环性的。太忙了，不得休息，自然容易病，病了要请医生，吃药，自然也就容易穷。穷则营养不良，心绪不佳，也就容易病，病了不能做事，病愈之后就必须补做许多事，当然忙。而且为了救穷就得多工作，甚或再为柴米而奔走，为告贫而奔走，自然更忙。如此而已。而这些又不但只有自己的分儿，大家都是如此，所以也就不必说。所不同者，也许昆明这地方有点特别，物价太高，最近米价涨到四百余元一斗，肉价多少我们不知道，因为根本不吃，也就不关心。我的小家庭是两个大人一个小孩。两年前我一人教书，可以维持，一年前我们两人教书，不易维持，今年小孩又入学读书，当然是不能维持。可是到底也还是维持下来了，不然岂不早已变了骨灰！（据大家研究所得，死后以火葬为最省钱，因为不必买棺材。）只要能这样癫癫巴巴地活下来，只要还存一点较高的理想，只要还能做自己认为应做、可做、做了还觉得安心的工作，也就罢了。至于说穷道苦，不但无用，而且讨厌，若大人先生闻之，且将以为你这样那样，尤其麻烦，故不说。"但为了缓解家中经济困难，李广田也得托友人售掉夫人王兰馨的传家之宝——宋代马远所作的一幅山水画。

清华大学根据抗战需要，在大普吉创办了金属研究所，吴有训兼任所长。第一排：左二余瑞璜、左六吴有训、左七严济慈、右一孟昭英、右三范绪筠；第二排：左一赵忠尧、左四叶企孙、左五梅贻琦、左六饶毓泰、左七李书华、左八吴大猷。（吴再生、吴军提供）

更为令人担惊的是，在艰难的境况中，昆明街头居然常常发生小孩被拐卖的事件。他在1945年1月23日致联大法商学院经济学系从军学生唐振湘的信中说："昆明生活愈不像样，街上常常发生拐小孩的事件，前天小岫放学回来，就被人拐到了南城缺口，幸亏遇见熟人，才救了回来，不然，真是不可设想了！"小岫就是李广田的女儿李岫，居然差点遭拐。这真是令人难以忍受的日子。

像李广田这样的例子，在西南联大教职员中可以说比比皆是。

为了生计，萧涤非不仅被迫卖掉了珍藏多年的心爱之书，甚至在他第三个孩子出生之际，因没有钱抚养，只好把孩子送人，为此无奈心酸赋诗一首《草断》："好去娇儿女，休牵弱母心。啼时声莫大，逗者笑宜深。赤县方留血，苍天不雨金。修江与灵谷，是尔旧山林。"

拒受特别办公费

其实，就在西南联大教授赴国民政府当局请愿无果的同时，教育部发布了总字第45388号训令，根据物价上涨情况调整了《非常时期国立大学主管人员及各部分主管人员支给特别办公费标准》，规定了国立大学主管人员及各部分主管人员可以由教育部月支给特别办公费的标准分别为：（一）校长：24万元；（二）教务长、训导长、总务长、各学院院长、研究院院长、附属医院院长：15万元；（三）系科主任、研究所（或部）主任、秘书、工厂厂长、农场场长、会计主任、附属医院各部科室主任：9万元；（四）组（馆）主任、人事组室主任：4.5万元。（据《第二次中国教育年鉴》）

训令于1942年10月传达到联大后，冯友兰、张奚若、罗常培等25名"各部分主管人员"反应强烈。在万般艰辛，请求提高待遇之后，却得此一"特别办公费"的通知，各院系负责人坐不住了。他们致信联大常委会——

敬启者：

承转示教育部训令总字第45388号，附非常时期国立大学主管人员及各部分主管人员支给特别办公费标准，奉悉一是。查常务委员总揽校务，对内对外交际频繁，接受办公费宜属当然，惟同人等则有未便接受者。盖同人等献身教育，原以研究学术，启迪后进为天职，于教课之外兼负一部分行政责任，亦视为当然之义务，并不希冀任何权利。自北大、清华、南开独立时已各有此良好风气，五年以来联合三校于一堂，仍秉此一贯之精神，未尝或异，此未便接受特别办公费者一也。且际兹非常时期，从事教育者无不艰苦备尝，而以昆明一隅为尤甚，九儒十丐，薪水犹低于舆台，仰事俯畜，饔飧时虞其不给，徒以同尝甘苦，共体艰危，故虽啼饥号寒，尚不致因不均而滋怨。当局尊师重道，应一视同仁，统筹维持，倘只瞻顾行政人员，恐失均平之谊，且令受之者无以对同事，此未便接受特别办公费者二也。准此二端，敬请常务委员会鉴其困难代向教育部辞谢并将原信录副转呈为荷。此上

常务委员会公鉴

冯友兰	张奚若	罗常培	雷海宗	陈福田
李继侗	陈岱孙	吴有训	汤用彤	郑天挺
孙云铸	查良钊	施嘉炀	李辑祥	章名涛
王德荣	陶葆楷	苏国桢	杨石先	陈序经
黄钰生	陈雪屏	许浈阳	饶毓泰	燕树棠

各位教授认为，常务委员作为联大校领导"总揽校务，对内对外交际频繁"，接受特别办公费是理所应当的。作为院系负责人，他们认为自己接受特别办公费就非常不妥了，因为"同人等献身教育，原以研究学术，启迪后进为天职，于教课之外兼负一部分行政责任，亦视为当然之义务，并不希冀任何权利"。同时，现在是非常时期，教育工作者没有不备尝艰苦的，特别是昆明，"九儒十丐"，只有同甘共苦，同历艰危，才不至于因为待遇不公而滋生怨言。他们认为，当局尊师重道，应该一视同仁，如果只照顾到行政人员，是显失公平的。

因此，愿意兼职不兼薪，兼职不加待遇，特请学校向教育部辞谢此笔特殊待遇，并将原信转呈。

12月19日，西南联大转呈教育部25名教授拒受特别办公费的信，并附公函称："总字第45338号训令奉悉，兹遵令造具本校常务委员及各部分主管人员支给特别办公费清册三份，随电呈送。惟本校训导长、总务长及各院院长、各系主任等闻讯后以依照三校以往惯例，并为维持联大甘苦共尝之精神，此项特别办公费未便接受，函请代为辞谢，谨将原函录副转呈，仰祈鉴核。"

1943年2月12日，教育部部长陈立夫发函联大："该校常务委员照准，册列公费额支给，会计主任应支公费300元。至各院长系主任等所陈一节，查中央规定支给特别办公费办法，意以主管人员及部分主管人员接应较繁，故酌给公费而不再领一般人员所支薪额加成数，彼此差殊并不甚多，统筹兼顾尚未失均平之旨。仰仍造册请领，并转知应支公费各部分主管人员。"要求照规领补助。2月18日，梅贻琦在教育部公文后批示："再复，该等愿本同甘苦之义，虽办公费较薪额加成数稍有增多，仍请不予支领，拟即不支发，请鉴核。"

无论是在艰难困苦中请求增加待遇，还是在"特别办公费"的诱惑下决心同甘共苦而毅然拒领补助，都是联大教授们在昆明的生命历程中最无助、最辛酸，又是最悲壮之举。在此艰难困苦中，广大教职员"始终努力自持，坚信心，抱希望，不颓丧，不堕落"（潘家洵1943年3月1日致胡适信中语），始终坚守清贫的岗位传道、授业、解惑、启智，树立了师者的不朽丰碑。

最近闹了一回"狗官司"

——傅斯年致胡适

抗战时期曾任中研院史语所所长、北大文科研究所所长并兼任西南联大教授，抗战胜利后又曾接替蒋梦麟担任西南联大常委的傅斯年，曾有"近代的历史学只是史料学"的论断。作为联大办学历程的重要参与者、见证者，他的一封书信居然也成为西南联大学生运动的重要史料。

1942年2月6日，时任中研院总干事、正在重庆歌乐山养疴的傅斯年致信驻美大使胡适，详谈近期家国之变。信首表达了在病痛中得师友特别是胡适来信鼓励的感激，又以家中重大变故致使本该早就回复的信延以至今，表示了无奈与歉悔。

他说——

适之先生：

去年两接先生书，（据第二信，其前有二信，但只接其一）给我病中之勉励，再大不过。此次生病，未濒于死，赖药者少，赖师友之鼓励者多，而尤以先生之两信，使我转有求生之念，感激之至，复何可言。无时不想写信，而以为写给先生之信，非源源本本说一下子不可，此又非此处痛彼处病中所能，加以家中大故，一切不如意事，迟延至今，看来再不写，恐怕便无通信之路了，所以赶写。我一生之坏皮气，总是把重要之事后来做，故许多小事，横生枝节（速办），而许多大事耽误。病中检点，一生未曾养成一个每日生活的好习惯，奈何奈何！

信中，"皮气"即脾气。

他在信中重点介绍了母亲在生活水平下降情形下，突染疟疾及去世的过程。其中，因自己本身有病未能妥善照顾到，多有内疚与自责之语。接着，在简单谈了史语所从昆明迁四川李庄的过程后，重点谈了他身患高血压及养病、葬母的情况。

在信中，他除了详谈自己在学术与政治等方面的看法和计划外，还特别简要地谈到了一个月前在昆明爆发的一场学生爱国民主运动。他说：

一般的政治情形，我久病之人，知道不多，但去年在渝时，大家都感觉到，

1939 年，在昆明龙头村观音殿史语所图书馆善本书室校对《明实录》的傅斯年先生。（石璋如摄，选自《龙头一年》）

经济情形实在不太妙，当局于此似未了其病之所在，乱花钱，越无钱，越多花，弄得人心以为钱必贱而物必贵，普天之下，一个心理，今尚不知收拾。至于管财政者之泄泄沓沓，毫无觉悟，更不待说。即以一件事而论，前年冬，到去年夏，不到一年之中，中央银行，中央信托局，业务减了甚多，而人员加了三倍！至于管交通的，无论属于交部与属于军部者，都是奇糟，可为长太息者也。最近闹了一回"狗官司"。香港战起，好几个飞机去接要人，而要人则院长（许崇智）、部长（陈济棠）以下都未接到，接了一大家，箱笼累累，还有好些条狗。于是重庆社会中，愤愤然，其传说之速无比，但曝烈不出来。《大公报》做了一文，说此事，扣了，后来交通部之official version是一切要接的人临时赶不上（何以某家赶得上？），箱子是中央银行公物，狗是机师带的！这消息传到昆明，学生几千大游行，口号是打倒孔某。"人心之所同然者，义也。"这次不能说是三千里远养病之病夫鼓动的罢！（这一张纸，为省钱，写了半天，写得头痛，只好改大字。先生看起来，也稍舒服些。）

信中鲜明地表达了他对政府当局腐败政治下，拖沓懈怠及经济萧条的不满。尤其在业务急剧下降时，中央金融机构的人员却愈加臃肿，这让傅斯年哭笑不得。写了这么多，其实傅斯年是想说，突然爆发的"狗官司"，是有其根源的。

"飞狗"院长

信中所说的"狗官司"，源自1941年12月22日《大公报》的一篇社评。这天，该报在第二版发表了近2000字未署名的时评《拥护修明政治案》，要求政府整肃官场，立其戒规，惩其恶行。其中说："最要紧的一点，就是肃官箴，儆官邪。譬如最近太平洋战事爆发，逃难的飞机竟装来了箱笼、老妈与洋狗，而多少应该内渡的人尚危悬海外。善于持盈保泰者，本应该敛锋谦退，现竟这样不识大体。"社评中还批评了其他官员腐化奢靡的情形。

如信所说，经《大公报》一披露，"重庆社会中，愤愤然，其传说之速无比"。于是，在蒋介石安排下，国民政府交通部赶紧于12月29日向报社发来公函：

迳启者：本年12月22日贵报社评《拥护修明政治案》文内，涉及此次香港来渝逃难飞机装载箱笼老妈洋狗，致多少应内渡之人尚危悬海外等语，当以此事为社会视听所系，经饬中国航空公司彻查具报，据称本年十二月九日为香港遭轰炸之第二日，公司仍冒险继续航班，俟已接洽到场等候飞机之乘客装载，惟是日香港与九龙间交通断绝，电话亦因轰炸不通，其未径来公司接洽之乘客，无法通知。并以情势危急，港政府限制飞机在场停留极短时间，限定装足汽油即须起飞，故是晚惟有俟已到站之乘客装运，各人所携行李亦极简单。在起飞前，时已拂晓，因敌机来侦之故，不能再待，唯飞机尚有余位，故本公司留港人员因此亦有搭机回渝，并将在站之中央银行公物尽量装载填空，随即起飞，决无私人携带大宗箱笼老妈之事，亦无到站不能搭机之乘客。至美机师两人，因有空位，顺便将洋狗四只，计三十公斤，携带到渝，确有其事等情。查所称各节，确属实在情形，贵报社所述殊与事实不符，除美籍机师携带洋狗一层，殊属不合，已由本部申儆外，相应函请查照，即予更正，以正观听，是所至盼。
交通部启（张嘉璈印）

三十·十二·二十九

公函当是以急件直送报社的。因社评其实就是该报总编辑王芸生撰写的，他作为著名的新闻人，当然不会披露不可靠的信息。如此一来，交通部的公函就成了"此地无银三百两"。于是，《大公报》干脆在第二天报纸第二版最后一条留足了版面，以"交通部来函"为题刊出了全信。随后几天，报社又针对来信批其谬，穷追猛打，揭示真相。

交通部的这封公函，傅斯年当然也领教了。他在信中质疑，一切要接的人都临时赶不上，何以孔某家赶得上？箱子是中央银行公物、狗是机师带的……
这些借口亦怎能说服人？！

倒孔运动

对于在离重庆不算远的昆明，联大师生也很快得知了这一消息。在《大公报》所说的"应渡的人"里，也包括正在香港养病的联大教授陈寅恪。当时，陈寅恪的亲戚、兵工署署长俞大维拜托孔将陈带回重庆，却被拒绝登机，因此陈教授在致友人信中有"恪不如狗"之叹。正如傅斯年在信中所说，这立刻激起了联大师生的极大愤慨。

公唐回忆，1942年1月3日，两位同学在新校舍大门口贴出了"喊"壁报，

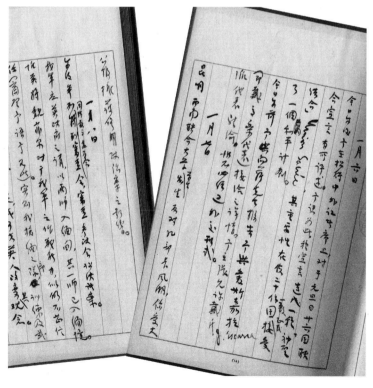

1942年1月7日，王世杰日记对倒孔运动的记载。

刊发了《孔祥熙用飞机运洋狗的经过》等文，详述了事件发生的经过，主张打倒孔祥熙，全校为之哗然。有同学在民主墙上贴出了"响应"壁报。随之，各学生团体都张贴出了响应"喊"壁报的启事。

在同学们围于大批壁报前议论不断、群情激愤之际，突然在民主墙上又贴出一张四六骈体、文辞激越的大壁报。该壁报据说是历史学系的一位助教写的，他在痛斥反动统治者的骄奢无度后，愤怒地写道："哀我大师，不如一犬！"更引起了同学们的愤怒和共鸣。如是，两个钟头以内，联大新校舍贴满了打倒孔祥熙的口号标语和相关新闻报道。

1月6日，土木工程学系同学又以白色床单创作了肥头大耳的孔祥熙钻进钱孔里的大幅漫画悬挂在宿舍楼。这天上午，住在昆华中学的一年级全体同学去上《中国通史》课。这堂课是吴晗教授在授课。历史学系校友吴大年回忆，吴先生在这次课上愤怒斥责了孔祥熙的不齿行径。他说："南宋亡国时有蟋蟀宰相贾似道，今天有飞狗院长可以媲美！"吴晗以借古喻今怒斥孔祥熙，对同学们震动很大。在那天的课堂上，坐在后面稍远的一位男同学起身站出来，大声喊道："同学们，我们上街游行去！"于是，同学们一呼百应，立刻整队，潮水般向新校舍出发。

公唐在文章中回忆，这时新校舍的同学也"随即全体自动在图书馆前集合，经过十几分钟的讨论，决定上街游行。事先没有游行的准备，在几分钟内，同学们拿了自己的白被单做旗帜，各人掏出钱来沿街买粉笔写标语。事情发展之快真是出乎意料，蒋梦麟和梅贻琦两校委闻讯，也跟着队伍上街。游行队伍到街上时，有中法大学和几个中学及小学的同学参加，游行以后，全体大会决定通电声讨孔祥熙，要求政府改良政治"。

游行时，昆明警备司令禄国藩也让宪兵荷枪实弹地站在街旁。不过，他并非要镇压学生，而是公开地在保护学生的游行。在地方当局的默许下，游行队伍经昆明市街，过五华山省政府门前，沿途高呼倒孔口号，并在街头各处用绿、白有光纸（一种正面光滑、背面粗糙的薄型纸）粘贴倒孔传单，用粉笔大书倒孔标语于沿街住户、商户的门墙上。

斯民回忆："大队走过华山南路转入昆明最繁华的正义路，走过近日楼，到达金碧路。这时，中法大学、联大附中、南菁中学等十几个学校大中学生都已参加队伍，两万多人，浩荡前进，沿途高呼：'打倒孔祥熙！''澄清政治！''肃清贪污！'标语贴满墙，粉笔字写满地。平时神气活现的漂亮小汽车，都被大队拦住，用粉笔写上'民脂民膏！''贪污无耻！'坐在车里的大亨气得面无人色。队伍经过银行街、护国路，在中央银行、中国银行楼下停住，一齐向楼上大呼'打倒孔祥熙的走狗！'原来站在骑楼上'看热闹'的'银行家'都悄悄的溜到房里去。"（《昆明学运第一声——回忆讨孔游行》，写于1949年）

游行结束后，两三千人的队伍返回联大，举行由联大、云大、中法、同济附中、天南中学等校学生参加的全市学生联合大会，讨论进一步组织讨孔大会。由各校当场选出临时代表各3人，组成全市学生代表大会，负责领导倒孔运动。

当晚，国民党云南省执委会一面通知各报不得登载游行消息，一面通知宪警涂去各街标语口号。

7日一早，西南联大各社团继续刊出《呐喊》《呼声》《正义》《二十三》《响应》5种壁报，要求修明政治、铲除败类，号召不畏威力、誓死讨孔，争取罢掉孔氏官权。与此同时，同学们自发组织产生了学生自治会讨孔运动委员会。政治学系则举行讨孔声援会，决议通电全国声援。当晚，学生代表组织人员到云南通讯社及各报社，质问为何不刊登倒孔运动消息。8日晚，讨孔运动委员会邀集明社、论坛社、平社、师院女同学会、联大剧团等23个学生社团代表开座谈会，进一步组成讨孔运动后援会。

以联大同学为骨干力量的昆明市学联则发表了"讨孔宣言"。其内容为：（一）抗战四年余，军民忍苦耐劳为抗战牺牲；（二）孔祥熙存囤私营操纵外汇的种种不法事实；（三）在一个目标下，全国军民一致声援打倒孔祥熙。在联大同学的带动下，浙江大学、四川大学等高校也相继发起了倒孔运动，形成了相互呼应的爱国民主运动浪潮。

倒孔运动，立刻震动了在重庆的国民党当局。1月7日，王世杰就在日记里写道："昆明西南联合大学学生发生反对孔部长风潮，系受《大公报》'拥护修明政治案'之影响。"一个月后，傅斯年所写的这封信则说："人心之所同然者，义也。"对"飞狗"院长孔祥熙的行径亦嗤之以鼻，并嘲讽地说"这次不能说是三千里远养病之病夫鼓动的罢"！

联大的倒孔运动持续至1月10日左右即告结束，但这股势不可当的爱国潮流，影响和教育了一大批联大同学。先后在外文系和历史学系就读的张彦在他的回忆录《风云激荡的一生》里写道："对于我而言，这是第一次参加这样的政治斗争，兴奋不已，也长了知识。我们喊的口号有一条是：'打倒孔祥熙，拥护龙主席！'游行队伍经过的地方，居然有扛枪的当地士兵在暗中加以保护而不是干涉。由此，我才悟出，善于利用中央与地方的矛盾来进行斗争有多么重要。一石激起千层浪。从此以后，联大的爱国学生运动，一浪高过一浪。而且，以联大为龙头，带动了全国各地的学生运动。"

当时领导和参与倒孔运动的同学大概不知道，这次运动还于无形中吸引了一批高中毕业生投向这"民主堡垒"。

联大校友王景山就回忆："一九四三年，我从贵阳国立十四中高中毕业。这所学校原为南京中央大学实验学校，抗战时期内迁贵阳，后改此名。其教学质量，大学升学率，特别是名牌大学升学率，一向名列全国前茅。按说我投考当时内迁重庆的中央大学，最是名正言顺。可是我却义无反顾地报考并考取了昆明的西南联合大学外文系。西南联大是抗战初期由北大、清华、南开三校合并而成，集中了一大批中外闻名的专家、学者，师资力量无与伦比。这且不说。头一年联大学生掀起的倒孔（祥熙）运动，特别使我震动而且感动。由此我确认：联大不但具有原来三校的学术传统，同时也具有原来三校的进步传统。于是，不作他想，就是要上联大。"

倒孔运动是国民党反动派发动"皖南事变"后，联大师生自发的一次爱国情绪大爆发，它打破了联大沉寂的校园。"经过长期的苦闷与低潮，中国学生再度展开伟大的群众运动，向统治者作正面的、公开的斗争。这是一个新的起点，光耀万丈，划破了大后方黑暗的天空。运动本身虽然是中途夭折，却为以后全面的学运起了承先启后的作用。"（斯民：《昆明学运第一声——回忆讨孔游行》，写于1949年）

如今，倒孔运动已成为历史一瞬。但作为西南联大爱国民主运动的一个转折点，在崇廉尚洁的中华，这反对贪官污吏的一瞬仍将闪耀永恒的辉光。

为当代作父母者勉进一言

——潘光旦致昆明广播电台

还没有思考好要嫁怎样的男子，就已嫁了人；还没有学好要怎样做妈妈，就已成了母亲；还没有学会怎样做好孩子的教育，就已经身在母教的实践。这，是长久以来我们的女性面对的现实。当然，反过来看，绝大多数男子的情形也是一样。

作为优生学专家，西南联大社会学系教授潘光旦早就注意到了这一点。

1942年4月，为献礼即将到来的"四四"儿童节，当时在国内发射功率最大的广播电台——昆明广播电台，特邀潘教授于4月4日晚到电台发表广播演讲。

既然是儿童节的演讲，讲什么内容最合适？这是潘光旦首先要考虑的。经过短暂的思索，他作出了决定。4月2日，他致信广播电台——

昆明广播电台执事诸先生：

承属于四月四日晚至贵室广播，事关儿童福利，自不敢辞。兹酌定题目为《新母教》，为当代作父母者勉进一言，而尤侧重于母道一方面，谅邀同意也。

潘光旦敬覆

四月二日晚

他在信中说，这次遵嘱将作广播演讲。这是特殊节日的节目，事关孩子们，当然一定要如约前来播讲。对于孩子们来说，最大的福利，莫过于拥有一个称职的、出色的母亲。因此，为了给当代做父母者进一言，决定侧重于母道而定题为《新母教》。

潘光旦认为，有妇女才有儿童，有儿童才有母亲。有妇女、儿童、母亲这三重人格，民族的生命才有前途，民族的健康才有保障。故此，做好妇女儿童工作，也就有着深长的民族意义。

他说："儿童的生、养、教，有人以为完全是国家之事，有人以为是父母应当平均负担的任务。不过，平心静气地说，国家与父亲，对于这样一件大事，固然脱不了很重要的干系，但主要的责任终究是在家庭与做母亲的妇女的肩膀上。"因而，女子若能自觉体念民族立场，"八厶为公，推小己以成大我"，在一

1940 年，胡永春同学在昆明广播电台广播室播音的情景。

己辛劳和贡献牺牲中"觅取最富厚的快乐",实在是一大境界。其中,在广大妇女中倡导新的母教,就显得意义非凡。

他认为,"新母教"应当有五个段落,依次是择教之教、择父之教、胎养之教、保育之教和品格之教。"五个段落是顺着来的。"不能逆。

何谓"择教之教"?潘光旦认为,教育是最大最难的事业,母教又是这一事业里最最基本的部分。我们如今要妇女们个个负起母教的责任,却没有让她们在事先做好充分的母教准备。在教育中,所学的往往是如何找工作,如何学一套吃饭本领,"并没有教人如何做父母,更没有教女子如何做母亲"。就连师范教育也是很不着边际,"它只教人如何做别人家的儿女的老师,没有教人如何做母亲,做自己的子女的老师"。

潘光旦认为,我们一面要让女子实行新母教,一面却丝毫不给她做足准备,无异于"盲人骑瞎马,夜半临深池"。他认为,要实行新母教,国家应当首先承担起母道教育之责,在全国"凡属健全的女子真想做健全的母亲的话,她们第一件事是应当向国家要求一种'母道'的教育,要求在高中和高中以上的学校里添设种种和新母教有关系的课程"。

他强调:"'学养子而后嫁'在从前是一句笑话,从新母教的立场看,却是一条原则,一条金科玉律。儿女的生、养、教是非于结婚以前有充分的学习不可的。这就是我所谓'择教之教'。我们在高中和高中以上的青年,特别是女青年,要有这种坚决的要求,要选择她们所认为最有意义最有价值的教育,要认定做父母,特别是做母亲,应有充分的学识与态度上的准备。"

第二是"择父之教"。潘光旦认为,要有好的母教,先须有好的家庭生活;要有好的家庭生活,先须有好的夫妇。"所以一个女子在结婚以后想做一个好母亲,想实行新母教,第一要郑重的选择她的配偶,一定要选择一个家世清白、身体健康、品貌端正、智能优秀、情绪稳称、意志坚定的男子做配偶。唯有两个身心品性都比较健全的人所组织的家庭才会成为一个健全的家庭,也唯有这种家庭环境之中才能实行新母教。"

他进而指出，这一阶段，就是重视父母在基因和品格上的遗传。妇女应"在婚前替子女选择一个良好的父亲，替子女在生前选择一部分的良好的血统或遗传，替子女在生后供给一部分的良好的榜样与家庭导师"。有了父母这一好遗传好榜样为张本，再谈母教，就能收事半功倍之效。

——这是距离的原则。这就要求人与人之间一面要讲究相亲相爱，一面也要讲究适当的距离。"所以朋友之间，要亲而不狎，夫妻之间，要相敬如宾。惟有平时能讲究距离，临事才能真正的相亲相爱。"

第三是"胎养之教"。他所说的"胎养之教"并非我们今天所说的胎教。他说："胎儿在娘肚子里是无法施教的，孕妇在生活里所接受的种种印象，取得的种种经验，好的不能教胎儿好，坏的也不能教胎儿坏，可以说和胎儿全不相干。婴儿生出来缺嘴，绝不是因为母亲在怀孕期内看见了兔子；儿童有音乐兴趣与天才，也绝不是因为母亲在怀孕期内多练了几天钢琴；这一类好坏的品性是在遗传本质里早就存在了的，即使不见到兔子，不练习钢琴，也一样的会表现出来。"

他认为："胎儿所需要于母亲的，一是保护，二是营养，保护不周密，营养不适当，都可以影响胎儿的健全发育。如果孕妇有不良好的习惯，不规则的生活常态，不和谐的家人关系，以至于饮食起居没有节制，喜怒哀乐的表现没有分寸，则势必影响到胎儿的安全和营养，一旦出世，多少要成为以前所谓'先天不足'的人（其实还是'后天失调'，是后天初期的失调）。"这实则是建议女子在养胎时，要注重健康营养、良好习性、和谐人际和情绪管理，以免在"胎养"中后天失调。

第四是"保育之教"。这是针对孩子出生后而进小学前的时期说的。在这一阶段，他提出了两个原则，即"自养与自教的原则"。"在自养的原则之下，一个母亲如果自己有奶，第一最好不用代乳品，因为就营养的品质而论，天下没有一样东西敌得过自己的母亲的奶。从避免传染病的机会来说，奶头上的喂养比奶瓶上的喂养也不知要高明得多少倍。第二最好不要用奶妈，一则因为奶妈的奶大概不会比自己的奶好，说不定其中还带着传染病的种子，再则奶妈的知识程度和生活习惯大概也不会比自己母亲的好，婴儿虽小，无形中总不免有几分模仿。我们常听人说，吃谁的奶就像谁，这一层和奶妈的选择有关系，和吃乳时候的模仿也有关系，是不能不提防的。"

至于"自教的原则"，他认为，"天下没有一样东西可以敌得上、比得上母亲的爱，一分的母爱，比起十分的专家的知识来，价值要大得多"。因此，从孩子的习惯养成、幸福感的获得和父母责任感的养成而言，最好不要把幼年的孩子交给奶妈、保姆和托儿所。他认为："子女的个性，只有父母最知道，而只有母亲知道得最清楚，托儿所一类的办法也许可以在集体生活方面，或所谓社会化生活方面，给儿童一些初期的训练。但我们知道人的性格是两方面的，社会化也要，个别的修养也要；国家文化所期望于我们的，也是这两方面的并行与

1940 年，胡永春同学在昆明广播电台门口。

1940年左右，潘光旦捧着心爱的双葫芦与全家在昆明西郊大河埂住处院内合影。后排右起：赵世昌、潘光旦、赵瑞云、刘文英。（赵令诏保存）

协调的发展；一个儿童的社会化的训练，将来的机会正多，从小学校读书起一直到学成服务，无非是这种机会，而个性的发见与启迪，应该是家庭教育的一个责任，也惟有家庭教育，惟有母亲，最能尽这个责任，教家庭以外的人来做，并且和别人家的子女混在一起做，总有几分隔靴搔痒。"

第五是"品格之教"。这是针对儿童入小学后至成年的时期。他认为，学校教育"最大的贡献是知识的灌输，而最大的缺乏是品格的陶冶"，在其缺陷没有克服之前，"家庭是唯一陶冶品格的场合"，并且说，"即使学校教育有一天真正能实施品格教育，家庭还是逃不了它的责任，换言之，品格教育的最大的责任还是在家庭以内，还是母教的中心部分"。

他指出，"家庭教育就等于品格教育，母教就是品格之教。上天下地、三教九流的无尽藏的知识自有学校在教，社会在教，本来就用不着家庭来教，用不着母亲来教。我们除非完全没有读过中国历史，否则，就知道古代有过多少的人才是母亲教出来的，而这些人才的所以成为人才、与所以被称为人才，是因为他们在品格上高人一等"。

他认为，在儿童时期，在最可敬爱、最明了儿童个性的父母面前施以品格教育是最应当的。把这一培根养魂的工程交给老师、学校来教，自然难得其效。即便孩子们把"礼、义、廉、耻"，和"忠、孝、仁、爱、信、义、和、平"这一类大方块字看得烂熟，也不会有什么用处。

他强调，品格教育体现了榜样的原则。它"本来最难，但也是最容易，它用不着多说话，它用不着许多的书本，更用不着什么仪器材料。它所需要的就是一个榜样；如果做家长的人的一言一动，或不言不动，他的操守、出处、语默，无论对人或对物的，都能守着相当的道德标准，儿童在前面如此，不在前面也是如此，始终一贯如此，这就是品格教育，儿童是最能模仿的动物，结果也自然而然会收到不教而自教的效果"。

在上述五个阶段之外，他还提出，性的教育也是应当由父母来完成的。性教育"最适当的教师是父母，而最适当的指示的环境是家庭。……试问一个中小学的老师，自己还没有成婚，能担当起这个责任么？即使已经成婚，生有子女，他肯随时随地花费这种功夫么！两性的教育，在全部的儿童教育里，目前最不受人理会，而其重要性却又不在任何部分之下，从小处说，个人毕生的幸福和它有关，从大处说，整个民族的运命便拿它做基础。谁能负起这一部分的责任来，谁就是民族复兴的最大的功臣，而这种功臣，除了健全的父母而外，谁也不够资格"。

潘光旦认为母亲的职业、母教的责任，是社会上最高的职业、最大的责任。因之，做好母教的深远意义是毋庸置疑的。

他在信中说，这一演讲是"为当代作父母者勉进一言"。其在这次演讲、这篇文字中阐述的"新母教"的洞见，浅显而深刻，源自传统又极富新意。检讨我们自己在这方面的所思所行，或许只做到了其中一点或几点，甚至可能一点也没做到，这便造成了许多失败的婚姻、失败的家庭、失败的教育。

因而，这些事关个人、家庭、社会、国家、民族兴衰成败的创见，不仅现在仍足以振聋发聩，在今后很长一段时期也一定不会过时。这不仅值得天下太多的欲做父母者、已为父母者读到，更值得情窦初开，即将走向爱情婚姻家庭的少男少女们从中汲取幸福人生的宝贵养分。

自在昆明广播电台演讲后，《新母教》的演讲内容又于次月作为母亲节献礼在《云南日报》正式发表，后于1944年、1947年收入商务印书馆出版的《优生与抗战》一书。现在，则收录在《潘光旦文集》第五卷。

唯愿本文成为读者朋友研读潘先生"新母教"宏论的桥梁。

（本文书信由戴美政提供）

有志升大学者应注重英文

——陈安荣致仇同

1942年12月15日，由湖南循程中学出版的《循程月刊》第七、八期合刊上，刊登了该校中二班毕业生，从蓝田国立师范学院肄业后，考入西南联大法商学院政治学系的陈安荣同学（联大的学籍名为陈锡沃）自昆明写到循程中学的一封信。全信写道——

自公吾师：

不亲雅教，迄今三载！在此时期中，求其施教能如吾师之循循善诱者，尚未逢其人，因而益念吾师不置。此次生舍国师而入联大者，实为适应个性与志愿之故。

敝校是集以前北京、清华、南开三大学而成，因而校中一切，染外国习气甚深，不善英语者，实难应付。现在一般初中同学对于英文，都不甚注意，此为一种错误。

——此虽为教育上一值得研讨之问题，但欲升大学者，最低限度，要能阅书。近闻母校对此较好，极感欣慰。生以前在校不甚注意英文，以致今日感觉困难，敬希以此转告母校有志升学之同学，毋再蹈我覆辙也。

专肃奉呈，敬叩

道安

学生　陈安荣谨上

1939年，联大航空工程学系一年级学生白永达（中）与同学在校园合影。（选自《望九琐忆》）

　　信中的"自公"，即仇同，别号自如，时任湖南私立循程中学校长。"六岭西峙，邵水前横"，位于邵阳的循程中学创办于1912年，是一所具有较长办学历史、较好办学传统的地方名校。全面抗战爆发后一年，该校迁往邵东开办。但当时校址靠近公路，仍受战事影响。1939年2月24日，仇同任校长后，又改迁隆回县桃花坪钱氏宗祠继续办校。自此，该校办学水平逐渐上升。湖南省教育厅曾称："该校校长仇同干练诚朴，领导有方，教员教学认真，学生风纪纯正，校誉日隆。"对学校的办学成绩予以首肯。

　　陈安荣同学的这封信，是想从一个过来人的角度，通过校长向母校的学弟学妹们现身说法的。他认为，一般中学生对于英文不够重视，真是大错特错。现在，自己在联大上学，就因以前不注意学好英文，"以致今日感觉困难，敬希以此转告母校有志升学之同学，毋再蹈我覆辙也"。

他在信中所说的每一句话，正与联大对英文学习的重视程度相符。联大同学普遍的共识是，在各院各系，各门功课都极为忙碌。在所有课程中，又以英文、数学、国文三门课程最为吃重。重视英文，也就成为报考联大的中学生必须特别注意的一方面。

方力在《告投考西南联大者》中就指出："最值得说一说的是英文。联大对于英文，水准提得相当高。一年级新生在录取以后，还得参加'英文甄别试验'。若应付甄别这个试验的成绩不够标准，便不能选习大一英文，只能降入'英文补习班'。联大对一年级新生都假定他们已对英文文法有相当基础。所以入学以前，对英文文法应先下一番功夫，否则入学后势必感到很大痛苦。"

假如英文程度不过关，想考联大就有了拦路虎。邱裕明在《联大华侨同学生活》中就再现了华侨同学投考联大的场景——

照例每年的统一考是在八月初举行。第一日考国文、公民，大家都觉得容易混过去。第二日考数学和英文才是最令人愁眉的难关。一跨进教室，还未坐定，立刻翻开试题，眼前全是一些错置古怪的字眼，昨晚死读书的五十条题例没有碰上。然而，好像并没有完全失望，他们仍继续翻来覆去搜寻熟悉的字眼。这时候，旁边似乎有人撕破了卷纸，还听见跟跄走出考场的脚步声。很少人敢回头望一眼。下课铃一响，大家踏出场门，认识的互相招呼一声之后，低低地说着：

"完了。"

"怎么样？一题都没有答吗？"

"嗯，明年再来吧！"

下一堂考英文时，有的座位已经空着，待考史地的时候空座剩留得更多了。一些人已经沮丧地回到自己房里抱着枕头偷偷地哭泣。不过，大多数的人还一直坚持下去，他们有一个希望，就是收试卷的先生们也有头昏眼花的时候。

至于进校以后呢？英文和国文一样，都是大一同学的必修课。李西在《给来联大的同学——联大一年级同学在昆明》一文中回顾："一年级同学进联大就英文能力编组，题目不难，作文、文法都要考，如果考得坏，也不会降先修班。提起英文，就顺便谈谈联大大一英文。联大的英文共六个学分，每星期却有三小时，两小时英作文，读本全用英语教授，教员一进门来就是能A、B、C、D……一直到摇铃，不管学生听得懂，听不懂，所以学生在上课前，非准备不行。英作文每星期要做，当场交卷（五十分钟）。到大考终了，每个人最愁急的就是英文，当成绩公布时，不及格的有三分之一以上，五十九分也有上几打。"

因之，对于要在联大念书的同学来说，投考时得认真准备英文，进校后更要加力补充英文营养，否则总有落伍的一天。

1945 年上半年，郝诒纯（右一）等在昆明南屏街美国新闻处门口。（龙美光保存）

何以要如此重视英文？这是由于联大的教育制度，主要是在抓好中国传统文化讲授的同时，更为灵活地、全面地接轨了世界上最为先进的现代大学教育理念。当时，我国的大学教育制度的准备还有很多欠缺，尤其是教学、教材、教法等方面都还在艰难的探索当中。在这样的情况下，一方面，组成联大的三校大力地鼓励本校教师出洋深造，加强同国际学术界的交流交融；另一方面，也及时地引进外文教材，以促文法理工各学科体系与国际教育界、科学界、文化界的无缝对接。在校内，大量地采用英文教本，进行英文讲授，着力于训练学生的英文能力，成为西南联合大学大部分学科教学的显著特色。

对此，外文系校友彭国涛回忆："很多学生为大一英文付出了相当多的时间和精力，因为英文过不了关，不仅必须重修，而且在西南联大是读不下去的。因为联大许多课程用的是英文教材，参考书也多数是英文的；有的教授只用英语讲课。有些系还规定要学大二英文。如果大一英文不及格，便不能学大二英文。"

机械工程学系校友何水清在回忆联大本科教学情况时也说，大一英文读本的讲授中，"任课教师用流利的英语非常认真地讲解课文，不说一句普通话，不在黑板上写一个中文字。由于课文都是文学作品，讲解说话的速度又快，大家听起来感到有些吃力。因此，大家就采取先行预习的办法，每星期日都预习下周的讲课内容，查好生字生词，标明不太理解的地方。这样，确实提高了听讲效果，课上课下质疑，也更能有的放矢了。作文课每一两周写作一篇，当堂完成。教师批改后，也会对普遍性问题略加讲评。经过一年读、写、听的严格训练，确实对英文的阅读、写作和听说能力大大地提高了。多数系从一年级开始，除了很少数几门课程采用中文教材外，其他课程多是采用英文书为教材或主要参考书。老师讲课和学生记笔记，都是中英合璧。高年级时，还有几门课程完全用英文讲授。同样，学生的练习作业，以及实验、实习和设计等报告，也多是用英文写出上交。同学们就是这样被'逼'出来的，'不压不成才'，是言之有理的。"

其他学系的不少同学在英文的教与学方面也有过真切的经历和体会。土木工程学系祝彤回忆恩师李庆海时说，他主讲"测量学"及最小二乘法，共10学分。这是土木系二年级的一门重头课。他讲课时有点口吃，然而吐字清楚，思路清晰，条理分明，讲解透彻。因为那时还没有中文测量学教科书，他便用中、英文结合讲解，板书则全用英文草体字书写。这是为使同学们课后便于参阅英文参考文献之故。……还有一次测量学（一）期终考试，有位同学用英文答题（考题是英文），竟因英文不通被扣20分，导致不及格。

经济学系校友陈为汉回忆陈序经时说，他每次上课，在临下课前总是把要看的参考书的章节用英文写在黑板上，那时没有中文教科书，用的都是洋书，英文不好是很吃亏的。

哲学心理学系校友汪子嵩回忆，哲学系学生必修的一课是"西洋哲学史"，一直由冯文潜先生主讲。他讲课非常认真负责，把每个哲学家的主要思想都讲得条理清晰，深入浅出。除了课堂讲授，他还指定大家要读一本英文的《哲学史》教本，写读书笔记，定期交给他。他不但在理论上指出欠缺，纠正英文文法错误，还要同学们分别去他家讨论这些问题。这样的教学方法有点像中国传统的学院学习法，在当时已经少见。

师范专修科数理化组的张崇安回忆："我在康定师范学校是学藏文，因此英文一科学习了两年才通过。在两年指定阅读英文原版文学一本，我选的是《鲁滨孙漂流记》，自己认为可以则持书前去请系主任面试、考核。在办公室由他指定两段阅读翻译，对我学习理科帮助不小。因理科讲课教授多数是英文讲授，没有教材，教授编讲义，学生记笔记，参考书多数也是原文本，考试出题是英文，作业也是用英文做。"

联大学生社团联风社提醒同学们："看参考书是这里历史系最注重的工作，也许你的成绩，就可拿看参考书的多少来衡量。那些横积纵列在眼前的洋装及线装书，都等待着你去速战速决。如果你的英文国文能力不够，将怎么办呢？至于读经济所须具备的条件也相当广泛，国文英文的根底自不必说，而数学修

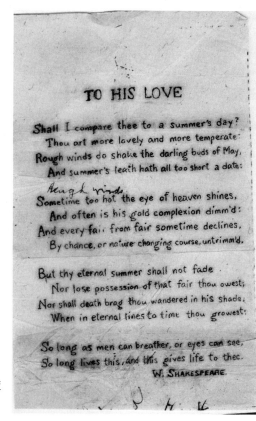

联大时期油印的英文莎士比亚
十四行诗（龙美光保存）

养的重要，却常常易为投考的同学所忽略。"

英文如此重要，当然得设法提高。社会学系教授陈达采取了两种办法："（1）强迫学生选修大学二年级英文；（2）劝学生多读英文。余所授人口及劳工两课，每人于上学期须讲英文至少三百面，并须作笔记。"陈达的这两种措施，从1938年就开始实行，达到了预期效果。

外文系主任陈福田教授则编了《大一英文教本》（1939年起在商务印书馆出版，联大同学回忆为"读本"，不准确），不仅注重提高英文水准，也注重世界文化的传播。许渊冲回忆说，"陈福田先生最大的贡献可能是他编的《大一英文读本》，这本书是商务印书馆出版的'大学丛书'，对西南联大几千学生散布了西方的世俗思想。……联大八年来为国家培养了成千上万的人才，没有一个人不读《大一英文》，没有一个人完全不受英文读本影响，不受潜移默化作用的。"该读本不仅陈先生自己讲，外文系的其他教授、教员也都使用。《大一英文》作为必修课，"开了十八组，授课教授有叶公超、吴宓、柳无忌、陈福田、钱锺书、莫泮芹、潘家洵、黄国聪等，黄先生一人兼四个组的读本课"。（吴学昭：《听杨绛谈往事》）

彭国涛回忆："我记得王佐良教授教过我们读的其中几篇，至今仍有较深印象。第一篇是（美）赛珍珠所写《大地》一书中录下的'洪水'，描写了旧中国遭遇洪水时的悲惨情景。其次一篇是兰姆所写《烤猪》（*The Roasted Pig*）。他称赞了辜鸿铭的英文很好，曾是北京大学外文系英诗教授，也是中国第一人将中国文化介绍给西方（第二人便是林语堂）。他还说辜有许多怪癖，上世纪20年代，清廷已早被推翻，但他仍蓄着长辫子在北大讲英诗。第三篇题目是《墙上的脸》（*The Face on the Wall*），选自美《读者文摘》。"

有学校在英文教育方面的强力推行，同学们唯有苦读苦练，才能在英文程度的提升上有所起色。教育学系伍廷法同学说："每一联大学生，皆不能不勤力，尤以外省为甚，晨早四五时起床，晚上非十二时不睡，日间一有空，便用以读书及自修，有不少学生而能将整部英文字典读熟，每字之用法，意义无不熟识……"

此外，丰富多彩的社团活动为同学们在英文的学习运用中提供了广阔的园地。在校内影响最大的群社，有研究组和读书会两个活动组织。其中，研究组分为文艺、大一英文、哲学、政治、经济、物理、社会科学、历史8小组，显然是为十分严格的英文教学要求作出学生社团自己的研究性探索。同学们还组织了英文学会等学术性社团，编办了"鹰""Symposium""回声"等英文壁报，举办了英文朗诵活动。无疑，英文程度的加实，为广大联大同学开辟了一片广阔的天地，奠基了更为多样的人生舞台。

1943

我不能想象一个人
不能在历史里看出诗来，
而还能懂诗。
近年来
我在联大的圈子里
声音喊得很大，
慢慢我要向圈子外喊去，
因为经过十余年
故纸堆中的生活，
我有了把握，
看清了我们这民族，
这文化的病症，
我敢于开方了。

——闻一多

世之大心理学家，多为他科落伍生

——周先庚致吴有训、潘光旦

1943年6月，联大哲学与心理学系心理学组行政负责人和清华大学理学院心理系代主任周先庚教授在百忙之中撰写了近3000字的《清华心理学系概况》，从行政系统、课程分配、学生来源、毕业学生、研究工作五方面简要回溯了全面抗战以来清华心理学的发展脉络。这一概况，实际上也是联大心理学系发展的大致情况。

周先庚说，行政系统方面，心理学系"在长沙临时大学时代与哲学、教育二系合并，为哲学心理教育系。到蒙自时，仍为三系一家。迁昆明后，教育系扩充为师范学院，北大之陈、樊二先生，亦随之入教育系，孙主任随去渝。事实上，庚一人与助教独支残局。孙主任返校二次再去渝时，始加聘陈、樊二先生为兼教授。后倪中方先生加入公民训育系，于是又聘之为兼教授。后助教陈汉标休假留美，升郑沛嘐为教员，旋又聘曹日昌为教员。最近敦福堂教授到校，课程始不成问题。然庚始终未尝以'只享半个系之权利（实则尚享不到）而实负一个系之责任'为怨为恨。所苦者事关三院三系，犹如出嫁之女，真不知有'上下应付不易，左右为人难'之慨"。（陈、樊、孙、庚，即陈雪屏、樊际昌、孙国华、周先庚。）

课程分配方面，"本校心理学系本在理学院，正合教育部规定，今既与哲学合并，则不能不受变通办理，一方面采取文学院课程标准，以谋与哲学、社会学合作，供给其必修科，另一方面又须借重师范教、公二系课程与教授。盖该院课程教授、学生（心理学方面者）反较心理学组为多故也。必修科如普通心理学（樊）、变态心理学（樊）、社会心理学（樊）、应用心理学（倪）、心理测验（倪）、儿童心理学（陈）均同时为教育系、公民训育系必修课程，是以本系名义转嫁到哲学系，实则一切须受师范教育系之控制，学生来源为尤甚"。

学生来源方面，"前年以前师范学生，一因所读心理学课程，反较其他方面之课程为多为切实。二因有五年级关系，纷纷转入本系大有应接不暇之势。自去年该院规定不准转系后，即无一人自该院各系转入本系。本年度本系竟有十二人预备毕业（外三年级一名，二年级三名），为中国历年心理学系毕业最多者。实受前年以前师范学院之响应也（本年度之十二人中约有五人系师范前年转来，一人工学院转来，其他六人乃直接自一年级志愿升入本系者）。查近

1945 年，周先庚、郑芳全家在昆明昆华师范学院胜因寺。（周广业提供）

年来教部偏重师范、工商各系后，一时功利主义吸引许多性不相近于该各院系之学生，当其转入心理学系之时，固非好学生，然既转入心理学系之后，反能安心读书，成绩并不在其他各系水准之下，此可由下列事实证明（批评本系滥收学生者请注意）"。

学生毕业情形方面，"一九三九毕业清华原籍学生二人，林宗基，毕业后服务福建省政府建设所，现闻转投入中央军官学校；王洪藩，服务中央银行中国农民银行，有志回系读研究院，近报考留美。一九四〇年毕业清华原籍生李家治一名，先服务于重庆中华职业学校，后任中国航空公司职员，最近任各中学教务行政职务及教员（现任五华中学教务长、教员），又毕业北平师范大学教育系转入联大籍，本省人田汝康一名，田君毕业后即任云大社会系研究员，曾作云南纺织厂女工考察研究报告一篇，《摆夷之摆》边疆研究报告一篇，成绩卓著。近应李根源之聘，在大理为宋希濂总司令主持大理干训团事宜，发起十教授讲学，联络联大教授与十一集团军合作事业，功绩不减。最近陈诚到昆曾召见垂询甚久。田君现已办理出国手续，准备自费留美。一九四一年毕业戴寅、刘钊二清华原籍生，戴寅毕业后应广告征求在马街子电工厂服务一年，后改任南英、南菁、五华等中学教务训导及教员等职，但恽总经理仍盼其随时返厂工作。刘钊君毕业后先任某建筑公司职员，专司监工之职，后任护国中学校长，最后到中央组织部办理工人训练事宜，颇有进展。一九四一年又毕业日本留学转入联大籍关梦非女生一名，现在桂林。师范学校教育系转入舒子宽女生一名，现在重庆。一九四二年毕业师范转入倪佩兰、马德华二女生，湖南大学教育系转入联大毛韵笙女生一名。联大一年级升入杨嘉禾女生一名，共四名。倪佩兰与李家治结婚共任教员，马德华与一女友为小东门外红色公共汽车公司创办子弟小学一所，成绩卓著。最近有意回系入研究院继续研究。毛、杨二生现在四川"。

研究工作方面，郑沛嘤编著有《普通心理学》《比较心理学》两种教本，曹日昌翻译有Woodworth的《实验心理学》（*Experimental Psychology*），敦福

1943年，周先庚致吴有训信之信封。
（周广业提供）

堂与生理研究所合作研究蚕之心跳生理心理并编有高中用的《普通心理学》一本。系主任周先庚于1940年被美国心理学会推举为正会员，全面抗战后，其研究工作及推广应用事业硕果累累，在意识行动化行动意识化理论、"脑"之心理学与"心"之心理学论、"自然科学"之心理学与"人文科学"之心理学论、羊癫之病源论、人之本性论等方面有着扎实的研究，并在心理学与心理建设、心理建设与心理技术建设、中国心理学改造、中美心理学系课程标准比较、美国战时心理学应用、伞兵测验等方面的推广受到社会瞩目。

为此，社会人士及有关团体希望联大及清华的心理学工作及时创办心理服务社、心理顾问室和心理咨询处，中央电工厂和中央机器厂要求代办人事管理训练班和工业心理讲习班和工业心理研究室（讲习班已办），中央无线电器材厂职员要求旁听"工业心理学"课、借阅工业心理学图书（该厂职员、联大工学院毕业生范准曾来旁听"工业心理学"一学期），云南警察训练所要求开"说话侦察"训练班，云南纺织厂要求派研究员前往研究，新记维通木炭炉工厂要求管理人才，成都航委会要求担任空勤人员心理分析工作……然而，如此多的需求，均因人员紧张而难以达成。

为了满足社会需求，周先庚建议与其不断加聘助教，还"不如恢复研究院，招收研究生之为宜也"。于是，在联大各学系均有研究所的情况下，他于1943年5月31日写《清华心理学系概况》一文前致信联大教务长潘光旦和理学院院长吴有训，不厌其烦地详陈恢复清华研究所心理学部的必要——

正之院长、光旦教务长台鉴：

　　兹正式请求恢复清华研究院心理学部，并准许本年夏季招考研究生五名从事研究，其理由如左：

　　（一）各学系均有研究生已久，唯独心理学部未准，势不能再延。

　　（二）年来工业心理、变态心理学以及一般社会民族应用心理问题亟待研究解决者，不胜枚举，其中尤以工业心理、民族心理不特有问题且有事实外，来机会赞助甚多，所缺者即为学生之名义不止，诸生每每畏缩不前，如正式与以牵头，则经费赞助一切不难筹得，而不必在学校正式预算方面开支。兹将事实一一列举于后，以资参考。

　　（甲）中央电工器材厂恽震总［经］理，前有意请清华心理系代为训练工业心理人事管理人才，兹暂先由庚到厂开工业心理讲习班，自卅二年四月二日起，连续二十周（五—八月十三日），共二十讲，同时指导厂中学员研究实际问题，并协助人事课规划一切，惟系中同学因无名义不肯到厂实习研究，如添研究生，则便利多矣。

　　（乙）中央大学心理学系已得国防委员会技工训练处之资助开有二个月之适性心理测验训练班，由各厂派往受训（第一期仅三人），清华心理学系为全国第二个独立学系，苟能从下入手已到厂训练实习为补充方法，前途不可限量。

　　（丙）云南纺织厂金龙章总［经］理已允与一助教名额，苟能有研究生派往研究实际问题，进一步合作更属可能。前心理学系毕业同学田汝康君在该厂之女工调查已有报告，名《内地女工》，成绩颇佳。目前金先生后允社会系一女同学担任研究工作，此二生研究计划乃在云大社会［系］学设计，但庚系主动推进者，家中无米借食邻家，其苦可知。

　　（丁）中央机器厂王守竞总经理曾邀请去讲"科学管理与工业心理"一次，行政当局表示极愿本系同学前往实习研究，苟有研究生则此方面之合作更属不成问题者。

（戊）社会系毕业同学史国衡君以工业心理观点考察中央电工器材厂工友二月，著有《昆厂劳工》一本，曾得去年中华文化基金会奖金，并补助费一年，此事虽亦属云大社会系研究成绩，但指导顾问推进者实为庚本人。

（己）本市东南城塘子巷与南岳庙新记维通木炭炉厂经理曾师鲁先生曾为改组事宜，前来商讨，经庚往考察数次后，现在一切比较合理科学化，效率增加不少，惟请求举荐工作研究人员，则无以应付。苟有研究生，则又多一实习机关矣（以上均来自外界之需求，庚因家累未尝作一文宣传，更未走一步路，外出奔走，但问题上门，无人才担任实深可惜）。

（三）美空军大学心理学系毕业生Peeke君，于上学期（卅一年九月）要求入研究院研究，仅得暂准为特别研究生，但名不正，何得起劲研究，专就此点说，吾人亦实有负友邦学员之盛意矣。

（四）前年（卅年）十一月航委会函托担任心理分析研究，兹因无研究生等方便，已无形打消，诚属可惜。

（五）系中添聘教员教授，苟无正式正规工作予以发展，则不能怪其趋于歧途为维持一系师生心计，研究院之恢复实为刻不容缓之事。

恐对研究院恢复心理学部，仍不感觉重要，故多述理由如上。再者孙主任、臧教授可否再催其返校主持系，盖庚家累重重，决不能长此下去也。匆匆不恭，即请

公安

周先庚谨上　卅二年五月卅一日

周先庚认为，为了回应社会关切，心理学部的恢复已到了刻不容缓、势在必行的时候。6月22日，他继续就恢复清华理科研究所心理学部致信吴有训，他恳请吴有训以院长的角度代表院方向学校正式提出，以推进恢复进程。

正之院长大鉴：

前上二书，要求恢复心理学部研究院招生，已蒙允诺提出评议会讨论，兹遵面嘱，亲手昼夜赶制历年毕业同学录及归入联大哲学系后学生统计表共二份，以资参考：

（一）清华前次开办研究院，毕业研究生沈乃璋、雷肇唐二名，乃院长所亲自提出者。故此次恢复务须院长亲自提出。

（二）开办研究院招收与近年来联大所收学生品质，不必发生关系，因研究院乃公开与全国各大学毕业生者招考，自须从严，不比本科学生大多数为转系生，并无直选机会。

（三）本校心理学系借并于联大哲学系，一切由系主任负责，弟不过系主任一助手耳，学生转系指导，只能以导师立场说话，非以行政立场号召也，此事务代为说明。

（四）研究院应办与否，当以教授指导研究能力、机会、与社会需要为根据，一切阻碍，当以合理态度应付之。庚之过错，已当面自认矣。

（五）前年以前联大教务及教部统制本甚松，学生水准低劣，本为一般情形，心理学组学生至少应与哲学组学生同样看待，限于时间，不及另制哲学组统计表，以资比较，慊甚。

（六）学生学科兴趣，不无普遍性，一科学不好，他科并不见得不好。世之大心理学家，多为他科落伍生；太正常，反不能成为头等心理学家。考之中外古今，莫不皆然。是则普通教育原则，以分数取才，并不适用于心理学系也（一笑）。

（七）昔年庚在《独立评论》即为文，高声急呼，大学训育问题，应有心理学教授参与其事。抗战后，政府政策无异驱使哲心系为收容所、救济院。庚除收容可能对心理学发生忠实兴趣者外，事实上不过代学校挽救其疯癫耳。

（八）其他各种事实，均可以从表中刊出。所恨者，不能一一为各系分析，以资比较。尚望评议会诸公允判断，勿专以一系为特殊，幸甚。

右列各点盼能转达评议员诸公公议参考。

弟　周先庚谨上　卅二年六月廿二

经周先庚的一再争取，清华研究所心理学部1943年度正式恢复并正式招生，彭瑞祥、王启文、张世富、宋宝光、范祖珠、倪连生以及美籍留学生皮克（A. J. Peeke）均经招考入部。1946年，组成联大的三校复员北返，宋宝光、王启文、张世富、倪连生等心理学组研究生亦继续北上，到清华深造。

"分分分，学生的命根。"但与联大本科招生严进严出不同，周先庚主张心理学系的研究生招考，不必太看重学生在大学本科各科分数的高低，而是应该着重考察学生对心理学是否有浓厚的兴趣。因此，他们在其他学科的学业程度，也不必太较真。"以分数取才，并不适用于心理学系也。"

"学生学科兴趣，不无普遍性，一科学不好，他科并不见得不好。世之大心理学家，多为他科落伍生；太正常，反不能成为头等心理学家。考之中外古今，莫不皆然。"这种选拔学生、看待人才、培养专家的观点，发自他作为心理学家数十年观察与实践的自信内心。在今天看来，仍然显得与众不同，仍然显得前卫。

（信件由周广业提供）

抱有牺牲性命之决心

——刘文典致梅贻琦

　　1943年7月25日，知名狂人刘文典教授给西南联大常委、清华大学校长梅贻琦教授写了一封言辞凝重的信。信首说：

月涵先生校长道鉴：

　　敬启者，典往岁浮海南奔，实抱有牺牲性命之决心；辛苦危险，皆非所计，六七年来亦可谓备尝艰苦矣。自前年寓所被炸，避居乡村，每次入城，徒行数里，苦况尤非楮墨之所能详。两兄既先后病殁湘西，先母又弃养于故里。典近年日在贫困交迫之中，无力以营丧葬。

　　他说，几年来，在全面抗战的大背景下，他辗转南来，早已抱定牺牲性命在所不惜的决心。辛苦也好，危险也罢，都不能阻挡他的这份共赴国难的决心。确实也因此而艰苦备尝。到云南后，在倭寇的轰炸声中，寓所被炸，只好疏散乡间。每次，他以自己那知天命且身体欠佳的年纪从乡下步行回城教课，其艰苦真的是无法形诸笔墨的。加之两兄病殁、母亲弃养，而自己早已贫困交迫，连亲人的丧葬都无力料理。

　　他继而写道：

适滇南盐商有慕典文名者，愿以巨资倩典为撰先人墓志。又因普洱区素号瘴乡，无人肯往任事。请典躬行考察，作一游记，说明所谓瘴气者，绝非水土空气中有何毒质，不过疟蚊为祟，现代医学，尽可预防。"瘴乡"之名倘能打破，则专门学者敢来，地方富源可以开发矣。典平日持论，亦谓唐宋文人对瘴气夸张过甚，王阳明大贤，其《瘗旅文》一篇对贵阳修文瘴气形容太过。实开发西南之大阻力，深愿辞而辟之，故亦遂允其请。

正当刘文典处于极度的困境中时，刚好有滇南一位盐商（指当地土豪张孟希）仰慕其文才，表示愿意斥巨资邀请他为其母撰写墓志铭。同时，普洱被称为瘴疠之乡，很少有人愿意到那里发展。此行也就顺便请文典教授写写"普洱行记"一类文章，打破外边对边地的偏见，同时介绍这里丰富的资源，吸引有识之士认识普洱、开发普洱。这从张孟希自己的自述里得到佐证，他说："思

1943年春，刘文典（左四）到磨黑中学讲学时与张孟希（左七）、吴显钺（左六）、巴司姆（左一）合影。（磨黑中学保存）

普区的文化建设，我虽然愿意尽自己最大的努力，可是我缺乏人帮忙。这一次承刘文典先生能到这里来指教，我是很高兴的。刘先生道德文章，我早年就仰慕着。承刘先生不弃，今天我居然能领刘先生的教益了，可是我始终有点恨晚的感慨……"（李林克：《张孟希与归侨》，见《云南民国日报》1945年6月30日）刘文典认为，一贯的偏见的确已经成为开发大西南的大阻力，所以也就非常愿意受邀前往。这原本是一举两得的一个计划，一方面能解一时之困，另一方面又能助力西南边疆之开发，何乐而不为？于是——

初拟在暑假中南游，继因雨季道途难行，加之深山中伏莽甚多，必结伴请兵护送。故遂以四月一日首途。动身之先，适在宋将军席上遇校长与蒋梦麟先生、罗莘田先生，当即面请赐假。承嘱以功课上事与罗先生商量，并承借薪一月治装。典以诸事既秉命而行，绝不虞有他故。

一开始计划在暑假时再往滇南，但考虑到暑假期间时值雨季，行路多有不便。加上那时深山之中伏莽出没，若不结伴并请来兵士护送，生命安全堪忧。因此，决定改期自4月1日动身去普洱。出发之前，正好在宋希濂将军举办的茶会上同时遇到梅校长、蒋常委和联大中文系主任罗常培（据《梅贻琦日记》，这天是1943年3月19日），于是当面向他们请假。梅贻琦告知，授课相关事宜须与罗常培商量，在罗的同意下（从他们之间后来仍然保持书信往来可知罗是认可刘的请假的），还得以借出一个月薪金以置办去滇南的行李。至此，他"秉命而行"，踏上了去往滇南之路。

长为磨黑盐井人？

然而，事情却很快起了变化。刘文典在信中接着说：

到磨黑后，尚在预备玄奘法师传，妄想回校开班，与东西洋学者一较高下，为祖国学术界争光吐气。不料五月遽受停薪之处分，以后得昆明友朋信，知校中对典竟有更进一步之事。典初尚不信，因自问并无大过，徒因道路险远，登涉艰难，未能早日返校耳。不意近得某君来"半官式"信，云学校已经解聘。又云，纵有聘书亦必须退还。又云昆明物价涨十数倍，真有此事耶？米果贵至万元耶？切不可再回学校，长为磨黑盐井人可也。其他离奇之语，令人百思不解。

他说，到普洱县磨黑镇后，正在准备研究写作《玄奘法师传》，并计划回联大讲授其专题研究，并誓"与东西洋学者一较高下，为祖国学术界争光吐气"。没承想，到普洱才一个月，就突然遭到停薪的处分。不久，又得知，学校将对其磨黑之行进一步作处理。刘文典一开始还不相信，认为此行并没有多大过错，

1943 年春，刘文典夫妇及其子与吴显钺、许冀闽等赴云南磨黑途中于把边江铁索桥上合影。（萧荻摄，陈立言保存并于 2006 年 4 月提供）

只因路险且远，未能及时返校罢了。没有想到很快就收到"某君"半官方的来信，告知学校已经解聘，并说虽然你手里有学校续聘的聘书，也必须退回。现在昆明的物价又涨了十多倍，米果已贵至万元，切不可再回学校了，你最好一直在那里做磨黑盐井人。

信中"某君"，当指清华大学文学院中文系主任闻一多先生。刘文典先生此行，闻一多极为光火。由信推知，人事关系其实是在清华的刘先生向梅、蒋、罗请了假（是否正式提交书面请假手续并未在信中言明），而未向时为清华中文系主任的闻先生请假，应早已埋下地雷。

刘文典被解聘，在部分师生中引起了不满。朱自清在1943年8月11日的日记中说："晚冯来，对叔雅被解聘不满，谓终不得不依从闻之主张。"冯友兰当时既是联大文学院院长又是清华文学院院长，但院长并不能做系里的主，北大中文系主任当然更管不了清华中文系教授的人事。这就是人事规则，是万不可逾越的。从信中看，作为清华大学教授，刘先生只向兼任联大中文系主任的北大中文系主任罗常培请假，实已埋下被解聘的伏笔。要知道，闻先生自己1939年的休假，都主动地向清华办理了书面请假手续。

况且，除了人事规则，闻先生也有自己的立场。据王力回忆："系里一位老教授应普洱某土司的邀请为他做寿文，一去半年不返校。闻先生就把他解聘了。我们几个同事去见闻先生，替那位老教授讲情。我们说这位老教授于北京沦陷后随校南迁，还是爱国的。闻先生发怒说：'难道不当汉奸就可以擅离职守，不负教学责任吗？'他终于把那位教授解聘了。"（王力：《我所知道闻一多先生的几件事》）王力所说的为叔雅先生讲情的同事，尚有吴宓、陈寅恪、冯友兰及朱自清等人。

刘文典是在罗常培同意后才去磨黑的。不过，罗常培对此似也有所微词。早在刘文典先生此信之前，他在1943年6月2日晚七点半中文系举办的一次小型学术活动上就说："刘先生在磨黑中学，'土司'待他十分恩厚，去了三十多天，每天喝酒，还有'黑饭'供应。大概要到雨季过后才能回来，因为崇山峻岭，跋涉艰难。'土司'把刘先生当作'国宝'。'国宝'一共有四位，康、梁已作古，除刘先生外，还有陈寅恪先生……"（张源潜日记）

对于刘文典的磨黑之行，连罗常培都不甚满意，更不用说其他人了。

心迹不可不自剖白

接到被解聘的半官方通知，刘文典不无黯然，不无惊诧。他在信中说：

典此行纵罪在不可赦，学校尽可正式解聘。既发聘书，何以又讽令退还？典常有信至校中同人，均言雨季一过，必然赶回授课，且有下学年愿多教两小时，以为报塞之言。良以财力稍舒，可以专心全力授课也。此意似尚未向罗先生提及也。此半官式信又言，典前致沈刚如先生信中措辞失当，学校执此为典罪状。伏思典与沈君笃交，私人函札中纵有文词失检之处，又何致据此兴文字之狱乎？学校纵然解聘，似当先期正式通知，何以用此半官式信？此事芝生、莘田二公亦无片纸致典，仅仅传闻昆明谣言典一去不返，故正觅替人。典虽不学无术，平日自视甚高。觉负有文化上重大责任，无论如何吃苦，如何贴钱，均视为应尽之责。以此艰难困苦时，绝不退缩，绝不逃避，绝不灰心；除非学校不要典尽责，则另是一事耳。今卖文所得，幸有微资，足敷数年之用。正拟以全副精神教课，并拟久住城中，以便随时指导学生。不知他人又将何说？典自身则仍是为学术尽力，不畏牺牲之旧宗旨也。自五月以来，典所闻传言甚多，均未深信。今接此怪信，始敢径以奉询，究竟典致沈君私人函札中有何罪过，何竟据以免教授之职？既发聘书，何以又令退还？纵本校辞退，典何以必长住磨黑？种种均不可解。典现在正整理著作，预备在桂林付印。每日忙极。今得此书，特抽暇写此信，托莘田先生转呈。

先生有何训示，亦可告知莘田先生也。雨季一过，典即返昆明，良晤匪遥，不复多赘。总之，典个人去留，绝对不成问题，然典之心迹不可不自剖白。再者，得地质系助教马君杏垣函，知地质系诸先生有意来此研究。此间地主托典致意，愿意全力相助，道中警卫，沿途各处食宿，到普洱后工作，均可效力，并愿捐资补助费用。特以奉闻。忙极，不另写信矣。专此寸简。敬请
道安不一

弟刘文典再拜

七月二十五日

此信是刘文典拜托罗常培转交梅贻琦的。他致罗的短简称："莘田学长左右：顷上梅校长一书，乞为转呈。弟绝对不恋此栈豆，但表心迹而已。个人去留小事，是非则不可不明耳。"

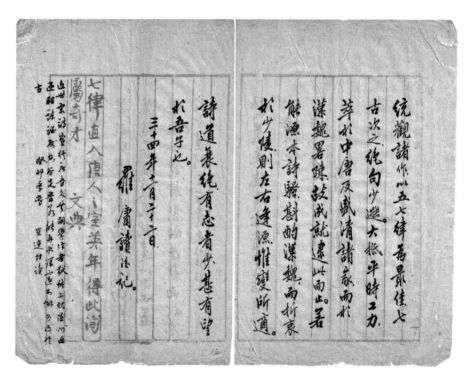

1945年11月，罗庸、刘文典两位教授分别为国立云南大学得意门生吴进仁的诗词习作点评。（吴尔雅提供）

一个多月后，梅贻琦回复："叔雅先生大鉴：日前得罗莘田先生转来尊函，敬悉种切。关于下年聘约一节，盖自琦三月下旬赴渝，六月中方得返昆，始知尊驾亦已于春间离校，则上学期联大课业不无困难，且闻磨黑往来亦殊匪易，故为调整下年计划，以便系中处理计，尊处暂未致聘。事非得已，想承鉴原。"自此，无论清华，还是联大，叔雅先生遭解聘已成既定事实。

离卅西南联大后，在吴宓、陈寅恪等教授的举荐下，刘文典终身受聘云南大学，直至逝世。关于他在磨黑之行后的遭遇，联大学生赵捷民在当时就已发表的《怀刘叔雅先生》中鸣不平："叹先生以耳顺之年，奋斗于此坚苦之时代，竟有人投井下石以细言得行，陷先生于绝路，可谓忍心也哉。不念先生数十年如一日育才之功，不惜先生之绝学，……先生之去校也，则可象征学问不及人事之重要。"

木已成舟，鸣不平也于事无补了。

地下党的"挡风墙"

当时陪同刘文典前往磨黑的联大学生萧荻先生曾有《关于刘叔雅先生磨黑之行》一文行世。据他披露，当时刘文典受邀前往磨黑为当地大土司张孟希写其母墓志铭，并往磨黑中学讲学，实际上是中共西南联大党组织精心策划的一次统战行动。萧荻回忆——

对于是否请刘叔雅先生同去磨黑，我们和吴子良同志等曾有过不同意见，但最后吴子良同志分析：刘叔雅先生在联大属于"灰色教授"，在学术界则有较高名望，他到磨黑后，会整天躺在烟榻上吞云吐雾，对我们的办学工作不会多所干预。而我们初到磨黑的主要目的是"站稳脚跟，笼络士绅，深入工作（即办好学校），培养学生"，请他同行，并不违反党的十六字方针的要求，而且对我们的工作也能起一定的掩护作用。最后，我们才同意了这个意见。于是，在

1943年初，刘叔雅先生夫妇及其幼子，便和吴子良、我、许冀闽、郑道津（连同留在磨黑的董大成共五人）一同乘汽车到玉溪，等候张孟希派来的大队马帮同往磨黑。山乡僻壤的磨黑，一下子来了一批大学生，还有号称"国宝"的大教授同来，自然是空前盛事。

……刘叔雅先生对我们这些联大学生不远千里到磨黑办学的目的，当然并非全无所知，但他并未作过什么干扰，有时也还在一些士绅中间对我们作些褒词。说他给我们作了"挡风墙"，除了他的到来给我们壮了"声威"之外，又给张孟希的母亲撰写了墓志铭，也使张孟希分外感到荣耀，有利于我们对他进行统战工作。

一晃八十年过去了，刘文典先生磨黑之行仍像昨天的事情一样没有被磨灭。他在艰难困苦中的这段曲折经历，并非他个人造成的，是国破家碎的时代造就的。这一事件中的每一个人，都为家国之难承担了沉重的历史责任。

此信，当为国耻下个人艰难曲折命运之重要文献。

公共宿舍毫无门禁可言

——罗常培致胡适

作为西南联大中文系的主要负责人，罗常培常年身处昆明。尽管在联大，教授间也充满了你追我赶的空气，但困于山城也总让罗常培感到苦闷。好朋友赵元任等早已在异国他乡大展宏图，也让偶尔才在国内和云南省内逮到一点游历机会的罗常培，颇多落寞之感。

以下这封信，是1943年8月30日他从西南联大写给大洋彼岸的胡适的——

National S. W. Associated University.

Kunming, Yunnan, China.

30, Aug, 1943

适之先生：

春天接到您给我们六个人的信，恰值我到大理讲演，回来又到过一趟重庆，所以一直没能覆信。费孝通、王信忠和朱汝华小姐出国的时候，我都托他们代问候，并托朱王两位带去我的履历和著作目录各一份。不知您见到没有？

在昆明住了六年，颇有沉闷孤寂之感！第一，绝对的同行，像元任、方桂之类太少。偶尔写一点东西，错处没人修正，好处没人欣赏，仿佛在沙漠里想喝口水的味儿一样！第二，从您把我叫回北大来，扪心自问我不算不努力的一个，可是从您出国，渐渐失去学术重心，专以文科而论，如锡予，如觉明，都是想做些事的。一则限于经费，一则限于领导者之精力，处处都使工作者灰心短气。比如我去年和今年的春天两次到大理，第一次是揩教育部的油，第二次是趁第十一集团军请讲演的便，勉勉强强抢了一些材料回来。去的时候由我，回来时候也没人鼓励。甚至有一次谈到印刷问题，曾有人教我拿到教会的华西大学或华中大学去印。若然，我早就可以不必效忠于北大了！这并不是我闹小脾气，也不是我自己想出锋头，只觉得由你领导的北大文学院战时不能如此消沉下去，所以我做一事，为北大，写一文，为北大，绝没有为个人争名夺利的念头！可是得不到鼓励与同情，如何不教我伤心、烦闷？第三，自从给您代理系务以来，忽已八九年，到联大后事更繁琐，孟真骂我恋栈，实在是无法摆脱。公共宿舍毫无门禁可言，整天应付客人学生，热闹有甚于当年之米粮库，扰得我刚拿起笔就有人敲门，如何不感焦躁？再这样下去，没有进修的机会，不能改善环境，深恐要落伍了！

因此我恳求您替这看了十年家的老伙计换一换空气。明年可以休假一年，如再请假一年，便可以在国外住两年。我不希望有元任和方桂那样崇高的地位，我只希望有一个较好的Fellowship让我可以自瞻和瞻家。我的目的是想把这几年在云南所得的材料，可以整理出来并印出来。国内苦无办法，只好"乘桴浮于海"，为所写的东西更科学化、现代化，不能不出去看看。Safiri，Bloomfield那一帮人所领导的风气究竟如何？并增加一些自己对旁方面的修养。等第二年话说的流利一些，也想把中国语言学的概况介绍于支那。这是我一点愿望。

元任替Harvard编字典的事，既然请梧梓去帮忙，我也不便再打搅了，请您无论如何替我另想想法子。现在办护照，须先受训，如有"佳音"，望速告知，以便准备为感！长女坤仪、小儿泽珣已到昆明，内人和三个小孩仍困处北平。
专颂
健康

受业罗常培拜启

附著作目录一份，恐朱王两位没带到。另为中美文化协会写"Foreign influence on the study of Chinese phonology"即付印。

在信中，他提及到大理的演讲。这是1943年2月，他与潘光旦、燕树棠、蔡维藩、曾昭抡、孙福熙、张印堂、张文渊、陶云逵、潘光旦等人赴大理讲学。此行，他们游览了鸡足山，进行了颇为细致的社会调查，为修撰地方志、进行民族学、民族语言研究积累了极为丰富的材料。罗常培后来说，联大时期曾旅行大理三次，调查了十几种西南少数民族语言。"我第一次到大理主要的目的是为调查少数民族语言，我因为发现的活材料很多，就在大理师范住了三星期，

西南联大时期，周荫阿教授与长子在工学院宿舍前。（周国杰提供）

在喜洲住了两星期，然后才回昆明。路上过楚雄不远的地方，不幸被汽车撞伤，几乎丧命。第二次到大理是1943年2月。我这次的收获是得到了相当丰富的茶山、浪连、山头的语言材料。第三次到大理是1944年夏天。我的任务是编大理方言志，顺便得了许多民家话的材料。"

罗常培在信中说，到昆明六年来，"颇有沉闷孤寂之感"！一是像赵元任、李方桂这样的同道太少，自困沙漠，渴盼走出学术荒原。二是学术重心渐倾，经费拮据，精力分散，缺乏鼓励与同情。三是长期代理系务，为琐事纠缠，"公共宿舍毫无门禁可言，整天应付客人学生，热闹有甚于当年之米粮库，扰得我刚拿起笔就有人敲门，如何不感焦躁"？因此，他恳请胡适能够帮助争取进修机会，借以改善环境，换换空气，增加识见，增益修养，增进交流。

罗常培的沉闷，既有学术方面的原因，其实也有国内局势的影响。他在自传中说："我在昆明六年，从汪精卫的叛国艳电和蒋介石压迫新四军的事件发生后，对国事甚为悲观。中间曾为视察叙永分校到四川巡行一遭；又为国语推行委员会和中国语言学会开会到过两次重庆，眼见许多稗政和四大家族的贪婪，深恨国民党对不起人民。"在这样的空气中，他自然是难以安心于学问的。

一年零两个月后，罗常培出国休假深造的愿望终于变成了现实。他说："1944年夏天，北大蒋梦麟（孟邻）校长突然接到美国朴茂纳大学请我去担任人文科学的访问教授。接到电报后，我曾经考虑了很久。当时反蒋的斗争已然尖锐化，一多、光旦等也劝我不要远离祖国。可是我从中学时代就梦想出洋，因为经济压迫和家庭牵缠，直到四十七岁才得到这个机会，如何肯失掉呢？所以我终于应聘了。那时想要得到官员护照，非得先到中央训练团受训不可。我宁可领普通护照坐三等舱，也不愿受那种法西斯的训练。朴茂纳大学答应到达后再付旅费，我出国前，只得把存在昆明的书全部卖掉，换了一点外汇，才勉强成行。刚到美国除去教六小时书外，全部时间都用在学习英文和了解美国人的风俗习惯方面。……我当时全工全读，忙得没有一点儿闲暇。我所以把Clermant译作'客来而忙'，足以代表我那时生活情况的一斑。"

出国深造既已实现,"错处没人修正,好处没人欣赏"的现状也终于得到了改变。三年半之后,他又心怀"热爱祖国的民族意识"离美返国。然而,当回国后看到国民党的倒行逆施比在昆明、重庆所见所闻更加深千百倍,"不由得又回到'学术第一'的躲避现实的世界,把自己关闭在东斋的斗室和文科研究所的语音乐律实验室里,谢绝各方面的活动",这种深深的苦闷又回来了。

新中国成立后,罗常培应邀参加了北京市一、二两届各界代表会议、第一届全国政协全体会议等,并出版了一大批卓有建树的语言学论著,才真正得到了"从实际学习的机会",彻底告别了孤寂而愤懑的氛围。

有比历史更伟大的诗篇吗

——闻一多致臧克家

臧克家是闻一多看重和关爱的年轻诗人。他长期地关心着他，指导着他，扶助着他。他们之间，经常保持着通信。

以下是闻先生1943年11月25日致臧克家的一封信——

克家：

如果再不给你回信，那简直是铁石心肠了。但没有回信，一半固然是懒，一半也还有些别的理由。你们做诗的人老是这样窄狭，一口咬定世上除了诗什么也不存在。有比历史更伟大的诗篇吗？我不能想象一个人不能在历史（现代也在内，因为它是历史的延长）里看出诗来，而还能懂诗。在你所常诅咒的那故纸堆内讨生活的人原不只一种，正如故纸堆中可讨的生活也不限于一种。你不知道我在故纸堆中所做的工作是什么，它的目的何在，因为你跟我的时候，我的工作才刚开始（这可说是你的不幸吧！）。

你知道我是不肯马虎的人。从青岛时代起，经过了十几年，到现在，我的"文章"才渐渐上题了，于是你听见说我谈田间，于是不久你在重庆还可以看见我的《文学的历史方向》，在《当代评论》四卷一期里，和其它将要陆续发表的文章在同类的刊物里。近年来我在联大的圈子里声音喊得很大，慢慢我要向圈子外喊去，因为经过十余年故纸堆中的生活，我有了把握，看清了我们这民族，这文化的病症，我敢于开方了。方单的形式是什么——一部文学史（诗的史），或一首诗（史的诗），我不知道，也许什么也不是。最终的单方能否形成，还要靠环境允许否（想象四千元一担的米价和八口之家！），但我相信我的步骤没有错。你想不到我比任何人还恨那故纸堆，正因恨它，更不能不弄个明白。你诬枉了我，当我是一个蠹鱼，不晓得我是杀蠹的芸香。虽然二者都藏在书里，他们作用并不一样。这是我要抗辩的第一点。

你还口口声声随着别人人云亦云的说《死水》的作者只长于技巧。天呀，这冤从何处诉起！我真看不出我的技巧在哪里。假如我真有，我一定和你们一样，今天还在写诗。我只觉得自己是座没有爆发的火山，火烧得我痛，却始终没有能力（就是技巧）炸开那禁锢我的地壳，放射出光和热来。只有少数跟我很久的朋友（如梦家）才知道我有火，并且就在《死水》里感觉出我的火来。说郭沫若有火，而不说我有火，不说戴望舒、卞之琳是技巧专家而说我是，这

联大教师在路南与当地彝胞合影。左一何善周、左二曾昭抡、左四闻一多。

样的颠倒黑白，人们说，你也说，那就让你们说去，我插什么嘴呢？我是不急急求知于人的，你也知道。你原来也只是那些"人"中之一，所以我也不要求知于你，所以我就不回信了。今天总算你那支《流泪的白蜡》感动了我，让我唠叨了这一顿，你究竟明白了没有，我还不敢担保。克家，不要浮嚣，细细地想去吧！

　　新闻的报道似乎不大准确。不是《抗战诗选》而是作为二年〔千〕五百年全部文学名著选中一部分的整个《新诗选》。也不仅是"选"而是选与译——一部将在八个月后在英、美同时出版的《中国新诗选译》(译的部分同一位英国朋友合作)。我始终没有忘记除了我们的今天外，还有那二三千年的昨天，除了我们这角落外还有整个世界。我的历史课题甚至伸到历史以前，所以我研究了神话，我的文化课题超出了文化圈外，所以我又在研究以原始社会为对象的文化人类学(《人文科学学报》第二期有我一篇谈图腾的文章，若找得到，可以看看)。关于《新诗选》部分，希望你能帮我搜集点材料，首先你自己自《烙印》以来的集子能否寄一份给我？若有必要，我用完后，还可以寄还给你。其他求助于你的地方，将来再详细写信来。本星期及下星期内共有三个讲演，都是谈诗的，我得准备一下，所以今天就此打住了。顺候

撰安

一多

十一月二十五日灯下

　　信里所谈的请不要发表，这些话只好对你个人谈谈而已。千万千万。

　　《学术季刊》第二期有我的《庄子内篇校释》可作读《庄子》之助。

　　又及

　　《泥土的歌》已收到，随后再谈。

　　现在想想，如果新闻界有朋友，译诗的消息可以告诉他们，因为将来少不了要向当代作家们请求合作，例如寄赠诗集和供给传略的材料等等，而这些作家们我差不多一个也不认识。日来正在译艾青，已成九首，此刻正在译《他死

在第二次》。也许在出书以前，先零星的寄到国外发表一部分。重庆的作家们也烦你替我先容一下，将来我打算发出些表格请他们填填关于我写传略时需要的材料。不用讲今天的我是以文学史家自居的，我并不是代表某一派的诗人。唯其曾经一度写过诗，所以现在有揽取这项工作的热心，唯其现在不再写诗了，所以有应付这工作的冷静头脑而不至于对某种诗有所偏爱或偏恶。我是在新诗之中，又在新诗之外，我想我是颇合乎选家的资格的。这里的朋友们正是这样地鼓励着我，重庆的朋友们想也有同感。

从信中可以知道，在这封信之前，臧克家已给闻一多写了多封信，均未获得回复。他为同时代包括臧克家在内的不少诗人为写诗而写诗，表示了极度的反对。他认为，诗人及其作品，应该融入历史，融入现实，融入人民。他为此大声疾呼：还有比历史更伟大的诗篇吗？！他说，自己也是在故纸堆中讨生活。然而，正是在这样的讨生活中，他要坚决地为文学的历史方向而呼喊，要为民族的文化病症把脉、呐喊、开方，去作诗的史，更作史的诗。自己虽在故纸堆中，却非书蠹，而是杀蠹的芸香。自己的文学观更不在于讲求写的技巧，而是要爆发一座情感的火山。

因此，在英国朋友白英的支持下，自己已将文学的史眼瞰向两三千年来祖国文学大观园里的"新诗"，其中当然也包括臧克家《烙印》以来的集子、艾青的《他死在第二次》等诗作。"不用讲今天的我是以文学史家自居的，我并不是代表某一派的诗人。唯其曾经一度写过诗，所以现在有揽取这项工作的热心，唯其现在不再写诗了，所以有应付这工作的冷静头脑而不至于对某种诗有所偏爱或偏恶。我是在新诗之中，又在新诗之外，我想我是颇合乎选家的资格的。"

有关这封信，臧克家曾回忆："'七七'事变前几天，我到清华园会到了闻先生，我看他埋头古籍，心下很难过，7月19日仓皇中相遇于车站，但同路不久，我便在德州下车了。以后，我一直在战场上跑，时常在各种场合里朗诵闻先生的《一句话》，我想念他的心是很切的。隔几个月或一年半载，我总设

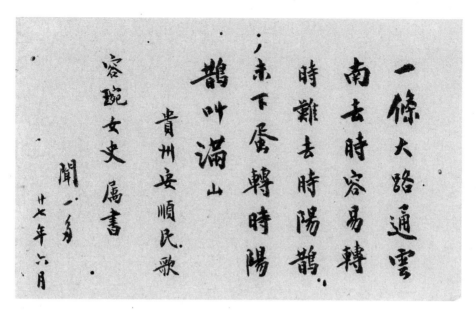

闻一多手迹

法投封信给他，始终得不到回信，其实，这并不奇怪。信，他是否收到不得而知，他即有复信，我到处流徙，也不一定能够见到。为了刺激他，为了想从故纸堆中把闻先生夺回来，除了信以外，我还写了一篇《寄一多先生》的诗（加入战后第二本短诗——《泥淖集》里去了），大意是希望他新生起来，再度放开诗的喉咙，因为时代在激荡，祖国在新生了。信投出去，总是无声无息，可是，我不灰心，闻先生之懒，我是清楚的（他把整个时间精力都灌注到事业上去了！）。三十二年春，我把我的一本小书——《我的诗生活》从重庆寄到昆明去，也如同石沉大海，但我知道，这本书他一定是收到了的。里边有关于我在青岛大学跟闻先生学诗的描写，我说'在技巧上，我从中得到了很多的东西'。我也说了：'闻先生的诗和他的为人一样的谨严。'"

臧克家说："三十二年夏天，我搬到歌乐山大天池去住，有一天从《新华日报》上看到闻先生在联大讲田间的诗那样一个动人的场面，那样一个老当益壮的大胡子（我们分手的时候，他才像我现在这样年纪，嘴巴是光光的）——闻一多先生！我在一支'流泪的白蜡'的摇曳微光中，带着眼泪读完了这个生动的描写，我的感情的海洋上，起了大风暴，心跳得厉害，眼里有泪光在闪动，我提起笔来一口气在纸上写上了一大片。像有一个东西在拿着我的手在纸上挥洒，感情像沸水一样，我整个的腾涌，激荡，升华了起来。我快乐到了痛苦的地步。在这种情况之下，一个人是不能不如此的。这是一个枯萎了的希望突然怒放，这是一件失迷已久的珍宝突然的获得，这是那个心灵突然的交接，这是鼓动人的一种新生力量的跃进！"

臧克家曾在闻一多牺牲前后写过大量缅怀先生的诗文，表达了他深深的景仰之情。他说闻一多的这封信"可以具体地表现他的事业、工作与人格。我们读着它，简直可以从中读出活生生的有气节，有热情，严肃而又天真的一个诗人、一个学者和战士来"！这是确实的。

索性只讨论课卷里的问题

——卞之琳书简一封

1944年4月1日，桂林出版的《当代文艺》第一卷第四期刊印了长达17页的《作家生活自述特辑》，登载了33位作家的来信。该刊在编者按中说："近年各地报章杂志常有关于国内作家生活状况的描述，记者虽出于好意，但往往有些不真确，因此作家们时有更正或抗辩，本刊为弥补这个缺陷起见，便编辑了这个专页。"

33位作家中，有卞之琳、李广田、柳无忌、王了一、沈从文五位来自联大的作家。其中，卞之琳先生的信是这样写的——

20世纪30年代的卞之琳

××先生：

十一月间信今天（十二月九日）才收到，却正好赶上我集中写信的日子，果到半个月大致也得等到今天才覆。每次接到相识或不相识的友好寄赠刊物以及征稿信件，我照例有稿即寄，没有稿则连信也不覆，因此有许多刊物过了几期都不再来了，只有少数几种还经常光降，其中就有《文学创作》，专凭这点我也该说几句道谢话了，何况今天又接到了垂询生活的来信。

实在我最懒得写信，倒全非为了摆架子。也实在忙。三年来我一直在联大外文系教书，平时课虽不多，也颇占时间与精神。这一学年起我新担任了翻译课，还感觉兴趣，只是一讲起了头，就有许多话要说，在每星期两小时的时间里实在说不完，现在索性只讨论课卷里的问题，而仅是课卷里的问题又在五步一楼十步一阁的叫人应接不暇，探索不尽。下学期我新开了一个冷僻的选课：《亨利·詹姆士》（虽然晚了半年，也算是对于这位大小说家百年诞辰的一点小小纪念），现正预备讲稿。至于暑假，我已利用了三个，再加上两个学期课余的时间，写完了一部长篇小说的初稿（连空格约四十万字），现在也还没有工夫整理修改，决定推延到明年暑假才动手，预计到明年底改完第一遍。倒是前些日子，作为消遣，把废名《桥》里的两章译成了英文，一位英国同事见了怂恿我把全书译出，怕暂时也还没有时间。也出于这位朋友的怂恿我从自己的《十年诗草》里译出了一二十首诗，前天刚告了一个段落，我感觉一阵轻松，又可以专玩小说了（我已经整四年没有写诗）。

最近我答应给贵阳文通书局编一套翻译小书，以文学为主，兼及哲学、美学等类，希望译文还多少是艺术品，也希望丛书跟一本理想的刊物一样的自有其个性。最初几本大致是：

（法）班雅明·贡思当：《阿道尔夫》（中篇小说）

（丹）索伦·基尔克加尔特：《一个女优的危机（论艺术与修养）》

（英）维吉妮亚·乌尔孚：《一个自己的房间（论女子与小说）》

（美）凯塞玲·坡忒：《开花的犹太树》（短篇小说集）

（法）安特列·纪德：《长篇小说写作日记》

其中第二种由冯至先生译，第四种由林秀清女士译，第三种译者人选未定。第一、第五两种都是我自己战前的旧译稿。《阿道尔夫》曾发表于上海出版的《西洋文学》，到最近我才搜集到全文，虽然徐仲平先生最早自己有该书译文的单行本出版，我赞同一些朋友的意见，认为这种小小的经典不妨有几种译本行世。纪德那本日记，我原以为跟我译的《赝币制造者》一起沦陷在香港了，前不久才知道我竟忘了在成都还有一个副本。现在我想在这本小书以后加上"写作日记"（从"日记"全集里摘译出纪德在那部小说出版以后说的一些话）和《小说中论小说》（从那部小说里摘译出那些谈小说的地方），再加上一篇我自己写的《纪德对于小说的理论与实践》。这都是很费工夫的，一时怕实在也办不到。

这里生活真不大易。我这间并不怎样好的房间上半年每月只要二百元房租，现在涨到了一千零五十元。米价前些日子一度涨到四千元一石，现在最低也得三千元以上，桂林朋友给这里稿费总没有法子给足千字斗米的价格吧？话虽如此，把物欲减低了，大家也还勉强对付过去。专心工作也可以排除一部分生活上的烦恼。我还是决定非到万不得已不去兼差，也谢绝演讲，也不写杂文。

写到这里字数怕不止五百了，一举两得，这不仅是覆了信，也算交了应征报告生活情形的稿子，如果还不太迟。

匆覆，祝好。

弟之琳，十二月九日

在信中，卞之琳说，每次接到赠刊和征稿函，"我照例有稿即寄，没有稿则连信也不覆"。这样的懒得写信，绝非摆架子，而实在是因为忙。几年来，自己一直在联大外文系任教，虽然课并不算多，但也特别占用时间和精力。本学年，又担任了新的翻译课，因就在自己的视野和兴趣之内，真是一讲而不可收拾，索性就集中精力于讨论课卷里的问题。仅仅如是，却也有探索不尽之感。——这对联大的同学来说，

卞之琳在联大翻译出版的《亨利第三与旗手》（龙美光保存）

又何尝不是一种极好的享受。下学期，又将新开翻译方面的选修课，同时也为长篇小说的创作、译著的工作、丛书的组编等作着积极的准备。总之，停下诗笔几年后，将"专玩小说"了。

联大同学在1946年出版的《联大八年》中专门说到卞之琳教授，说他曾开过"纪德""亨利·詹姆士"，同时还担任"翻译"一课，有时也教大一英文。说卞先生的翻译理论以忠实为第一要义，如此，则原文是美的，译文也美；原文是雅的，译文也雅。所用的材料，英译中多采用现代的英美作家如V. Woolf，D. H. Lawrence，E. M. Forster，Hen Ming Way等人的短文；中译英多采用《世说新语》之类的古文。这些，和卞先生的信所述是一致的。

但是，这样一位学贯中西的诗人，却因口音问题受到联大同学的诟病。何兆武回忆说：

卞先生是江苏海门人，口音非常之重，我有一个同班同学上了一年卞先生的英文，回来就说："卞先生的课，英文我听不懂，中文我也听不懂。"这个我非常理解，因为我趴着窗户听过他的课，他那中文实在是难懂，不过一个人说话是不是清楚和他的学识没有关系，这是两回事。

谈完教学、研究和创作，自然得面对极为紧张的战时生活。说到生活，卞之琳说"这里生活真不大易。我这间并不怎样好的房间上半年每月只要二百元房租，现在涨到了一千零五十元。米价前些日子一度涨到四千元一石，现在最低也得三千元以上，桂林朋友给这里稿费总没有法子给足千字斗米的价格吧？"同一时期，浦江清致王季思信也说："此间生活甚高，公米每石千八百元，自下月起或不能得；私米则已到四千。弟在此一人尚好办，有家眷者苦极，多出兼事。"

所以，物价飞涨中，靠写稿维持生计，似乎还谈不上，这恐怕也是他懒于寄稿和写信的原因。不过，他说，"话虽如此，把物欲减低了，大家也还勉强对付过去。专心工作也可以排除一部分生活上的烦恼。"因此，"我还是决定非到万不得已不去兼差，也谢绝演讲，也不写杂文。"

　　在生活重压之下，仍然坚持把精力用于平静的著述和热烈的课堂，一般人是不容易做到的。正像该刊编者所说，"战争必结束，而且深信胜利必然属于我们"，也许，正是这样一种面对战事的乐观态度坚定地支撑着他。

物质文明与精神文明

——联大学生致《云南日报》

在今天，物质文明与精神文明已是一对人人耳熟能详的特有名词。不论两个文明有否被以标语形式刷在大街小巷，其对于现实生活的极端重要性，相信每个人都有深切的体悟。

可是，抗日战争中，大家对于物质文明更重要，还是精神文明更重要这一时代命题，却有着并不一致的看法。林语堂的联大之行，就是这一情形最为充分的显露。

物质与精神

1943年12月中下旬，西南联大的壁报墙上贴出了林语堂即将来校演讲的布告（学校决定停课组织学生听演讲）。消息一出，校内外奔走相告，都期待一睹这位驰名中外的幽默大师的风采。22日上午九点多，联大图书馆前的民主草坪上，早已挤满校内外师生和各界人士，大家都是提前等着聆听林氏演讲的。

既定的演讲时间是十点整，但是林氏迟到了一些。这时，有人便不满地嘀咕："林先生的表也许是美国的时刻。"

十点过八分，林语堂身穿泥褐色绒袍，头顶青灰色高帽，戴着镶金边的眼镜，潇洒地出现在师生和各界人士面前。这是他来昆访问后的第三次演

1946 年 2 月 23 日，张友仁在西南联大新校舍北区乙 24 号宿舍，墙上挂的是墨僧用嘴叼着笔写的"民主堡垒"四字。（张友仁提供）

讲了。

演讲前，联大常委梅贻琦对演讲嘉宾作了简要的介绍，说林氏是学校的老教师，曾在清华教过英文，后又在北大任过教。20 年前的林先生，是非常壮健的。他曾做过童子军的队长，和现在的风度完全不一样。到美国后，一直以他的笔杆替祖国做了很多事。梅常委补充说："我说的教师，是教书的教师，不是传教的教师。"

在图书馆前的石台上，林氏咳嗽了几声后，面向全体师生发表了演讲。一开始，他就说："我很早就听人说，联大是一个还可以读书的地方，同学们在茶馆里念书。前天我曾见过你们的寝室，小小的一张桌子上，不但洗脸，还要读唐诗。而且，我又见过你们卖书的小贴。总括起来，得到两句话。这就是：物质上不得了，精神上了不得。"前者惊叹物质生活的艰苦，后者赞扬精神生活的丰富。（张源潜：《联大旧事两则》）

在师生们热烈的掌声下，林语堂话锋一转："我今天所谈的，便是精神文明和物质文明。"

他接着说，由重庆到昆明，途中所见种种，以及在到昆后所住的新村附近，有许多矮小得像DOG'S HOUSE的房屋，所以引发了他的"感想"。他认为，所谓精神文明和物质文明是分不开的。中国人耐劳朴实，诚然不错。但我们要住得好、吃得好、穿得好，原因就是精神物质是不可分的。因之，希望现场的听众，不必站在露天下，希求有礼堂，有凳子，以一个极舒服的环境来听演讲。

林氏谈到西方的物质主义的流弊。认为，所谓西方的物质文明，实在是工业革命以后的产物。"我们不要以为西方什么都好。十八世纪初欧洲的旅馆，其狭窄龌龊和我们现有的条件是差不多的。"

林氏希望念文科的人，不要用科学方法去衡量他所学习的学科，因为这方面是精神胜于物质。"例如母女之爱、友爱等，不能用纯粹的唯物观点去衡量"，又如"夫妇间的离婚，也不能用相互之间的生物关系之不能互相满足去解释"。他认为，夫妇之间发生裂痕，是由于精神上不能相互协调所致。他觉得，太物质了，人们便失去了人性，成为机器。

整个演讲在"道不远人，人之为道而远人，不以为道"的儒家格言和梅贻琦的小结中结束。不久，警报响起，倒为演讲人的开场白作了一个形象的注脚。

清风明月是物质？

很显然，林语堂的演讲是以"物质和精神是不可分割的"为其主旨的。可是，他在演讲中更多的却偏重于精神的重要性。为了突出精神文明的重要，而不惜以并不贴切的举例和观点展开。这正像一场只有辩方而无攻方的辩论赛，其自论自说的过程本身即充满了矛盾，因而引起联大不少同学的不适和反感。

这正如沈从文所说："正因为原来对于先生期望相当大，到结果或不免失望。"当天，就有一群联大学生愤愤不平地给《云南日报》写信，强烈表达了对林氏演讲的不满——

编辑先生：

　　贵报对于来昆巡览的"幽默大师"林语堂，曾做过一番介绍。今天早上，我们这些"又穷""又脏"的"中国人"，居然也有幸得观大师的风采，并且花了将近一点钟的工夫，听了一篇又像教训，又像骂人的所谓"感想"。也许是被大师的"幽默"所感动，使我们也有了一点"感想"。

　　大师今天首先说：联大学生没有饭吃，是"不得了"，联大学生的精神却是"了不得"；——精神了不得，听来多入耳。于是他便搬出了一大套精神文明的理论，叫我们要好好地记住：重视物质，便是抹杀精神，物质是不好的。而依大师的看法，在人文科学研究中，被注重的调查统计，也全部是庸俗的物质东

西南联大注册组主任朱蔭章、许承敏夫妇与女儿朱维欣在昆明。（龙美光保存）

西。就是说：人文现象的研究，不应该"矫揉造作地袭取科学方法，而要注重精神的文明"。

可是，大师又说：中国人穷，中国人脏。国父孙中山先生底"民生主义"的目的，便是要叫人民的衣食住行都得到合理的改进。中国人底衣食住行真的需要改进一下，不然，像大观新村旁边的草棚，哪里是人住的，简直是"狗窠"——对的，需要改进一下，但衣食住行全都是"物质文明"呵！

大师又说：这次中国抗战六年，既无大炮，又无飞机。所以能够支持六年，就全靠精神。但下一次战争时（大师很希望还有下一次战争！）却决不能这样。我们也应该有飞机，有大炮。

飞机大炮是物质的产物。大师说：人类所以在廿五年内便有两次大战，就全是大家只重物质的结果。

因此，大师教训我们，研究人与人的关系，不能用科学方法。不能注意那些实际的调查统计和自然、社会、经济的背景，把科学精神看成机械的物质。这就是"大师"的"精神文明"的结果吗？

我们，照大师所说，都是学习那不应该冒充科学的"文"科的。听了大师的教训后，我们都"好好地想"过，但连大师本人究竟是物质呢，还是精神呢？也弄得莫名其妙了。因为大师曾说过，"清风明月是物质，至于抽香烟到底是精神还是物质，就有点难说了。"像这样奇妙的说法，叫我们从何"想"起呢？

但有一点我们却想通了，就是：大师叫我们不要把人的现象用科学方法来研究，认为人的现象都是精神的，而精神又是玄妙不可捉摸的。总之，叫我们不要用科学的眼光来认识世界，处理人生。科学的历史观是错误的；虽然"精神至上"，但科学精神也一样地是要不得的！——大师自己一口否认他是在"开倒车"，却一板正经地叫我们去回到违反科学的，中世纪的道路上去，让历史、社会、政治、经济、心理的研究都慑服于玄学或新的神学的威力下。

这种玄妙的"精神"理论，大概在美国，是大师使人敬服的法宝，因为在那些"物质文明"的洋大人面前，大骂一通"物质"，赞美一通"精神"，也就像在我们面前开口便指出"中国人的穷、脏"一样，听了就使人觉得大师身边美金的值钱和大衣的清洁由敬生畏，连大师的屁也不大敢说出了。因为那究竟不是"清风"，所以也不能断言是"物质"呢，还是"精神"？

所可悲的，是我们都是中国人。略知道那些在大师口里也扰搅不清"精神""物质"究竟是什么一回事。而且，更可悲的，是大师今天用来讲演的究竟还是我们可以完全听懂的中国话！

今早上，我们花了一个钟头的宝贵的上课时间，结果却听到了这样一顿教训。"物质"上既受损失，"精神"上又受侮辱。这到底是大师和他自己"幽默"，还是开我们的玩笑，抑或是在清高的"精神文明"的后面，有着大师自己"物质"的原因？这个问题，我们不愿想，也不值得想。不过一点钟的时间确极可贵，而花得也太冤枉。因此，我们希望贵报能赐以一角地位，刊出这些拉杂的

西南联大新校舍南区全景（选自《国立西南联合大学图史》）

西南联大学生出版社的出版物，书名揭示了同学们追求真理的精神。（龙美光保存）

感想，一方面说明大师是在怎样地骗人，另一方面也正告诉些也正告那些自鸣清高的"中国人"：我们是不会轻易受骗的！祝

编安

　　一群联大学生：陶莎　许明　亚迪

　　　　俊珉　陆高　正康等同上

　　　　　　　十二月廿二日

　　这群写信的学生，在联大的学生名录里面并未查实。也许，为了规避校方的追究，同学们都使用了化名。

　　信里所述的，并非是演讲内容的全部。但从信中，我们不难揣摩出林先生当时演讲的大概情形。其目的也许是为了鼓励师生们继续以昂扬的斗志面对恶劣的环境，共创中国教育的奇迹。但是，他过于强调精神的重要性，力图鼓舞师生们忽略物质的粗陋，从精神中获取无穷的力量。甚而，还提出做人文学科不应采用科学手段等论断，这与联大当时的情形恰好是相左的。当时，在联大，无论是社会学、民族学、语言学、统计学等人文研究，其实都广泛采取了物质的、科学的研究方法。同时，据中法大学邹联彩同学在日记中所写，他"后来说中国的以精神为依赖是靠不住的，应当走向物质方面才行，不能只管靠美国的飞机大炮来帮助我们"。这又与他强调的精神的重要性相背离。正如杨曼24日在昆明《扫荡报》发表的《听"幽默大师"讲演后》所说，他所讲的材料"正如我们到本地土馆中去吃'杂碎'，满满的一盘，什么都有，但吃不出真的味"，"物质文明与精神文明，我本来就不大弄得清楚，加之听他一番话，更使我堕入五里雾中去了，恐怕同学们也一样的感觉"。尤其是"中国到处是穷、脏"的论调，更引起现场听众的不快。这样混乱的演讲情形，怎么可能不引起师生学人的反感呢？

杨曼认为，林先生的文章"不得了"，但是演讲水平"不了得"，对其"见面不如闻名"。

其实，在演讲当天，《云南民国日报》就刊登了袁庄的《论西崑艺术》和朱云的《听了林语堂先生谈话以后》。第二天，《云南日报》在刊登演讲新闻的同时，还刊登了徐洗明的《论所谓物质主义》和这封读者投书《"硬是开倒车"！》，几乎成了林语堂先生在联大的演讲活动专版。这些文章，一多半是持批评语气的。其中，徐洗明的文章就毫不讳言地批评："今日中国所缺乏的不是科学方法的滥用，而是科学方法的不够。林先生来自四方，有此等怪论，不知是何居心？"

中文系学生张源潜披露，在24日上午的"西洋通史"课上，蔡维藩教授说看到报上批评林语堂的文章很高兴，认为青年人能明是非而辨别之，很了不起。他还说，社会良好和言论自由是子与母的关系，先有言论自由，然后有良好的社会，好比母亲养儿子。显然，对于学生听了林语堂演讲后表现出的"吾爱吾师，吾尤爱真理"的质疑精神，蔡教授认为就是言论自由的表现。

为了成为一个优秀的作家，林松曾于1946年元旦前后两次致信朱自清，请教写作要领。朱自清在百忙之中于1月16日作了一次回复。当天，朱先生从下午到晚上都在写信，其中自然包含给林松的这一封。在信中，他启导林松，说要当一个好作家，入门功夫就是要多读、多练、多体味生活。同时，他还在信中表达了对林语堂先生的看法。其全信如下——

林松君大鉴：

接到你两回信，事忙没有覆你，歉歉！你爱好文艺，很好。想成功一个作者，却得下一番苦工夫。你得多读创作的和翻译的文艺作品，多吟味自己和别人的生活，还得多练习写作——可不必急于发表。

林语堂先生受人攻击，不在他的文字，而在他的生活态度。他似乎不了解现实的中国。祝好！

朱自清

卅五、一、十六。

朱自清先生在信中所谈的观点，也表达了大部分联大师生的心声，这也是林语堂在联大的这次演讲碰壁的原因。如今，林语堂先生和当年写信给《云南日报》的学生都已作古，唯有"物质上不得了，精神上了不得"这句话作为联大精神的一种高度概括，仍然为人们津津乐道。

一场长达一个小时、深受各界期待的演讲会，能够闪着光芒地长留在时光里的，居然只是一句俏皮话一样的开场白，这是林先生无论如何也不会想到的。

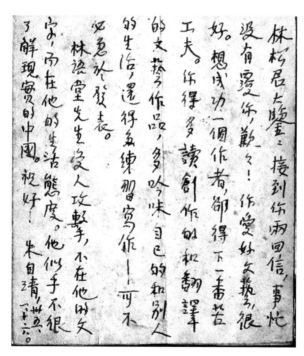

朱自清致林松信手迹

生活已如"黔娄先生"

——沈从文书简二封

1944年11月1日，由上海万象书屋出版、中央书店发行、著名作家柯灵主编的《万象》第四年第五期刊登了两封沈从文书简。此时，沈从文正住在滇池边上呈贡县乡下的桃源新村，故以"自滇池寄"为题。

第一封信

××：

人有说你已过福建的。得□□信，方知犹在上海，未作他计。法国文学史工作想已完成甚多。这里熟人多如旧，生活或已如"黔娄先生"，情绪还像不大寒伧，见面时有说有笑。惟分住各乡的，一年中见面亦不多耳。甫先生犹如当年从容，常问及你情况。佩弦略见老态。之琳作五十万言小说，已完成。一多以刻图章补助生活，且有兴趣译新诗（中译英）。毓棠尚能于教书之外写诗。冯至，广田，亦多能写作，且可常见面。我住乡下已五年，每星期只在城中一二天，孩子们于乡村中长大，顽健比似城中略胜一筹。气候温暖，过日子平平静静，故不觉长久。原来与冰心诗人相去一里许，近则唯戴世光陈达相去不多远。三小姐一切照常，精神则比过去转好，大约因凡事自己动手，每天在家中做酸菜，霉豆腐，劳作不息。欢笑歌呼，尤增加大人快乐，因之岁月虽逝，生命中所保留青春活力，转若在任何情形中均不至于消失，老友闻之，定必愉快！徽因寻常在四十度高热中，相去过远，信息不明，病既是原有之病，想不至于如何沉重！宗岱精神似尚好，可从填旧词兴趣看出。巴兄或尚在桂林，小说改戏，各处上演，亦甚热闹。孟实久无消息，只间或在刊物上见说教小文章耳。占元甚用功，已结婚。萧乾无信，不知生活如何。相去万里，六年来大多数人已发鬓成雪，幼小者多成童子，相见何日？能不令人悒悒！望各自珍，并为朋友珍重。××，××，并盼致意。

弟文　一月二十日

发表时，此信收信人已被隐去，估计系其提供《万象》主编柯灵。据解志熙、陈学勇等学者考证，这位"犹在上海"的先生，系即将去福建任教、计划著作《法国文学史》的李健吾。李先生自己曾回忆说："离开大学多年以后，我在中法研究所，所长张定璜要我写一部法国文学史，受命之下，我兢兢业业，写了两章有关中世纪的，在暨南大学学报上发表，后来日本军阀的铁蹄践踏中

住在青云街时的沈从文

国，蒋介石不战而逃，'所'被迫解散，书写不成了，其悲也可知。过了几年，我收到老同学吴达元写的《法国文学史》，佩服他能以个人之力完成……"吴达元的这部《法国文学史》就是在西南联大完成的。

《遵生八笺》曰："黔娄先生者，齐人也，修身清节，不求进于诸侯。鲁恭公闻其贤，遣使致礼，赐粟三千钟，欲以为相，辞不受。齐王又礼之以黄金百斤，聘为卿，又不就。著书四篇，言道家之务，号黔娄子，终身不屈，以

寿终。"

沈从文此信，以黔娄先生的清高亮节隐喻在昆明的朋友们，说他们在艰难困苦中仍以苦为乐，乐观以待。只是大家都各自疏散在各乡间，并不常有见面的机会。警报声常在耳畔的生活下，杨振声仍然和从前一样从容自如，病痛折磨下朱自清稍显老态，卞之琳完成了50余万字的小说，闻一多授课和研究之余挂牌治印以贴补生活并在尝试翻译新诗（见闻一多致臧克家信），孙毓棠在教书和从事戏剧活动之外尚有兴致作诗，冯至、李广田诸友也多保持写作状态（因为他们或常住呈贡或常来呈贡故而能经常见面）。

沈从文说："我住乡下已五年，每星期只在城中一二天，孩子们于乡村中长大，顽健比似城中略胜一筹。气候温暖，过日子平平静静，故不觉长久。原来与冰心诗人相去一里许，近则唯戴世光陈达相去不多远。"桃源新村有着极好的乡村风貌，因此日子过得还算舒适。那里原距冰心夫妇索居的默庐仅有一里左右，距陈达、戴世光居住的文庙清华国情研究所则更近。夫人张兆和的情形

1944年9月3日，许烺光（右）及其妻子（右二）、李约瑟、费孝通（左）等在呈贡魁阁吃午饭的情形。

却比过去还好，她现在"凡事自己动手，每天在家中做酸菜，霉豆腐，劳作不息。欢笑歌呼，尤增加大人快乐，因之岁月虽逝，生命中所保留青春活力，转若在任何情形中均不至于消失，老友闻之，定必愉快"！林徽因、梁宗岱、巴金、朱光潜、陈占元、萧乾等滇外老友的情形，则各个不同。他说："相去万里，六年来大多数人已发鬓成雪，幼小者多成童子，相见何日？能不令人悒悒！望各自珍，并为朋友珍重。"

此种战事状态下互依互望，互牵互挂的情谊，早已洗却了文人相轻的不谐调子。

第二封信

××兄：

二月十七日从×××兄处见到你去年十一月廿七寄的来信，真是喜出望外，尤其是从信中知道健吾诸兄均安好无事。这里佩弦和其他熟友也还平安，只是年分已到，各人双鬓多已带白（孟实闻已全白），自是不可免现象。弟在此住乡下已四五年，去滇池约四五里，终日在小山上看长脚蜘蛛在高大仙人掌篱笆边结网，看云看水，大有作"候补高士"之概。幸尚有些破书残帖，可供消磨。日前曾因心脏虚脱，几几乎已无望重见诸兄，幸救治及时，顷已无事。意者数年后当可与诸兄畅谈南天景物也。乡居极暇。地方景物佳美，气候和暖。孩子已上学读书。凡事自己动手，连烧火砍柴也自己动手，生活另有一种返朴单纯情境。如晤××，并盼为一告近状。专颂
安佳

弟从文顿首　二月十九日

这封信也是从桃源新村寄出的，或许就是寄给柯原的。沈从文应该是2月17日在李广田家中看到了柯原的信，从信中得知上海的李健吾等人都安好无事，

倍感高兴。他接着说，在昆明，朱自清等在西南联大的熟友们都还平安。"只是年分已到，各人双鬓多已带白"（在武汉大学的朱光潜据说已全白），这是自然规律，难免的。

他说，自己住呈贡乡下四五年来，终日在滇池边"小山上看长脚蜘蛛在高大仙人掌篱笆边结网，看云看水，大有作'候补高士'之概"，真快要成为隐士了。幸而还能有些旧书残藏可供消遣。"日前曾因心脏虚脱，几几乎已无望重见诸兄，幸救治及时，顷已无事。"

现正幻想着，若干年后一定能与文朋旧友畅谈在天南的风情人文。呈贡的乡居生活极为闲适，这里"景物佳美，气候和暖"，孩子们已在乡间学校念书。在这边陲一隅，"凡事自己动手，连烧火砍柴也自己动手，生活另有一种返朴单纯情境"。

这是战事中漂泊西南得到的难得的安宁。

未可一凭月老于造化也
——傅斯年致罗伯希

联大八年，也是爱情不曾离开的八年。这八年，青年师生走到哪里，爱情的风就吹到哪里，新式婚姻的种子也就播撒到哪里。

我心则悦

师长们，更是乐于为自己的学生证婚。

据说，三校均有这样的传统：学生结婚，由教员证婚；教员结婚，由校长证婚。

其实，联大到昆明办学后，除了联大教员吴宓为徐继与丁淑姿、罗常培为任继愈与冯钟芸、朱自清和吴有训为钱伟长与孔祥瑛等学生辈新人证婚外，梅贻琦作为校领导，照样为刘汉与孙孟君、方钜成与姜桂侬、吴浦月与宋汝纪、张仲仁夫妇、戴振东与宋宝光等多对学生中的新人证婚。

导师也好，校领导也罢，能获得这些早已经成名成家的师长祝福，对联大青年朋友来说，自然是最幸福不过的。

张世英曾谈到他和彭兰同学从恋爱到结婚的过程："在这个时期，我结识了我的爱人彭兰，她是联大中文系的学生，闻一多先生的信徒和高足。……她父

1940年秋末冬初北京大学文科研究所当时的研究生。左起：阴法鲁、周法高、马学良、阎文儒、逯钦立、任继愈、杨志玖、董庶、王明、王玉哲、王永兴。他们中，多数住过靛花巷。

亲是前清翰林，母亲也出自书香门第，她从小就能诗作对，她和同学来往，常以诗相酬和，不少同学对她以联大才女相称。她偶有得意之作，也常邀我赓和，我自愧没有她的诗才，越来越敬佩她。我那时完全不通平仄，她勉励我：'你的诗有意境，这就不易，平仄我可以教你。'她经常替我正平仄，但我更多地是向她学笔姿、学意态。从此，我们逐渐产生了爱慕之情。"

他还回忆，当时彭兰属于联大比较进步的学生，而自己所向往的是鸡犬之声相闻，老死不相往来的小国寡民思想，总爱念叨庄子的哲学：我生也有涯，而知也无涯，以有涯随无涯殆矣。彭不同意，便到闻一多先生那里去"告状"，闻先生则送张一本《海上述林》，还告诫他"要走出象牙之塔"。在他们的影响下，张世英也慢慢地走出了书斋，参加到学生运动的行列。不过，张世英回忆：

我们结婚之前，我经常听她说，她"决不会同一个学哲学的人结婚，好争辩，寡人情"。可是偏偏一多师说她是女同学中最有哲学头脑的人。为了同我结婚，她虽说征求一多师的意见，一多师在"面试"我之后的结论也偏偏是有哲学头脑，有培养前途。哲学与文学、思与诗就这样联姻了。

1945年7月我们在昆明结婚时，一多师是她的主婚人，柳漪（冯文潜）师是我的主婚人，锡予（汤用彤）师是我俩的证婚人。我们在昆明青云街一个偏僻的小巷里租得一间小房，办了一桌酒席，应邀参加的就是这三位老师和他们的夫人，总共八个人。一多师打开他亲笔为我们用篆字书写的横幅向我们祝贺说："这中间四个字'我心则悦'，不用我解释，要说的是这个上款：'若兰世英结婚纪念'，这不仅是因为她是个单名，不好写，更重要的是，若兰者，似兰非兰也，真正的兰花太实，我想虚一点好，专取其幽香清远之意。"

"我心则悦"，闻一多的这四个字，细腻地表达了师长们对联大学生间由爱情而婚姻的由衷祝福和热切期冀，表达了师长们面对一对对新人时共同的心声。

当然，也有受邀证婚而直接拒绝的。郑天挺的日记就记载："余培忠来请证婚，辞之，推锡予。余不愿以不祥之身妨人嘉礼也。三时锡予来，同至盟军之友社参加余培忠、吴彬婚礼。锡予证婚，勉仲主婚，代表女家。"大概因为当天郑先生有病在身（据其怀疑可能为盲肠炎），不愿以病体给新人的婚礼增加"不祥之感"。这是另一重境界了。

必为文学界名士无疑

比起证婚，更堪为学林佳话的是师长亲自上阵作伐提亲，玉成百年好合。联大校友逯钦立，就得享了这最幸运的经历。

1935年秋，逯钦立考入北京大学哲学系。入系不久，即担任《北大周刊》《北大旬刊》主编。参加了一二·九爱国学生运动。次年，转入中文系，并参与发起成立中华民族解放先锋队。

1937年，七七事变爆发。不久，返回家乡山东巨野县。10月，按北大南迁通知，自家乡而兖州，乘津浦铁路、京汉路及粤汉路，辗转过徐州、郑州至湖南，入读设在南岳的长沙临时大学文学院中文系。1938年2月中旬，临大开始迁滇，他携0160号"甲种赴滇就学许可证"随三百多名师生组成的湘黔滇旅行团，历时68天、步行3500里抵达昆明。这时，国立长沙临时大学已改称国立西南联合大学。

到昆明后，很快又乘滇越铁路转往设于蒙自的联大文学院中文系就读。在这里，他一面刻苦攻读，一面参加抗日救亡活动，与北大师生一起办起了蒙自民众夜校。三个月后，联大蒙自分校结束，又返回昆明继续学业。1939年6月，从联大毕业（北大学籍）。

本科毕业后，逯钦立即计划就业。此时，北大文科研究所正好在昆明恢复招收10名研究生。在师长的鼓励下，他考入中国文学部，师从罗庸、杨振声两位导师，从事文学史研究，其研究题目为《校辑全汉魏晋南北朝诗》。1940年9

月，时届研究生毕业，但为了深化研究，他申请了延期毕业。

谈起这几年的学习生活，谈起与汤用彤、闻一多、罗常培、罗庸、杨振声、朱自清等名师的交谊，逯钦立充满了回味。

他回忆："闻先生在西南联大教我们《诗经》，很器重我，师生感情很深。他使我对古典文学的训诂工作发生极大兴趣，基本上决定了我过去的学术道路。杨振声先生是我文科研究所时期的副导师，师生来往较密切，在旧社会的生活斗争中，他给我很多鼓励。……罗常培先生，是我大学时候语言学教师……时常以开展学术研究鼓励我。朱自清先生，从在西南联大受他的教育起，一直到我在中央研究院任职时期，我们时常通信交换学术意见，他把我当作一个讨论学术编写文章的青年朋友看待。我的埋头研究工作，不断写文章并发表文章，是与他的影响启迪分不开的。"（引自逯钦立"干部档案"）

1940年10—11月，由于敌机频繁袭扰昆明，抗战后陆续迁滇的同济大学、

1941年，林文奎、张敬结婚时，梅贻琦为之证婚。（梅祖彦保存，梅志宏提供）

1944 年 5 月 7 日，逯钦立与罗筱蕖的订婚照片。（选自《逯钦立文存》）

中央研究院历史语言研究所、中国营造学社、中央博物院筹备处等机构，再迁四川李庄。其中，同济是较早迁李庄的学术单位之一。同济的到来，受到当地民众的欢迎。开明乡绅罗南陔曾拟十六字电文："同济迁川，李庄欢迎；一切需要，李庄供应！"使李庄成为抗战时期大后方的又一文化中心。

这时，昆明图书缺乏，致使逯钦立的研究工作几乎处于停顿。为此，他申请赴李庄，在史语所继续研究，得到了导师允准，并于1941年9月入川继续学业。1942年3月底，正式从北大文科研究所毕业后，傅斯年致信朱光潜，介绍逯钦立到武汉大学工作，因校无席位而作罢。10月，经傅斯年协调安排，正式入史语所第一组"专任"（该所专设职级，即独立主持课题研究者）。正是在这期间，他邂逅了美丽的爱情。

1942年6月，史语所在李庄自办了子弟小学，特聘请当地开明乡绅罗南陔之女罗筱蕖作为史语所在编人员主持校务。在这里，逯钦立和罗筱蕖得以相识。经过一年多的接触，逯钦立被罗的才华吸引，对她渐生爱慕。

在致张政烺等学友的信中，他说："识李庄罗南陔先生之女筱蕖小姐，颇有敬慕之意。"

而她呢？据《逯钦立先生年谱初稿》披露，在子弟小学的黑板上，逯先生不断展示着自己的才华，屈原、陶渊明、跃虎、奔马等挂画闪耀其间。不仅如此，他还主动为罗及其已故生母造像，其逼真和生动，使她也由感佩而爱慕。

两颗年轻的心，碰撞到了一起。

这一幕幕，被史语所的同人看在眼里，记在心里。张政烺等六位同事便一刻不停地联名请史语所所长（兼任北大文科研究所所长）傅斯年做媒，以玉成这一桩情投意合的婚事。

罗南陔侄子、原刘文辉部高参、已解甲归田的罗伯希是当地知名的书法家，也是同济等学术机关迁李庄的首倡者和联系人，因此和来此的傅斯年等名流结下了深厚情谊。

于是，1943年4月17日，傅斯年当面向罗伯希提起逯钦立的亲事。他担心口头所说不能充分达意，又郑重其事地致信之，拜请其在南陔先生面前正式提亲。他写道——

伯希先生左右：

顷蒙枉顾，快谈至乐也。未所提及一事，恐口说未能达意，敬笺陈之。

南陔先生之季女公子筱蘉女士，自来山上教书以来，极为所中各家所敬佩。此一小学，虽在无法办好之状况中，仍能维持各生课业者，诚筱蘉女士之力也。敝所第一组助理研究员逯钦立君，颇愿以弟为介，攀婚清门，而其同事又向弟以此为言。弟一向怀抱，以为此等事宜由男女自身决定，未可一凭月老于造化也。然逯君系弟及门之人，其详细情形不妨陈述，以资南陔先生参考。逯君系山东巨野人（今年卅一），家世业农，其尊人有田二百亩，子女共三人，平日在家，亦可吃饭，惟值此时代，逯君终须自食其力也。逯君于民国廿八年毕业北京大学国文系，同年入西南联合大学文科研究所（北大部分），于卅一年毕业得硕士学位。彼于八代文词之学，造诣甚深，曾重辑《全汉晋六朝隋诗》百卷，用力之勤，考订之密，近日不易得之巨篇也。惜此时无法在后方付印耳。一俟抗战结束，此书刊就，逯君必为国内文学界中知名之士无疑也。

逯君外表敦朴，内实宅心忠厚。天资甚高，又肯下深工夫研治学问，弟及门诸人如逯君者实不为多。故在其肄业联大文科研究所时，弟即约其到此借读，毕业之后，即入敝所。助理研究员之资格，依法律所规定，等于大学之专任讲师。然中央研究院之标准，远比各大学平均之程度为高，此时敝所助理研究员就业大学者，至少为副教授，故逯君将来必在大学任教，或即以此为终身之业矣。此一职业，在战前颇为舒服，今日所入，几夷为皂隶，弟亦如此也。若在战事结束后，固不宜如此。惟值此遽变之世，一切未可测耳。故逯君实为绩学之士，笃行之才，后来必可为知名之学人，而家素丰，所业又在"九儒"之中耳。故述其实以当参考。若南陔先生有所不嫌，任其自决，则逯君能有菟丝如萝之宠，亦弟之厚幸也。专此奉陈，敬颂

著祺

弟傅斯年谨启　二月十七日

在傅信后，逯钦立附言"南陔先生处乞代致候。弟子钦立录副"，表达了这位未来的李庄姑爷对长辈深挚的敬意和对罗筱蕖的真切情意。

在信中，傅斯年对两位年轻人的良好品性都给予了肯定，认为逯、罗两青年是合适的一对。他像逯钦立的家长一样，以练达的语言介绍这位青年的家庭、学业、工作、学术、品格等情况。他认为，"逯君外表敦朴，内实宅心忠厚。天资甚高，又肯下深工夫研治学问，弟及门诸人如逯君者实不为多"，将来"必为国内文学界中知名之士无疑"。这是配得上罗筱蕖女史的。

收到傅信后，罗伯希复信，提出了一些疑问，尤其特别关心男方是否已婚娶过。这对于一位未婚女青年来说，当然也是极其重要的。

对此，傅斯年于2月21日及时回信："此点正为弟所注意而不敢苟者，故前信发出之前，已经查明逯君并未婚娶。先是逯君友人托弟写信，弟即对之

云，此点最重要，须证明。其同事、友人遂共来一信，证明其事，故弟乃敢着笔也。彼时又查其入所填表及在北大填表，均未婚娶。当时办法家人多一口即多一口之米，故未有有家室而不填者。逯君平日笃实，不闻其说不实之话，故几经调［查］而后，以前书相塵也。先是彼在昆明时其父曾来信嘱其在外完婚。事隔三年，又经迁动，原书不存。彼最近又向其家说明一切，当有回信。惟彼家在沦陷、共产党区交错之处，信每不达，回信当在半年以上耳。谨此奉覆。"

此信是傅斯年在百忙之中口述后，由张政烺代笔的。信中表明，亲事是一件开不得玩笑的大事，所以女方亲属的顾虑，自己早就考虑到了，也在写上一封信之前就调查过了。经多方证实，逯君从未婚娶，而且其人品学识俱佳，对女方的爱慕又深，是值得托付的。

在傅斯年这位不是家长胜似家长的师长，以及史语所、北大文科研究所李庄办事处其他同事的撮合见证下，1944年5月7日，二人在李庄正式订婚。27日，正式举办了婚礼。这一结合在李庄成为佳话，时在营造学社工作的王世襄为之赠诗："结是同心结，索是合欢索。此索结此衣，愿郎贴身着。束束海红花，两树繁如撷。既是暹罗来，还应为罗摘。绿盖莫摇风，只许立侬侧。"生动地描绘了两位青年美妙的结合。

两位年轻人的结合是幸福的、美满的。如傅斯年所料，逯钦立后来成了国内鼎鼎有名的古典文学专家。1992年，在首届全国古籍整理图书评选发奖大会上，有15种图书获一等奖，其中打头的就是逯钦立整理的《先秦汉魏晋南北朝诗》。该书作为一部体量巨大的诗歌总集，至2023年，先后至少被全球12个国家和地区的近600家图书馆收藏，产生了世界性的文化影响。不朽成绩的背后，自然有李庄女儿罗筱蕖默默的帮助。

逯钦立逝世后，罗筱蕖于1981年秋为爱侣作传略，不仅略述他的学术成就，也直接地表达了她对丈夫未曾改变过的仰慕和钦佩。她在文章中写道："几十年来他始终按照中华民族传统的家庭习惯来侍奉老母，而且夫妻之间感情笃厚，互敬、互助、互勉，对子女十分慈爱也管教极严，尤其重视子女们的道德和礼貌教育，时常劝诫他们要谦虚谨慎，正直清白，做到思想进步，学习努力，生活朴素，成为一个真正的人，一个有益于国家、民族和社会的人。"

作为联大时期由师友助力成全的无数对新人之一，这样的喜事，也为西南联大及内迁学术机关的文化抗战往事增添了浪漫而幸福的片段。

1944

谁给我们的特殊学习机会，
而使得我们大学毕业？
谁给我们所必需的外汇，
因之可以出国学习。
还不是我们胼手胝足的同胞吗？
还不是我们千辛万苦的父母吗？
受了同胞们的血汗栽培，
成为人才之后，
不为他们服务，
这如何可以谓之公平？
如何可以谓之合理？

——华罗庚

荒山苦雨中尤宜于深思
——任继愈致胡适

任继愈曾说："联大不提倡读死书，同学都关心国家大事。当时的头等大事是支持抗战。在科研工作中从不抱残守缺，在战时与海外大学交流十分困难的条件下，师生们密切关注国际学术前沿各领域，有人回国带回一本新书（江泽涵教授的《拓扑学》），当时尚不具备复印条件，教授们曾辗转手抄。"

他回忆："我在西南联大先当学生，后来又当教师。我是北大文科研究所的第一批研究生（一共招过两届，我是第一届）。研究生与北大几位导师教授同住在一个宿舍（靛花巷）

1939年，任继愈在昆明。

又在同一个餐厅开伙食，因为房间小，分在两处用餐。师生们朝夕相处谈学问，也谈生活，议论政治，也随时讲些历史掌故，师生关系十分融洽。据我所知，这种师生之间互相关心帮助的风气，三校其他院系也有。如清华大学文科研究所学生帮助老师买菜，物理系的吴大猷夫人患急病，学生朱光亚背着送医院。此种故事甚多，无须多举。师生之间朝夕见面经常交流，有学术的，有思想的，这有点像古代的书院。"

这种书院式的教育生活，任先生曾在多种场合、多篇文章中有过不同程度的回忆。最为集中地谈论昆明时期的生活，却是在他1944年3月15日从昆明靛花巷联大教员宿舍致胡适的信中——

适之吾师座前：

昔在北平时，曾亲承教诲，从学中国文学史及汉代思想史。由是即对于中国思想有深切之爱好。时年尚幼，读书亦少，虽略涉藩篱，而未见殿陛，更遑言升堂入室。

七七战起，时为四年级，随校南迁，读书于衡山之麓。故乡沦亡，国土破碎，夜闻松涛泉响，每彷徨不能寐；徘徊中庭，苍茫望星月，对巨变怀先哲，思所以立所处之道，尝惕然而警，怃然而悲。当学校流离之际，书籍极少，只有宋明人集数十部，反复潜研，每有会心，昔所未喻者，今则有所悬解。非昔愚而今明，或因人生经验渐多，若阳明之谪官龙场，居夷处困，动心忍性之余，恍若有悟耳。始则以春西文书而读此，继而得其中味而好此终，乃锲而不舍，以此为安身立命之归宿。

二十七年春，学校自湘迁滇，是年夏毕业于云南蒙自，所作毕业论文为《朱子的形而上学》，约为三万字。时汤锡予师与贺自昭师谬加奖谕，以为胜似冯芝生先生之《中国哲学史》所讲朱子哲学部分。愈自维浅陋，不足与前辈比，然为学之志，得此鼓励而益坚。时周枚荪师去渝任中央政校教务长，愈亦随贺自昭师任教于该校凡一年，功课既少，颇多余暇。荒山苦雨中，尤宜于深思。前所茫然者，至此则沛然。除读书外，并成《王阳明学述》一文约四万言。

二十八年夏，傅孟真师主张恢复北大文科研究所，汤锡予师招愈返昆投考。因北大无书籍，故与史语所合作。愈考入研究以后，乃对中国思想作系统之历史研究，从锡予师学，并与川中熊十力师长期通信请益，有时与马一浮先生通信问学。二年之间，凡宋明人文集之有关思想者，在昆明可能得到者并阅读一过。又以宋明思想与佛学（尤以禅宗为然）有关，乃上溯隋唐佛学，其中极近印度宗风者，如玄奘之法相唯识之学，愈但得大纲，未遑细绎其余。中国人所讲之佛学，如华严、天台及禅宗语录并详研读，未尝轻轻放过。

二十九年冬，史语所迁李庄，愈因昆明无大藏经，乃随史语所入川，历时一年。寝馈于斯并研读隋唐人集。三十一年春返昆明，提出论文《理学探源》，原文约三十万言，时间仓促，未及全部誊清，只提出原文之纲要约三四万言作为毕业论文。其内容为宋明以前一段思想史，自汉末魏晋以迄隋唐，其大体线索多取法于吾师所写中古思想史提要者。

研究所毕业以后即留母校服务任专任讲师，曾与冯芝生先生合开"中国哲学史"一科。冯先生授先秦一段，愈则授汉以后一段。又曾代王维诚授"庄子"半年，现授程朱哲学与陆王哲学，凡二年，讲稿约二十万言，现正整理成书，暑假之前当可识事。前年曾在昆明中法大学文学院授论理学，去年曾在该校授中国哲学史，均系兼任。

自研究院毕业在母校教书，凡三年，幸无大过。自念大学毕业已历七年，反躬自问，所得每增愧恨，所期与所得相去极远。岁月蹉跎，今已二十八岁，已将步入中年，对于西洋哲学所知极浅，然今后若谈学问，断不能抱残守缺，以自以为足，眼界不阔，基础不广，终为一曲之陋儒。故亟思于三十岁之前出国研究西洋哲学。不通西洋则必不能通中国，所教所学均无甚裨益。盖然年来出国学生甚多，故政府限制甚严，自费留学又经停办，公费考试从无哲学一科。

吾师在国外多年交游遍天下，敢祈为愈在国外寻一相当工作。若得国外聘任，证件方能在国内请领出国护照。如吾师著述须助手，愈亦愿往从学。倘愈在国内觅得其他出国机会，亦将往依座前，再求教诲。

昔曾忝列门墙，想不以冒昧请为渎。愈在李庄史语所时曾与丁梧梓先生谈在昆明情形，杨今甫师、罗莘田师均知之。今诸先生均在美国，如相见时当知。

愈也海天万里，不胜驰念，仰慕之怀。专此敬叩

道安

学生　任继愈敬禀

三月十五日

赐教请寄（昆明青云街靛花巷三号西南联大教员宿舍）

　　在信中，任继愈回顾了七七事变后随校南迁长沙、云南的经历。他说，在辗转流离，书籍奇少的情况下，根据研究兴趣，反复钻研有限的宋明文集，在家国破碎的境遇中动心忍性，终于对过去的有些学术问题有所顿悟。在衡山，在蒙自，他在中国哲学研究上终于有所收获。尤其是3万字的本科毕业论文《朱子的形而上学》，被汤用彤、贺麟认为与冯友兰先生的《中国哲学史》中朱子哲学部分有异曲同工之妙。不久，他在周炳琳先生到中央政校任教务长后，随贺

任继愈随湘黔滇旅行团到达蒙自时留影（任重提供）

麟到该校任教一年，在荒山苦雨中读书研究，写成了4万多字的《王阳明学述》一文。

1939年夏，北大文科研究所在靛花巷恢复，在汤用彤动员下，任继愈考入该所。其间，北大文科研究所与史语所共用一址，并在图书资料等方面展开合作。自此，任继愈在汤用彤指导下对中国思想史予以系统研究，并通过通信等方式与熊十力、马一浮等请教，对隋唐、宋明时期的思想史及佛教史进行探研。史语所迁李庄时，又随而入川，深读深研，1942年返昆时，值研究生毕业，完成了30万字的《理学探源》。

对于西南联大的这段学习生活，任继愈充满了怀念之情。他曾回忆："西南联大的校舍是土坯作墙，稻草作顶，有门窗而无玻璃。有时学生去迟了，或者学生人数多，教室内容纳不下，索性站在门外或窗外听，因为离讲台近，比在教室内坐在后排听得还清楚，只是没有扶手椅，记笔记不大方便，人们还是尽量争取坐在教室里去。文科研究所招收大学毕业生，入校后，基本不上课，外语在入学考试时必须通过。当时多用英文为第一外语，没有什么专业课，仍然保持北大过去那种极端自由松散的风气。作息时间也不作任何规定。由于山河破碎，国难当前，心情沉重，大家都有一种学术上的责任感，学风也沉潜笃实。同学们没有人混日子、不钻研的，也没有追求个人物质生活的。"

从北大文科研究所毕业后，任继愈又回到联大任教。除了为学生上课，任教满两年即完成了20万字的讲稿并扩充为著作。同时，又在中法大学文史系兼课。他说，此时，"自念大学毕业已历七年，反躬自问，所得每增愧恨，所期与所得相去极远。岁月蹉跎，今已二十八岁，已将步入中年，对于西洋哲学所知极浅，然今后若谈学问，断不能抱残守缺，以自以为足，眼界不阔，基础不广，终为一曲之陋儒"。

28岁的任继愈在而立之年以前其实已有较深厚的学术积累。1934年，他考入北京大学哲学系时，学的就是西洋哲学。到联大后，他又专攻中国哲学史、中国思想史、中国佛教史等，并连续完成了50余万字的哲学研究专著，其实他已有着较扎实的中西文化根底。但是，现在他认为自己的西洋哲学修养还不够，希望在胡适帮助下，能出国继续深研西洋哲学，以增益深化中国哲学史的研究工作。

——中外兼通，这也是不少联大学者普遍的学术追求。

愿郎君千岁，愿令娘长健

——朱自清致金拾珊、张弢英

拾珊、弢英：

前回接到你岳父、爹爹来信，知道你们俩就要订婚。这是一件大喜事！我当时就去信道贺。后来在《大公报》上见到你们订婚的通告，知道二月二十八日是你们俩的好日子，我很高兴！那时就想给你们俩写信道喜，并改好几句古词送给你们。只因胃病发作，精神不好，没有动笔。现在好些了，虽然已隔你们的好日子快满两个月，还觉得新鲜，你们俩自然更如此。所以，还将那改装的几句古词抄出寄给你们，表示我庆祝的意思：

一愿郎君千岁！二愿令娘长健！

三愿如同梁上燕，岁岁长相见！

朱自清

一九四四年四月二十六日

以上是朱自清致一对刚刚结婚的夫妇新郎金拾珊、新娘张弢英的信。这是一封贺喜信。信以外，他还以一旧体诗相贺："旧业说金张，新婚胶漆行。同窗研货殖，负笈治梯航。锦水明双璧，中秋艳画堂。遥期共圆月，额手举壶觞。"

信与诗的后面，书写着的却是朱自清成都之行的旧年往事和一段尘封的文林佳话。

1939年夏，清华大学率先在西南联大恢复了国内学术休假制度。1940年5月8日，朱自清也向学校提出了国内学术休假申请。这天，他在致梅贻琦校长的信中说——

校长先生：

敬启者，清自第一次休假后，迄今已满八年。兹拟请求于下年度在国内休假研究，谨将研究计划陈述如次。窃中国文学范围内，"散文（包括骈、散二体）之发展"一题目，现在尚无专门研究之人。坊间虽有《散文史》《骈文史》等书，类皆仓卒成编，以抄撮故言为能事，不足语于著述。清年来对此题目甚有兴趣，拟从历史及体式两方面着手。关于历史方面，已作短论三篇，附陈台察。下年度若能休假，拟专研究上古（至汉初）时代散文之发展。并拟有分题两种：一、说"辞"（包括"知言"等项）。二、说"传""注""解""故"。此两分题，拟各成论文一篇。此外，拟分类搜集材料，录为长篇，随时研究。至体式方面，拟先择数种古载籍，统计其句读长度（即字数）作为研究之基础。但此项工作，能否进行，须视时间而定。清之计划，因暂以历史方面为主也。搜集材料，需用书手。专聘书记，甚属不易。拟随时觅人抄缮，按字计值。预计一年之内，三百元可以足用（约抄三十万字）。抄缮之外，或尚有其他工作，需人相助为理，如统计句读长度等。此等助理工作，可以按件计值，或按日计值。预定二百元可以足用。此款如时间来不及，或不动用。以上计划，至祈提交评议会讨论公决，实深纫感。至系中功课，因下年度闻一多、王了一先生均休假返校，并无困难。此层已经与联大代理系主任罗莘田先生商酌，得其同意。合并陈明，即希钧鉴，为幸。专此敬颂道安！

附三件（用毕乞赐还）

朱自清谨启

五月八日

7月10日，在上月得到学校允准之后，他继续致信梅贻琦予以经费等的方便——

校长先生：

清顷拟赴四川成都，在彼住一年，休假研究工作，即拟在彼进行。起身在即，川资尚有不敷，拟恳准予预借七月份薪金，俾克成行，至为感谢！又前者请求国内休假研究函中，曾附带请求学校给予抄写费五百元，业蒙评议会通过。此项抄写费用，原拟论件计值，随时向会计科支付，惟清既赴川，零星支取，恐双方终有未便。拟恳通融办理，准予先行支领。俟明年回校时，再将书手收据汇交会计科清结，是否可行，即候卓裁，为幸！专此敬颂

道安！

朱自清谨启
七月十日

在与学校秘书处薪金领用等事宜后，他于7月18日从昆明出发，21日抵贵阳，24日再由贵州出发，两天后到达重庆并停留一周。8月4日返抵成都家中，与陈竹隐、朱乔森等妻儿团聚。初到成都，蜀地风情给他留下了深刻印象，他致信梅贻琦说："蓉市风光繁盛，地域恢宏，确有似北平处。近时物价上涨甚速，日来且有购米不得之苦。但日常生活仍较昆明舒适甚多。惟自昆明来，旅费所需殊不赀耳。日前教育厅长郭子杰君托友人示意，欲聘为特约专员，帮助专员叶圣陶君计划推行国语教育事宜。此系顾问性质，并无办公时间，只偶尔开会。拟送车马费每月五十元。叶君系清旧友，坚为郭君代约。清以须请示校方，方可决定，尚未应诺。兹特专函奉达，并另函芝生兄，请向先生商酌。此事无须多费时间，不致妨碍研究工作。车马费为数不多，但清得之，可以补偿旅费，俾生活稍稍宽裕。至祈与芝生兄商定，早日赐复遵行，实纫公谊。"

虽然成都也有物价上涨之苦，但和昆明相比，负担也要轻得多。到成都

后，已有兼事的邀请，所允车马费虽然不多，仍按学术休假规定，校方不同意则将不就。当然，这些兼事邀请不需要花太多时间，绝对不会影响休假期间的学术研究工作，因此倒也希望学校能支持，这样既能补偿旅费的不足，也能借以改善生活。

如此，为期一年的成都学术休假正式开启了。在这里，他暂时缓解了昆明高昂物价的冲击，实现了与家人团圆的愿望，开启了新一轮学术研究的计划，同时也走向了更为广阔的人生和社会。在成都，他在悠悠然的休假生活中结识了一批当地的名流雅士——张志和就是其中的一位。

本文开头第一封信中提到的"你岳父、爹爹"即金拾珊岳父、张弢英父亲、民主人士张志和先生。

有关张志和，他的女儿张弢英曾回忆："我的父亲张志和，1894年出生于

联大时期郊游合影。左起：周培源抱周如玲、陈岱孙、王蒂澂、金岳霖扶周如雁、朱自清、李继侗扶周如枚。（选自《周培源》画册）

四川省邛崃县一个破落地主家庭。1908年，考入四川陆军小学堂。1911年升入西安陆军二中。1912年又入保定陆军军官学校，与刘文辉、邓锡侯同学，1916年毕业。在川军中，父亲历任连、营、团、旅长。1926年国民革命军北伐，刘文辉派父亲作为代表之一去武汉，表示响应革命。父亲在武汉结识了吴玉章、李汉俊、董必武、林伯渠、邓演达、李立三、张太雷及苏联顾问鲍罗廷等，从而受到进步影响，初步接触了马列主义。在南昌，他又同郭沫若、李一氓等往还，逐渐增长了革命意识，曾邀请共产党员到重庆宣传革命思想。"1937年，张志和曾随李一氓到延安，与毛泽东等中国共产党领导人接触。很快，他从延安回到四川，并于1941年根据党的指示加入了民盟。

朱自清到成都后，很快就与张志和全家产生了深厚的友谊。张志和对这位名满天下的文学家自然是分外尊敬，常常邀请朱自清全家到自己家聚餐，或常到陕西街等地参加舞会、会餐，有时甚至连续一两天住在张家。如朱先生日记，1941年4月12日："参加张君夫妇举办的舞会，在彼处午餐。这是个大舞会，十二对舞伴同时起舞。有的人来自西南联大。午餐绝佳。"4月19日："参加张志和夫妇的舞会，在此晚饭。天气甚热。一客人舞花样步伐，甚佳。宿张家，睡得不好。"4月20日："晚十时从张家归来，天气很热，略感不适。"4月21日则记载："朝往看张志和病，但彼已痊愈。在那里度过一天。"这是朱自清连续三天在张家。

朱自清也常常主动到访张家，有时候也赠送一些有意思的礼物。如1941年3月15日，在访张志和夫妇时，朱自清赠送了他们一对安哥拉长毛兔。但和张家的馈赠相比，朱自清的礼物就真的只是礼轻情意重了。

战争条件下，张志和夫妇极为体谅朱家的难处，常常来访朱自清处，既是访友，也常常想办法帮他们解决眼前的困难。朱自清在1941年的日记中还记下了如下一些片段——

5月17日："到张宅参加舞会，并住在此。再商谈装一电灯的问题，琎斅当即嘱拾遗代办，如果用钱，由她来支付。为此甚感。然时间甚短，似无大必

朱自清在蒙自赠言清华十级（1938级）毕业生

要。"日记中"拾遗"即"金拾遗"，系朱先生的房东，张太太说装电灯的费用张家愿意承担。

5月20日："李琎髳今天带许多礼物来访，她不与我们一起午餐而去金太太家。感其好意。"李琎髳即张志和夫人。为了减轻朱家待客负担，张太太跑去作为房东的金家吃饭。

5月28日："志和与琎髳赠予许多食品，约值一百元。感谢他们的好意，但觉得我们受不起，也答谢不起如此厚重的礼物。按照此地的习俗，这些礼品我们不能全部接受下来，应多少给主人留一些，我们忘了这一点，便忽略了礼节。人家要以为我们太贪礼品了。"

5月30日："今日很忙，金拾遗太太、金襄七太太和冯君全家来作节日拜访，然后在邻宅拜望拾遗，随后许多客人来访，他们是：志和，琎髳，礼元，琼如，黄星桥夫妇。妻与我跑进跑出招待烟茶。志和赠妻一块衣料、两双袜子。他们走后，我们陪拾遗夫妇打扑克，不久，美味的晚餐便已停当。这时拾遗家女仆来，谓三位客来访，其一是廖君，拾遗夫妇急于回去，匆忙食毕。"

5月31日："由于事出意外，午间到拾遗家去表示谢意。又接送小孩到学校，实在疲倦。又携乔至琎髳家晚餐，乔为义父、义母祝贺节日。天气太热，拾遗夫妇又没来，跳舞的兴致大减。宿于张家。"朱乔森成为张志和夫妇义子，更增添了无穷的亲热。于是，6月1日："十时半归来，琎髳给乔二十元。"

……张志和一家对自己的关怀和帮助，让朱自清感怀于心。于成都休假期间，他完成了《精读指导举隅》的写作和出版，在西南印刷厂送来的20本样书中，他首先决定将其中5册留赠成都的友人，排在赠送名单第一位的就是张志和。

学术休假期满回到西南联大后，1943年张志和迎来了49岁生日，朱自清特写《寿张志和四十九岁生日》二首贺诗，他在诗序中简述张志和生平："志和邛崃人，幼学陆军，辛亥参与革命，存升师长，驻江津，颇得民望。尝立小学于邛，以纪念其尊人。卸军职后，游历各国，于国际政治盖三致意焉。"

其诗一："少年已尽孙吴妙，一剑纵横与鼎新。腹有诗书悬史镜，民登衽席乐阳春。文翁教化能成俗，梓里菁莪为显亲。觇国还游大瀛海，蟠胸得失自嶙峋。"诗二："自强不息暮复朝，健步直追时与潮。谁谓逾年即知命，犹堪短后争射雕。妻贤儿好家之富，人杰地灵古所昭。斑衣娱母会宾侣，共醉滞江水满瓢。"两首诗表达了诚恳的赞佩和感念之情。

1944年暑假，朱自清再次前往成都与家人团聚。这次，他同样访问了成都的各位友人。8月20日这天，他还特地参加了张志和50岁生日的庆贺会。

西南联大结束后，1946年6月14日，他从昆明启程再赴成都。7月17日，得知好友闻一多已于7月15日在昆明遇害，朱自清悲愤不已。8月18日，他在成都蓉光电影院参加了李公朴、闻一多追悼会。张弨英回忆："会上民盟同志愤怒声讨国民党反动派摧残民主，破坏政协决议，枪杀民主人士的滔天罪行。当天父亲还特别邀请西南联大朱自清教授参加了大会。朱先生并在会上发言。朱先生平日言谈举止一向轻言细语，文静端庄，但他为死难烈士的不幸遭遇，却慷慨陈词，不计个人的安危。"8月中旬，张志和又陪同朱自清拜别叶圣陶等尚在成都的旧友，从此朱、张二人再未见面，但他们的友谊如醇酿之浓，香沁人间。

在本文首这封致金拾珊、张弨英夫妇的信中，朱自清借用的古词系出自五代时期著名词人、宰相冯延巳的词作《长命女·春日宴》，原词为："春日宴，绿酒一杯歌一遍，再拜陈三愿：一愿郎君千岁，二愿妾身长健；三愿如同梁上燕，岁岁长相见。"朱先生将"妾身"改为"令娘"，表达了对好友的子女、这两位新人美满婚姻由衷的、美好的祝福。金、张夫妇于21世纪10年代初病逝，他们虽然膝下无子女，但一生相依相伴，真正做到了"岁岁长相见"，没有辜负朱自清"遥期共圆月，额手举壶觞"的祝福。

终岁勤学师友交誉

——吴宓致梅贻琦

1944年6月9日，代理清华大学外文系主任的吴宓在正式开始学术休假前致梅贻琦校长一信——

梅校长钧鉴：

按查本校外国语文系专任讲师李赋宁君，于去年十二月请假回西安省亲，李君为故水利专家李协（仪祉）先生之子。李协先生兴修渭惠等渠，造福国省无限。其殁时（二十七年三月）赋宁方随校由湘迁滇。盖自二十六年秋至今，赋宁未尝一日离校，终岁勤学，师友交誉。去年六月赋宁在昆明大病一次，其寡母思子綦切，故召还。行时，除向联大、清华外文系主任请假得许外，并以所任教课，托吴达元、吴宓、王佐良三君分授。每月薪津自十二月起由王佐良代领，全数分给代课之三君，各得三分之一。其留美预备班课，则托杨周翰代授，薪津亦全归杨君领得。

赋宁回家，本年一月初，始到家。后，适值母病，未忍遽离。本年三月，即拟回校销假，复以旅费难筹，函求设法。遂于四月一日、十四日两次由昆明汇去万元，并为代办在渝乘飞机用之学校证明书及私人有力请托函，同时寄去。但中原战事遽起（四月十七日），五月二十二日宓接赋宁西安来电云，"款俱收到，即设法首途。现交通极困难，能否抵滇，尚未可卜。宁。"该电未详月日，但赋宁急欲回校之心，则昭然若揭。而交通之困难，在今西安危急，军事运输与居民疏散，情形可以想见。

窃查李赋宁纯厚勤敏，为清华外文系近年毕业生中最有成绩与希望之人才。陈福田主任与吴达元教授素极称奖。其平日授课任职亦至忠勤。此次回籍省母，请假虽稍久，而课未尝缺，亦未支领分文薪金。决非偷懒取巧、旷职自私者所可比。且今正在冒危险、历困难，奔回学校，不日即可赶到。谨谨呈报实情，以备钧核。此请日安

代理外文系主任　吴宓上

三十三年六月九日

全信只有不到650字，看似不长，却详述了联大并清华专任讲师李赋宁在昆明大病一场后，应母召请假回家省亲的情况。1944年1月，李赋宁到家后，又恰遇母病而不忍马上离开。两月后，拟回校销假，又因未能筹到旅费而求于校方，在学校帮助下解决了返校经费和旅途手续。然而，此时，中原战起，交通更为不便，造成了新的难题。信中引用了李赋宁致吴宓信，认为李赋宁急于回校之心昭然。

他历数了李赋宁父亲李协在国家水利事业方面的贡献、李赋宁在请假时妥善处理课务的有关情形，认为他"终岁勤学，师友交誉"，"纯厚勤敏，为清华外文系近年毕业生中最有成绩与希望之人才"，"其平日授课任职亦至忠勤"，"决非偷懒取巧、旷职自私者所可比。且今正在冒危险、历困难，奔回学校"，虽然说这次请假稍久了一些，但有其难以克服的客观原因，况且又未影响教学，薪金也分文未取。言中之意，即请学校从爱惜人才，彰其良德的角度予以通融。

全信透着吴宓对得意弟子李赋宁浓浓的关怀和爱护。

由经济学转攻外文

1934年，李赋宁从家乡陕西一所高中跳级毕业后，考入南开大学经济学

系。在南开的大一英文课上，他深受罗皑岚教授影响，增强了学习英文的兴趣和信心。1935年，他在同学邀约下，考上清华大学。

"当我来到清华一院注册科报到时，我被告知我的考分数学和物理不够工学院程度，因此建议我转系。这时我忽然想到我幼年在南京时，我家和东南大学外语系吴宓先生住楼上下。我父亲当时在河海工程学校教土木工程和水利，我家和吴先生家是陕西同乡，经常来往。要转系，我首先想到外语系，于是鼓起勇气到工字厅西客厅吴先生宿舍拜访他。吴先生热情地接待了我，得知我的来意，就用英语和我对话。他对我的英语口语表示满意，赞成我转外语系。但我父亲感到理科比较实用，仍想我上理科一个系。另一位陕西同乡政治系教授张奚若先生（也是我父好友）劝我上政治系。但我的兴趣仍在外语，父亲见我学英语心切，就不再阻止我转专业，这个决定导致我走上了毕业与英语打交道的道路。"李赋宁回忆说。

在清华外文系期间，他得以聆听吴宓的文学课，开始接触到淳朴、含蓄、

20世纪40年代西南联大外文系师生合影。席地而坐者第二排右三为吴宓。

神秘、绚丽、热情、奔放等各类型的英文诗歌，感受到诗歌世界的绚丽多彩。

全面抗战爆发后，李赋宁于1937年11月随吴宓自长沙抵南岳，向长沙临时大学外文系主任叶公超报到并选课。他说："这是我的大学三年级上学期。我非常幸运选修了英国诗人兼批评家威廉·燕卜荪（William Empson）先生讲授的'莎士比亚'和'三、四年级英文读本和作文'课。……因战乱，交通困难，图书尚未运到山上。燕先生仍教'莎士比亚'，凭超人的记忆，用打字机打出莎剧《奥赛罗》（*Othello*）的全文，油印后供学生阅读。……我还选修了吴宓先生讲授的'古代文学'。内容为古代希腊和罗马文学。这是一门经典课程，对研究西方文学最为重要。吴先生凭记忆讲授古代希腊、罗马文学，人名、地名、年代、故事情节、人物性格、作品的意义和对后代文学的影响等，都讲得十分熟练、有趣。从吴先生的讲课我认识到要取得好的教学效果最好不要看讲稿，而是全神贯注地面向学生，这样才能使学生感受到作品的魅力，并对学生起潜移默化的作用。"

李赋宁说，他的大学三年级上学期是在南岳衡山度过的。在那里，师生共度新年。迎新年晚会上，中文系教授浦江清讲西方新年的起源。晚会上，同学们还请北大历史系教授钱穆讲话，钱说他正在读宋史，农民起义的领袖自称魔鬼，口号是"吃菜侍魔"。这给李赋宁也留下了深刻印象，他为此曾写一首短诗："吃菜侍魔鬼，钱师说宋朝，至今印象在，南岳学人高。"

1938年2月中旬，长沙临大决定再迁昆明，李赋宁和牛其新、许国璋等同学经海路前往广州。临行前，学校为大家办好了去香港和海防的护照。李赋宁说："我们离长沙时仍雨雪天气，抵广州时却阳光灿烂，鸟语花香。迁校办事处设在岭南大学，办事处主任为物理系郑华炽先生。我们借住在岭南大学学生宿舍里。我们在岭南大学等船去香港整整一个月。我充分利用了岭南大学图书馆。我读了Lytton Strachey写的*Landmarks of French Literature*（《法国文学的里程碑》），加深了我对法国文学的爱好。在岭南大学礼堂我有机会听到马思聪先生的小提琴音乐会。我还听过广州市长吴铁城先生的演讲。广州没有租界，完全是中国人自己建设起来的现代化城市。在广州一个月我过得充实、愉快。

"可是，有一天早晨，牛其新同学带着香港版《大公报》来告诉我：我父亲在西安病逝，只活了56岁。当时我20岁，我弟弟赋洋17岁，高中尚未毕业。我去中山大学找一位陕西同乡姓杨的工学院教授，向他请教我应否立即回西安奔父丧。杨先生说战火连天，兵荒马乱，我还是随同学去云南继续求学，将来有机会再回西安省母探亲。我听了他的劝告，暗中哭泣了数日。想到今后我必须依靠自己，才能有前途。我下了决心要更加勤奋地用功、学习，不辜负父亲生前对我的期望。我随大家自广州乘船到香港。拜见迁校办事处两位主任叶公超先生（北大外文系主任）和清华外文系主任陈福田先生。他们慰问了我的丁忧。叶先生说他为香港《大公报》写了一篇'星期论文'，论我父亲李仪祉先生对我国水利事业的贡献。可惜我始终没有找到这篇文章，无从拜读，但内心实为感激。"

这就是信首所说李赋宁迟至1943年12月才向梅贻琦请假回乡省亲的来由。

山水画般风景中求学

李赋宁谈到迁滇情形时说："自海防至老街，开始乘滇越铁路火车。一路崇山峻岭，颇似我国山水画中的风景。到蒙自下车后，感觉那里也是亚热带风光。天蓝云白，天空中飞着白鸟，十分美丽。校园中长着奇花异草，宿舍旁有一个小湖，名叫南湖。我有幸和同班同学许国璋、王佐良、李博高合住一室，日夕相互切磋，使我获益良多。另外，我们又联合10级（即清华十级——本书作者注）政治系同学方钜成等人，成立了一个英语俱乐部，取名Lakeside Esquires（湖畔绅士）。我们举行不定期的英语报告会、讨论会和辩论会。大家兴致勃勃，进步很快。在蒙自一学期（三年级下学期），我充分利用并不丰富的英文图书，训练快速阅读的能力，争取每日阅读一册。我发现这种能力对后来我在耶鲁大学读研究生时，每周阅读四个莎士比亚时代的戏剧很有帮助。

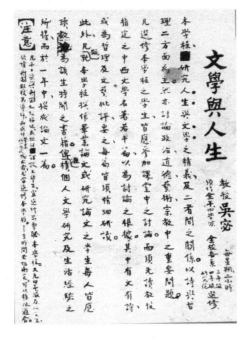

吴宓《文学与人生》手稿

快速阅读一方面训练，抓作品大意的能力，另一方面培养鉴赏英文文体风格的兴趣。这一学期我继续上 William Empson 先生讲授的'莎士比亚'课。系主任叶公超先生教我们两门课'文学批评'和'18世纪英国文学'。叶先生的教法是先在黑板上写一简明扼要的提纲，随后任意发挥，妙趣横生。叶先生的英语读音是英国音，十分悦耳。当我第一次听到亚里士多德给悲剧下的定义，说悲剧激发怜悯和恐惧（pity and terror）两种感情，并且净化（catharsis）这两种感情，我感到十分兴奋和有趣。这是我初次接触西方文学理论的感受，文学理论给文学研究和创作总结出一些规律。研究文学作品必须重视这些规律。……叶先生让我们写读书报告。我开始学习查阅文学参考书，搜集资料，试图写出一篇小论文。我选了 Lady Hartley Montagu 的《书信集》。这部散文作品反映了18世纪伦敦上层社会的生活。叶先生称赞我班同学王佐良的英文写得自然流畅。"

他还回忆，那时陈福田先生在昆明主持理、工学院学生的"大一英文"课，隔周乘轻便火车自昆明至蒙自上"欧洲小说"课。"我选了 Flaubert（福楼拜）的名著 *Madame Bovary*（《包法利夫人》）的英文读书报告，觉得很有收获。总之，我在三年级下学期这一学期学业上有很大的提高，因此获得了陕西省教育厅的奖学金50元。"

他说："蒙自的联大师生于1938年暑期陆续乘火车去昆明。途经开远，必须下车住宿一宵。第二日下午始抵昆明。我们的宿舍暂借大西门外昆华农校的校舍，后来又迁入昆华中学南院。当时清华的元老马约翰教授（John Mo）负责安排学生宿舍，问题甚多，颇为棘手。我听见马先生自言自语说：This is the worst trouble I've ever got into.我听到这个句子感到新奇、有趣，因为介词into放在句末，似乎不合英语语法规则。后来我才懂得这是地道的英语习惯用法。拘泥于语法条条学不到真正的英语。"

他还回忆，钱锺书的课引导他进入了西方文学研究的殿堂，吴达元讲授的"第三年法语"训练了大家的听力并影响了他以后教书的实践，杨业治讲授的"中世纪欧洲文学"把中世纪和文艺复兴串联，使学生看到文学传统的延续性，刘崇鋐开的"英国史"课为同学们学习英国文学进行了很好引导，钱穆讲授的"中国通史"课讲到黄河治水问题时居然提到李赋宁父亲的贡献。此外，杨周翰同学地道的英国口音则使李赋宁为之倾倒。

1939年，李赋宁在西南联大本科毕业。此时，清华文科研究所也开始恢复招考研究生，系主任陈福田鼓励他积极报考。经与吴宓商量后，报考了法国文学研究生（导师为吴达元），主要研究方向为莫里哀喜剧。李赋宁说："清华重视恢复招考研究生。国文作文试题特请陈寅恪先生命题和批改。陈先生命题为'深造自得说'。对此我印象颇深。吴宓先生考欧洲文学史，吴达元先生考英译法。……我的作业是每周用法文写一篇读书报告。吴先生认真批改。逐渐我的法文写作也有了一些进步，阅读法文的速度也有了提高。经过两年的刻苦学习，我对法国文学的知识有了更深入的理解。吴先生和我商量毕业论文的题目：'莫里哀喜剧中的悲剧因素'，并决定论文用英文写，因为考试委员会的成员大多数都只懂英语。我的研究生毕业论文题目是：'Tragic Elements in the Comedies of molière'。"

研究生期间，李赋宁旁听了陈寅恪为中文系开的"白居易"、刘文典讲的"温李诗"、汤用彤先生为哲学系开的"大陆理性哲学"、雷海宗讲的"中世纪欧洲史"、温德为本科生开的"英诗"和"莎士比亚"课，可谓大开眼界。

欲见先生在梦中

1941年，联大聘李赋宁为教员，并于当年秋季开始教书，其教学任务是"大一英语读本和作文"和"第一年法语"。由于联大学生的英文基础整体不错，李赋宁对于教学反而有些信心不足。他说："当时我24岁，毫无教学经验。有时被学生问倒，回去查书、查字典，设法给学生一个交代，这时我开始时勤查Concise Oxford Dictionary（COD），备课和改作文都离不了它。一年下来，我的英文程度有了相当大的提高。"

正如吴宓所说，李赋宁就是这样一位善于抓住一切学习机会，哪怕做教师也能够真正做到教学相长的联大人。李赋宁则对在西南联大的经历感到十分幸运，他认为联大有做学问的样板和改造自然与社会的楷模，在物质条件贫乏的情况下，师生们能够坚持教学和科研，继续不断地出成果，这是非常难能可贵的。"我有幸能在西南联大学习和教书，对我的人生观起了决定性的作用。"

他回忆说——

我开始教书时和黄昆同一宿舍。他小我两岁，浙江湖州人，北平生长。抗战初期，他在北平读燕京大学物理系，毕业后来到昆明，任西南联大物理系助教。他非常勤奋、用功。改学生的物理习题非常用心，不断地查书，给我留下了很深的印象。后来杨振宁上清华研究生，常来我们宿舍与黄昆讨论物理问题。这种讨论是十分有益的。回想我在蒙自上三年级下学期时，曾与同班同学王佐良、许国璋、李博高，以及十级政治系同学方钜成学长等人组织Lakeside Esquires英语演说和辩论会，讨论问题，收到很好的效果，对于促进学业，培养和锻炼思考和解决问题的能力有很大的好处。后来在昆明，我们已当了青年教师，历史系九级丁则良学长和王佐良发起研究学问和讨论问题的学会，请潘光旦先生取名为"十一学会"。潘先生解释道:"推十合一谓之士。"我们知识分子有能力对事物做出规律性的评论。后来我到美国留学,以及后来访问耶鲁和康奈尔大学,师生在饭桌上和散步时往往讨论学术问题。这种风气在抗日战争时期的西南联大已很盛行。

李赋宁在谈到恩师时说,教育部于1942年授吴宓以"部聘教授"光荣称号,联大法律学系某教授劝吴宓拒绝接受此称号。吴宓没有接受他的劝告。为何非常愿意接受此荣誉?吴宓在8月27日的日记中写道:"此固不足荣,然得与陈寅恪(历史)、汤用彤(哲学)两兄齐列,实宓之大幸已!"

吴宓在西南联大主讲欧洲文学史时,为了培养李讲克利斯朵夫作品的能力,特意把这门课的英国文学部分分给他。1944年,吴宓开始学术休假,去成都燕京大学讲学,托李赋宁看守他的房间。吴宓的房间很小,摆了一张床和一张书桌后就没有多少空间了,其室内贴着他自己写的布告:"来客请勿吸烟。"李赋宁也遵守恩师的规定,自己不在室内抽烟,也请来访者勿吸。吴宓的小房楼下住着沈有鼎,他当时对昆曲和希腊文着迷,有时凌晨两点钟居然还吹笛子或念希腊文,这种勤奋的榜样促使李赋宁后来也学会了希腊文。

如同致梅贻琦的这封信所透露,吴宓对自己的学生充满了真诚的关怀。这自然也引起李赋宁无尽的感激,他曾以《饮水思源怀吴宓》等多篇文章抒发对恩师的怀念。他说吴宓一生古道热肠,助人为乐,其最可贵的品质是真诚。他也曾三次作诗缅怀吴宓,表达了对恩师深深的思念。在1985年2月19日所作的《怀念雨僧师》中,李赋宁这样写道:

> 五十年前到北京,
> 清华园里拜先生。
> 荷声藤影今犹在,
> 欲见先生在梦中。

暂难广延人才，殊以为歉

——朱光潜致罗常培

莘田吾兄惠鉴：

　　顷奉手教，承介绍王达津先生，此即与文史系负责人商议。据云先已另有接洽，经费极困难，诸项紧缩，暂难广延人才，殊以为歉。惟古文字学尚缺人是事实，其他功课不易分配。如已在接洽中者不能来，必当再深借重王君，届时当奉函相商。既难立即决定，即请王君不必等候，致误其他机会也。王校长因病赴蓉就医，弟事益忙，早有意图小休。看目前似无法脱身。于今万事均难由自主，可慨叹也！专此敬颂

时祺

弟 潜 拜启

　　去岁承介绍王般若君。近得雨僧兄信，知其下年可来。已去信洽接，并告。望转告雨僧兄。

　　上述此封由沉醉于西南联大信札文献多年的"老昆明"陈立言先生提供笔者的信，是1944年6月、7月间，武汉大学文史系教授朱光潜从四川乐山武汉大学致住于昆明靛花巷三号的联大中文系主任、北大文科研究所导师罗常培的。

信中的"莘田""潜""雨僧"分别指罗常培、朱光潜、吴宓,"王校长"则系时任武汉大学校长王星拱先生。

信中重点谈了古文字学家唐兰教授所带的研究生王达津的就业问题。此时,王达津即将从设于靛花巷三号的北大文科研究所毕业,正面临就业择业的关键时刻。作为北大文科所语言学部主任,罗常培十分关心学生的就业,遂去信朱光潜,介绍王达津到武汉大学文史系就业。

然而,战争时期,各项工作在经费方面极显困难,在人员方面更是只见精简,不见增加。虽然古文字学课程尚缺教师,但因已有其他人选,暂难接纳王达津。朱光潜表示,"如已在接洽中者不能来,必当再深借重王君"。但是,目前很难及时决定,故而"请王君不必等候",以免耽误其他机会。

信末,朱光潜还备注,上年由罗常培介绍的王般若,将在下年来武汉大学就职。对此,吴宓亦作出了积极的帮助。

1944年6月3日,吴宓在日记中写道:"昨晚接般五月二十六日航快函,决

1943年5月,武汉大学教务长朱光潜(右)与理学院代理院长叶峤(左)陪同武汉大学校长王星拱(中)在四川乐山文庙合影。(李约瑟摄,宛小平提供)

拟在武汉大学任事。窃遂于今日下午，作航快函，致武汉大学刘永济、朱光潜、叶麐三君，求托为般位置，附寄般来函及履历。又附寄宓《五十生日诗》及油印近年诗四纸，各一份。即夕付邮。"8月24日，又在日记中写道："下午，作详函，致武汉大学刘永济、朱光潜、叶麐三君。（1）代般疏解，附寄陈克孚六月二十八日来函。（2）复刘永济八月八日来函，聘宓留教武汉一年，宓辞不就，但述宓休假游历往访计划……"

可以说，无论是罗常培，还是吴宓，都为自己得意门生的就业竭尽全力。他们以自己的人格魅力，成了毕业同学最好的职业介绍信。

实际上，这也是联大素有的办学传统之一。这所学校，汇聚了北大、清华、南开三校的优秀师生，也容纳了三校良好的传统。三校有各异的校风，不同的办学传统，但有一点是一致的，这就是：既关心学生如何进的联大，更关心学生在学校如何才能成才，毕业之后如何走向社会，更好服务国家和民族。

这其中，职业指导和职业介绍就扮演着极为重要的角色。在这两方面，联大虽然没有系统的行事办法，但其潜移默化的实际行动，却给同学们织就了灿烂的未来。

职业指导：充满学术底色

西南联大十分重视学生的长远发展，始终强调在校期间的学习绝不是为了应付短期的就业岗位，更不是以高薪的就业职位为牵引，而是以国家的所缺所急所需为风向标。因之，其在教学设计上，就尤其注重学生在学业基础和专业水准上的塑造，注重学生在事业观上的养成。例如，学政治学的同学，目标并不应当是做政治家。学经济的同学，也不应该是奔着优裕的薪给而去。

有人说，当时全国大学的这两个系是"升官发财系"。可是，梅贻琦常委在公开场合明确地对学生说，联大并不是给银行培养点钞员的。——当然，更不是给政坛培养政治明星的。

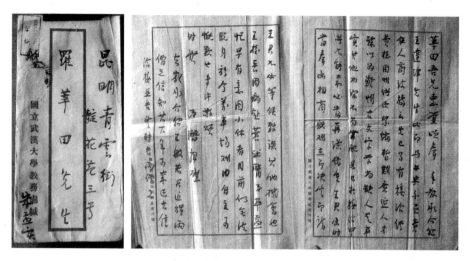

朱光潜致罗常培信手迹

正因为这样，联大的所有"系"字前面，均有一个"学"字。如：政治学系、经济学系、中国文学系、外国语文学系、哲学心理学系、物理学系、化学工程学系等。连为抗战而设的航空工程，也在后面加"学系"。这种"学系"的安排，潜移默化地影响着教和学、学和用的关系，自然也从思想上影响到学生的学业观和就业观。

当然，这种"学系"的办学思想，是以严格的专业训练和文理相济的必（选）修制度为基础的。任继愈回忆，学校"规定文科学生必选一门自然科学，理科生必选一门人文科学，目的在于培养通识人才。有的系鼓励选修第二外语，如哲学系学德语，为了读康德、黑格尔的著作。入学第一年，英文、国文（语文）都是重点必修课，必须学好，这两门课程不及格，不能升级"。

值得一提的是，联大在课程建设中将职业教育也纳入了进去。师范学院在教育学系和公民训育学系，专门开设了"职业教育"和"升学及就业指导"两门课程，由职业教育家喻兆明和心理学家倪中方分别主讲。其中，倪中方在公民训育学系开设另一门"教育指导"课，则含心理卫生、升学及就业指导两科。以上就业指导课程的设立，对于师范学生今后更好地进行就业并进行较好的职业规划，有着很好的指导意义。

在教师方面，越是名教授，越要给低年级的学生上基础课。同时，大家都以讲授自己的研究成果为荣，以讲授别人编写好的现成教材为耻。这就有利于在学生学业和就业方面，养成既注重基础又提倡创新的氛围。

在活跃校内学术氛围方面，学校显得更加开放，常年邀请、接纳海内外各界名流到校演讲，这些演讲开拓了同学们的学术视野，也拓展了大家的职业视野。1939年5月11日，著名职业教育家江问渔就应联大公训学会邀请到校作了题为《中国教育根本问题——学制》的演讲。他在演讲中专门就职业学校、职业补习学校及职业指导学校等谈了自己的看法。他强调："职业指导学校，其重要性更大，因为人的个性不同，所以对于青年每个人的个性，都要详加分类，而加以指导。这样才可以使每一个人的个性，随着他的性之所好而逐步发展起来。"

联大还通过学生自己的论辩活动，深植公平向上的职业理念。1940年底，学校组织了一次"在职业上男女应有平等机会"的辩论会，聘请林同济等担任导师，予以现场指导。1941年5月6日，又由联大社会学会在西区七号教室举行了"妇女职业问题讨论会"，并由潘光旦、吴泽霖两位教授出席指导。这样的活动，对于启发学生的职业理想和职业规划大有裨益。

1941年12月，云南省教育厅中小学升学指导委员会与联大师范学院教育研究室，还联合组建了升学及职业指导测验室。其宗旨是实施各项普通心理测验，以便指导中小学升学和就业，并介绍社会职业。在分工上，教育研究室主要是研究、编制、设计和指导，升学指导委员会则主要是组织实施和推广。该测验室最先在云瑞、玉案、护国三所中学，官渡、龙泉、金马三所小学及昆明职业指导所等处试办。经过共同努力，取得了较好效果。

升学及职业指导测验室与在蒙自即已开办的民众夜校，以及先后举办的中等学校在职教员进修班、云南省中等学校理化实验讲习班、云南省中等学校各科教师讲习讨论会等一起，成为联大的职业指导工作服务社会、服务云南的重要实践。

职业介绍：彰显桃李情谊

朱光潜致罗常培的信，透露着这两位教授以及他们背后的教授群体，对学生就业问题的极端关切，也显示着一种师生间亦师亦友的桃李情谊。

为学生介绍工作，在联大是一种深入办学过程的行动。这种介绍，当然不限于毕业后，也贯穿在学生就学期间。

在联大师范学院开设"职业教育"课的喻兆明，当时也是中华职业教育社云南办事处主任。他不仅于中华职业教育社云南分社成立后不久的1939年6月1日，前往联大商请查良钊、蒋梦麟分任该处辅导委员会常委、委员，协商在联大开设职教课程，还积极为联大的同学们介绍职业。

据联大校友万国祥回忆："在授课中，喻兆明还为经济困难的在校联大学生创造兼职机会：一是商得云南盐务管理局同意，在昆明城内添设四个盐站，

1946年，中华职教社云南办事处所办中华小学"大先生"和"小先生"合影，后排中为万国祥。

每站任用学生四人，每日工作二三小时，既方便了居民购盐，也增加了十六个学生的经济收入。二是请中央救济委员会批准任用学生二十人，每人每月可得十五至二十元的津贴。"中华职业教育社云南办事处还吸收了一批联大同学入社，广泛开展面向社会的职业教育，并在昆明创办了中华小学，为"职业教育人"在云南办教育开创了延绵至今的阵地。

像喻兆明这种情况，在联大数不胜数。如后来成为历史学家的程应镠，就是沈从文教授介绍到昆明《中央日报》"平明"副刊工作的。由联大教授参与创办的众多中小学，如长城中学、五华中学、建国中学等，更是容纳了大量的联大学子。他们有的已经从联大毕业，有的则是学业成绩优秀的在校学子。

联大在滇的几年间，这些经教授介绍到各行各业兼差或正式工作的学生，在师长们的躬身示范下，深入昆明及云南各县区，得到了扎实的职业训练，具备了极好的职业素养，有的甚至终生扎根云南。广为流传的"昆明有多大，联大就有多大"，不仅传达了联大师生在敌机空袭状况下，广泛疏散昆明乡间、融入昆明生活的状况，也形象地反映了师生们广泛走入云南民众、深入服务云南社会的实际情形。

那么，朱光潜先生这封信的收信人罗常培教授，在学生的职业指导和职业介绍上，是怎么做的呢？任继愈校友也回忆道——

学生毕业后，初次教书，心里不踏实，罗先生就告诉学生不要胆怯。说他自己刚毕业到外地（西安）教书，主要依靠钱玄同先生的讲义，再逐渐补充，教到第二遍时补充自己的材料，逐渐充实，教学内容有所提高，自己信心也增强了。学生们有什么困难，或者请他介绍工作，他总是热心帮助、从不推辞。有一次四川某大学请马学良去做教授，许以副教授，马不去。罗先生知道了，对马学良大加称赞，说研究少数民族语言，不能离开了云南这块宝地，坚持下去必有大的成就。

这种从进校就开始全过程植入职业指导理念，并以职业介绍加力支持的职业教育行动，为一大批莘莘学子的终身发展奠定了坚实的基础，为他们持续飞跃的人生进行了最好的启航，也为经济社会各项事业的发展注入了强劲的动能。

　　由于武汉大学无位以待，王达津很快到了国立中央大学工作。罗常培教授的这次工作介绍虽未成功，但他和朱光潜的这种师者风范，足可为我们效仿。

了不起的数学家华罗庚

——赵景深致李希同

希同：

　　自从接到五月廿七日你给我的信以后，有一个多月不曾接到你的来信了。以前上海的来信快信十天，慢信也只要十二天，现在听说要廿余日了。上海米听说已达二万二千元一石，不知确否。易林对几何尚有心得。现寄上《华罗庚先生》一文，你可以给他看。华罗庚是学徒出身，工余补习功课，任中学教师因资格不合格被免职，现在竟任西南联大教授，且被爱因斯坦聘去解决数学问题，真是了不起。这篇传记可以做易林的模范。

　　此间昆曲已逐渐普遍，《游园》已完全译成简谱。下学期开学时音乐会中已决定唱《天淡云间》《小尼姑年方二八》《休得把》《袅晴丝》《彩云开》五支。昆腔曲词已印好，仍拟唱时分发这一次有了窗，与上次不同了。将放假时，男女生十余人合唱游园，也算是新花样。

　　汝学生将来回沪时请传芳教唱昆曲，她的兴趣也提起来了。再谈！

旭初。七月十二日

　　这是1944年7月12日著名作家、戏曲研究专家赵景深从安徽立煌县（今金寨县）写给妻子李希同的信。信中除了谈邮政效率、谈物价、谈昆曲，还特别附了《华罗庚先生》一文，是为激励有几何学习兴趣的爱子赵易林准备的。

赵景深认为，比自己还小8岁的同时代青年华罗庚以学徒的出身、初中学生的资历，自学成才，最终成为连爱因斯坦都关注到的著名数学家，确实非常了不起，堪为自己孩子学习的模范。

赵景深写此信时，华罗庚正在昆明西南联大任教。此时，他的故事，已传遍海内外。

回到战乱的祖国

1936年，华罗庚受中华文化教育基金会资助，以访问学者身份从清华大学到英国剑桥大学深造。他在夫人陪同下，过上海，住福州路江苏旅社。得知老友来沪，时任上海美华女子中学训导主任、金坛籍老乡虞寿勋立即前来看望。

华罗庚一家在昆明西仓坡联大教职员宿舍前合影

虞问他："今日乘长风，破万里浪，远离故乡，你有何感想？"华罗庚满怀深情地说："我现在只想如何为祖国争光。"虞寿勋不禁肃然起敬。临别时，他祝愿华罗庚一路顺风，为国珍重。

异国他乡，也常有国内朋友与华罗庚保持信件往来，但因部分朋友只写"剑桥大学华罗庚收"而导致信件常有丢失情况，为此他将详细地址通过《清华周刊》周知好友，并说："我平素有马上复信的习惯，希望没有收到我的复信的朋友，不要以为我忘记了你们！国内朋友的来信，在我看来比金镑还宝贵得多呢。临风写意，寄给忆念我的朋友们。"表达了对身在祖国的朋友们深深的眷恋之情。

七七事变爆发后几个月，华罗庚得知清华和北大、南开一起，先在湖南合组了长沙临时大学。很快，又迁到昆明联合办学。他一面要求妻子吴筱元带着孩子赶到昆明，一面离开剑桥大学优裕的条件，赶回昆明西南联大任教。临行

西南联大新校舍的茅草顶房舍

前，有人劝他，"不必冒此战火炽烈的危险，留在英国各大学讲授数理，必受欢迎"。然而，他归国心切，决心突破一切困难离开英伦来到昆明，与大后方的广大学人一起共赴国难。

得知华罗庚即将来昆任教，联大理学院同人自然欣喜难抑。华罗庚去剑桥大学进修时，还只是清华大学的一名普通教员。但是，他在数学界的盛名早已打动了联大的同人。这时，到底以什么身份聘任这位在全世界都已有一席地位的数学家呢？

清华大学理学院院长兼西南联大理学院院长吴有训在杨武之教授等的力挺之下，经教授聘任委员会一致表决，决定越过讲师和副教授两级职称，直接破格提升为正教授。这是华罗庚从初中生到中学教员、从中学教员到选人一向以严著称的清华大学教员、再从大学教员到大学教授的三级跳，打破了中国数学界的又一项纪录。这一年，华罗庚28岁。周培源说："这在我国近代教育史中还没有第二人。"

挂布分屋共容膝

新晋联大教授，给华罗庚带来的是更加勤奋的钻研劲头。正如当时的报道所说，这次归国后，他"对数学的研究，更是未尝一日稍懈，华教授的努力，自始至今，没有间断过一天，他在学术上的成就之有今日，绝不是出去镀一趟金所镀得出来的！他的苦修行的精神更是我们年轻后辈的良好榜样"。（陈平：《华罗庚教授的"苦"出身》）

刚到昆明，他们全家与闻一多一家住在昆明城外黄土坡的两间小厢房里，吃住都在一起。楼上是他们一家，楼下院子则是马槽和猪圈。白天，他在学校里教授数学课程。晚上，则在一盏破旧的菜油灯下，一整夜伏案进行数学领域的高端研究。

他回忆说："我永远不会忘记，在昆明的偏僻乡村里，与六畜为伍的斗室中的情况，白昼则群蝇密集，黄昏则一灯如豆，就是在这样的环境中搞出一些东西来……"他说："全家人住在小厢楼里……晚上，一灯如豆。（楼下）牛擦痒痒，擦得地动山摇，危楼欲倒；猪马同圈，马误踩猪身，发出尖叫……清高教授，呜呼！清则有之，清汤之清；而高则未也。"

一次，日机到昆空袭，在一处防空洞躲避，他附近三个洞里的人，多被炸死，或被炸塌的泥土压死。华先生躲在第二个洞里，泥土也被炸得盖住他的颈部，幸好口鼻没有被塞牢，否则不被炸死也必然被闷死。而因为他身材较高，又挡住了洞口，躲在同一个洞里的人也幸免于难。

在日机的频繁轰炸之下，他只能另谋他居了。他说："为躲避日寇的飞机轰炸，一多先生举家移居在昆明北郊的陈家营。我们一家走投无路，也来到这里。一多先生热情地让给我们一间房子，他们一家则住在连通在一起的另外两间房子里，两家当中用一块布帘隔开，开始了对于两家人都是毕生难忘的隔帘而居的生活。"

"那时候的昆明可以住的房子并不是没有的，但是穷教授的全部薪金哪里够付房租呢！电灯也不是没有的，但是那时候它的功能似乎是为了'打麻将'，而不是为了读书、搞科学研究用的。书籍杂志不必说了，无有！助手也不必说了，无有！即使有，也早已跑仰光做买卖去了！"华罗庚感叹道。

就是在这样的情形下，为了把科学研究与祖国建设相结合，他始终默默地与艰难的环境苦斗着。每天十个小时以上心无旁骛地工作，是华罗庚在物价飞涨的时代洪流中，宁愿清贫也不愿研究时间被占去的无声宣言。他记得："在陈家营闻先生一家八口和我们一家六口隔帘而居期间，我伏首搞数学，他埋头搞'楚辞'，先生清贫自甘的作风和一丝不苟的学风都给我留下了难忘的印象。"为此，他曾作诗一首："挂布分屋共容膝，岂止两家共坎坷。布东考古布西算，专业不同心同仇。"他于1941年春节后不久完成的数学名著《堆垒素数论》，就是在这样艰苦的环境、这样昂扬的斗志中写成的。

民族利益至上

华罗庚并非一个埋首象牙塔不问世事的人。在西南联大的五四纪念晚会上，他表示："达尔文认为'适者生存'，当时社会上的'适者'是贪官、污吏、奸商，而不是学科学的，科学家是不适者，不奋斗便只有死亡的一条路。那么科学家应该怎样呢？撤退或投降都是不行的，因为那就要被剿灭掉！科学工作者是一支孤军，处于极不利的地位，但是我们若再后退，以后恐怕又得从头来！我们要把民族的利益放在个人利益之上，不要让科学的种子拔掉！"

正是抱着这样的信念，他不论在何时何地，都始终把科学报国作为终身的追求。1946年2月25日起，他应苏联科学院和苏联对外文化协会之邀离开祖国的土地，取道印度加尔各答访苏。访问结束前，他曾专程到苏联对外文化协会（VOKS）为其理科小组演讲，到会的有苏联的知名数学家、物理学家、天文学家等。在演讲中，华罗庚回顾了中国数学史的大概情形。他先介绍了中国古代数学的光荣，继而分析其衰落的原因，再说到中国数学复兴的事实，最后谈到中国科学的发达必须要和科学先进的诸国予以密切的合作和互助。可以说，他的演讲，是一个中国数学科学家力图学术报国的铮铮宣言。因之，VOKS负责人卡拉哥诺夫在欢送会上致辞说："华教授，是从世界上一个最古老的国家来的。他是一位最年轻的对数学极有贡献的数学家。我们由此可以看到这个古老的国家，其前途充满着无限的朝气和光明。"（华罗庚：《访苏三月记》）

华罗庚是1946年5月25日上午返抵昆明的，他的访苏之旅前后历时正好三个月。其实，去苏联之前，早已有英美研究机构邀请其访问讲学，而他都没能应约而往。对此，他解释，美国之所以迟迟不去，是因为旅费无着，同时还要顾及一家八口人的生活；未去英国，则是邀请访问的时间过长，怕耽误了学生的学业。而苏联邀请访问，既无旅费之忧，在时间上又不致耽误学生，乐得

金坛县立中学欢迎
校友华罗庚及原校
长韩大受。

其成。

　　他到昆明的时候，西南联大已经结束办学使命，大批师生正陆续复员北返。1946年秋，他终于应普林斯顿大学高等数学研究院之邀和国民政府中央研究院特派赴美讲学。临行前，他从上海启程，于7月12日回抵故乡金坛，拜别家乡师友。故乡各界在金坛县立中学举行了盛大的欢迎茶话会。当家乡友人问他出国的初衷时，他意味深长地表示，现在，祖国还处于极端困难的境地，现实实在是太过残酷，我根本无法专心从事科学研究。以在西南联大为例，为了躲警报，全家只好住在昆明乡下，成天愁着生活用度。到了学校，则连个助教都没法找到，"如果不是不得已，我绝不愿意出国！"但是，他认为，又不能等到需要科学的时候再去研究科学。

　　1949年春，当得知北平故宫博物院的8600件古物和图书即将由沪转运美国华盛顿国会图书馆进行所谓的"保管"，华罗庚与陈瀚笙、刘良模、葛名中等

160位旅美中国学者、名流联名通过新华社等媒体发表宣言，抗议此公开盗劫、变相卖国行径："吾人为保存我祖先之遗物，发扬我民族之文化，并策励我后世之创业，坚决反对我古物国宝，盗运来美。敬乞我国内外各界同胞群策群力，即速制止美帝及其走狗之盗劫，而使此八千六百件祖先遗物归还原处，不胜迫切企祷之至。"

毅然报效祖国

当新中国成立，人民得到完全解放的消息传到美国，华罗庚兴奋得酌酒以庆。1950年2月，他放弃在美国优厚的待遇和大半年的工资，毅然回到祖国。归国途中，他发表了《致中国全体留美学生的公开信》：

朋友们：

道别，我先诸位而回去了。我有千言万语，但愧无生花之笔来一一地表达出来。但我敢说，这信中充满着真挚的感情，一字一句都是由衷心吐出来的。

坦白地说，这信中所说的是我这一年来思想战斗的结果。讲到决心归国的理由，有些是独自冷静思索的果实，有些是和朋友们谈话和通信所得的结论。朋友们，如果你们有同样的苦闷，这封信可以做你们决策的参考；如果你们还没有这种感觉，也请细读一遍，由此可以知道这种苦闷的发生，不是偶然的。

让我先从大处说起。现在的世界很明显地分为两个营垒：一个是为大众谋福利的，另一个是专为少数的统治阶级打算利益的，前者是站在正义方面，有真理根据的；后者是充满着矛盾的。一面是与被压迫民族为朋友的，另一面是把所谓"文明"建筑在不幸者身上的。所以凡是世界上的公民都应当有所抉择：为人类的幸福，应当抉择在真理的光明的一面，应当选择在为多数人利益的一面。

朋友们如果细细地想一想，我们身受过移民律的限制，肤色的歧视，哪一件不是替我们规定了一个圈子。当然，有些所谓"杰出"的个人，已经跳出了这圈子，已经得到特别"恩典""准许""归化"了的，但如果扪心一想，我们的同胞们都在被人欺凌，被人歧视，如因个人的被"赏识"，便沾沾自喜，这是何种心肝！同时，很老实地说吧，现在他们正想利用这些"人杰"。

也许有人要说，他们的社会有"民主"和"自由"，这是我们所应当爱好的。但我说诸位，不要被"字面"迷惑了，当然被字面迷惑也不是从今日开始。

我们细细想想资本家握有一切的工具——无线电、报纸、杂志、电影，他说一句话的力量当然不是我们一句话所可以比拟的；等于在人家锣鼓喧天的场合下，我们在古琴独奏。固然我们都有"自由"，但我敢断言，在手酸弦断之下，人家再也不会听到你古琴的妙音。在经济不平等的情况下，谈"民主"是自欺欺人；谈"自由"是自找枷锁。人类的真自由、真民主，仅可能在真平等中得之；没有平等的社会的所谓"自由""民主"，仅仅是统治阶级的工具。

我们再来细心分析一下：我们怎样出国的？也许以为当然靠了自己的聪明和努力，才能考试获选出国的，靠了自己的本领和技能，才可能在这儿立足的。因之，也许可以得到一结论：我们在这儿的享受，是我们自己的本领，我们这儿的地位，是我们自己的努力。但据我看来，这是并不尽然的，何以故？谁给我们的特殊学习机会，而使得我们大学毕业？谁给我们所必需的外汇，因之可以出国学习。还不是我们胼手胝足的同胞吗？还不是我们千辛万苦的父母吗？受了同胞们的血汗栽培，成为人才之后，不为他们服务，这如何可以谓之公平？如何可以谓之合理？朋友们，我们不能过河拆桥，我们应当认清：我们既然得到了优越的权利，我们就应当尽我们应尽的义务，尤其是聪明能干的朋友们，我们应当负担起中华人民共和国空前巨大的人民的任务！

现在再让我们看看新生的祖国，怎样在伟大胜利基础上继续迈进！今年元旦新华社的《新年献词》告诉我们说：

"1949年，是中国人民解放战争获得伟大胜利和中华人民共和国宣告诞生的一年。这一年，我们击破了中外反动派的和平攻势，扫清了中国大陆上的国民党匪帮……解放了全国百分之九十以上的人口，赢得了战争的基本胜利。这一年，全国民主力量的代表人物举行了人民政治协商会议，通过了国家根本大法共同纲领，成立了中央人民政府。这个政府不但受到全国人民的普遍拥护，而且受到了全世界反帝国主义阵营的普遍欢迎。苏联和各人民民主国家都迅速和我国建立了平等友好的邦交。这一年，我们解放了和管理了全国的大城市和广大乡村，在这些地方迅速地建立了初步的革命秩序，镇压了反革命活动，并初步地发动和组织了劳动群众。在许多城市中已经召集了各界人民代表会议。在许多乡村中，已经肃清了土匪，推行了合理负担政策，展开了减租减息和反恶霸运动。这一年，我们克服了敌人的破坏封锁和严重的旱灾、水灾所加给我们的困难。在财政收支不平衡的条件下，尽可能地进行了恢复生产和交通的工作，并已得到了相当成绩……

中国是在迅速地进步着，1949年的胜利，比一年前人们所预料的要大得多，快得多。在1950年，我们有了比1949年好得多的条件，因此我们所将要得到的成绩，也会比我们现在所预料的更大些、更快些。当武装的敌人在全中国的土地上被肃清以后，当全中国人民的觉悟性和组织性普遍地提高起来以后，我们的国家就将逐步地脱离长期战争所造成的严重困难，并逐步走上幸福的境地了。"

朋友们，"梁园虽好，非久居之乡"，归去来兮！

但也许有朋友说："我年纪还轻，不妨在此稍待。"但我说："这也不必。"朋友们，我们都在有为之年，如果我们迟早要回去，何不早回去，把我们的精力都用之于有用之所呢？

总之，为了抉择真理，我们应当回去；为了国家民族，我们应当回去；为了为人民服务，我们也应当回去；就是为了个人出路，也应当早日回去，建立我们工作的基础，为我们伟大祖国的建设和发展而奋斗！

朋友们！语重心长，今年在我们首都北京见面吧！

1950年2月，归国途中

这时，华罗庚还不满40岁。他是以青春之生命，投向新生之人民共和国，投向新生中之中国人民，投向有着五千年文明史的中华民族。1955年，华罗庚被选聘为中国科学院首批学部委员（院士），是当时当选的年富力强的青年院士之一。2009年，他获评为"100位新中国成立以来感动中国人物"，是中华人民共和国成立以来各行各业英雄模范人物中的先进代表。

"把民族的利益放在个人利益之上！"这是振聋发聩的时代之声，华罗庚这样的时代骄子，不仅在赵景深而言是孩子学习的模范，在我们今天的所有中国人而言，都是效仿的榜样。

不能坐视学者尊严之沦丧

——罗常培致《新华日报》

1944年7月30日，重庆《新华日报》在第二版刊登出一则不到30字的短讯："（本报讯）昆明讯：联大教授潘光旦闻一多等人，有部令解聘说。"

报道明确，解聘令是从昆明传来的。在当时而言，昆明和重庆之间的通讯传播是极快的。因而，被解聘信息应该就在7月下旬从昆明传出的。这从王一（许师谦）的回忆文章《哭闻一多先生》中可以得到佐证。

文章写道："一九四四年八月，在昆明，谣言纷纷，传说联大要解聘几位教授，特务已准备刺杀他们。大家很焦虑，几个同学商量了一下，一个静寂的晚上，我到昆华中学的楼上，找到了他的卧室，摆着两张床，他一只手拿着馒头啃，一只手磨石章，笑着说：'这是我的副业——靠

闻一多在西南联大新校舍（裘昌淞、张友仁摄）

小手工业过活.'沉默了半天,终于我说明了来意:'我以你的学生资格,要求你爱护自己一点,因为今天讲真理的人太少,我们经不起敬爱的长者的损失.'他瞪着眼,半天,泪珠潆潆的掉下来:'这是做人的态度,……我觉得许多青年人太冷了,……人总有心有血,……我不懂政治,可是到今天我们还要考虑到自己安全吗?我很感激,可是我还要做人,还有良心……'无言的对坐半小时,在彼此的泪光中告了别."(1949年7月15日《大公报》)

国民政府教育部很及时地看到了《新华日报》的这则短讯,即安排其秘书室以最快速度在8月6日的《新华日报》予以回应,表示:"查贵报七月三十日所登国立西南联合大学教授潘光旦闻一多等,经部令解聘一节,查绝无其事,请予更正."

国民党当局虽然说闻一多等被解聘"绝无其事",但是报纸的澄清信息才发表3天,8月9日,美国驻华大使高思就又在致美国务院的第1366号快报中说:"据中国方面消息,昆明约有十名教授,知识分子在副总统6月25日访昆明时,同副总统谈话中表示了对重庆政策的不满,而被教育部开除.据说其中有五人是清华大学的,包括张奚若、闻一多、潘光旦和罗隆基."

令人意想不到的是,解聘传言刚过去还不到一个月,《新华日报》又于9月4日以《极力主张民主的闻一多教授因故解聘 联大学生募款接济》为题报道了闻一多被解聘的信息:"(本报昆明讯)联大教授闻一多和其他教授一人,现已因故解职.联大同学及清华大学校友,现正发起接济闻氏生活费,使他能继续研究写作."

这时,联大中文系主任罗常培因事请假在渝,正好看到了这则报道.他在来重庆前,学校就已决定由闻一多暂代其系主任之职.于是,他以最快速度致信新华日报社:

敬启者:顷阅贵报九月四日第二版载有《闻一多教授因故解聘 联大学生募款接济》之新闻一则,殊与事实不符.本人于八月二十八日来渝,在临行前之一日，曾在闻教授家畅谈五六小时。关于西南联大中国文学系下年度课程之编排，以及个人研究之计划，均有详细之讨论。且本人主持联大中国文学系已历五年，从未闻教育部及学校当局有示意解聘教授之举。倘使当局于教授研究及教学成绩外，有类此之命令，本人亦当以去就力争，不能坐视学者尊严之沦丧。闻教授学问品格，海内共仰，西南联大倚畀方殷。贵报所载新闻，显系采访失实。素仰贵报记载正确，主张公道，务请将此函披露，以免淆乱听闻，至幸。专此即颂

撰安。

国立西南联合大学中国文学系主任　罗常培启
三十三年九月五日

罗常培在信中明确表示，教育部和校方都没有解聘的通知。并且表示，如果国民党当局真的因为教授在学术研究和教学工作之外找其他理由解聘，作为系主任，他必然会据理力争，坚决维护教授的人格尊严。他进而说，闻先生不论是学问还是人品，素来受到全国各界敬重，倚重他还来不及，哪有理由解聘？！

罗常培的信是一周后的9月12日才在《新华日报》刊登的。这一期《新华日报》还未出版，在昆明，联大校园和几家主流媒体就行动起来了。看到闻一多教授被解聘的消息，联大同学极为愤慨，特为此刊出了专题壁报，愤怒声讨国民党当局。9月10日，《扫荡报》经访问联大校方后，提前刊登了澄清事实的短讯《联大教授解聘不确》——

"上一个月，此间盛传联大教授某君或某某数君解聘之说，社会人士多为关心，有向该校询问者，经该校当局恳切解答，并无此事，大家疑团渐释。乃近数日又有此说，报界同人为明了事实起见，多往询问。兹承该校当局发表谈话如下：一月以前，向诸位说明的，并无其事，今天仍是并无其事，但所不明者，是这谣言从哪里来的？昆明人说是重庆传来的，重庆人说是昆明传来的，

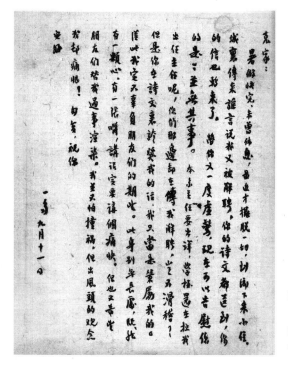

闻一多致臧克家信手迹
（选自闻立鹏、张同霞、
闻丹青编的《闻一多书
信手迹全编》）

吾想要求诸位，如再听到这种话时，请问一问对方是从哪里听来的？或更追问一下第二人或第三人，是从哪里听来的？这样则谣言的来源，可以清楚，事实亦更可以清楚了。"

与此同时，闻一多也收到了此时在重庆工作的青年诗人臧克家的来信。臧这次随信专门寄来了新诗《播鼓的诗人——呈一多先生》和散文《文化战士——闻一多先生》，实际是看到《新华日报》的两次报道后感到气愤而写的致敬诗文，表达了对恩师的深切慰问之情。在信中，臧克家毫不避讳地询问恩师解聘是否属实。对此，闻先生回复道：

克家：

暑假快完，未曾休息，最近才摆脱一切，到乡下来小住。城里传来谣言说我又被解聘，你的诗文都送到，你的信也转来了。劳你又一度虚惊，现在可以告慰你的是：并无其事。本系主任要出洋，学校还在拉我出任主任呢，你们那边却在传我解聘，岂不滑稽？但是你在诗文里夸奖我的话，我只当是策励我的。从此我定不辜负朋友们的期望。此身别无长处，既然有一颗心，有一张嘴，讲话定要讲个痛快，但也不希望朋友们替我过事渲染。我并不怕撞祸，但出风头的观念我却痛恨！

匆匆祝你

安好！

一多　九月十一日

在诗中，臧克家写道："呵，你擂鼓的诗人。/站在思想的前线上，/站在最紧要的关口上，/你擂鼓。/咚咚的，是鼓的声音，/是心的声音，是战斗的声音。"文章中则说，"前些日子，报上刊了他被教部解聘的消息，读了我的心一沉！接着教部来了一个否认的声明，我的心又朗爽了。""今天，报上把前次被否定的消息——'闻一多教授被解聘'给证实了。我的心又岂止是感伤，而惊异却是没有的。"他认为，"他读古书数十年，全是为了研究这个古老民族的症候。他读通了中国历史，研究了史前的社会，甚至神话。他看透了它的病根，他在故纸堆里苦心培养成功了一种消毒的'文化血清'。"

读了臧克家的信和诗文，闻一多内心是受到感动和鼓舞的，也许真的有这么一天，却也是有这样一些进步的青年和各界人士为自己呐喊的。一方面，这是对自己的鞭策激励；另一方面，不论如何，投身民主运动，为人民鼓与呼的劲头不会削弱，"既然有一颗心，有一张嘴，讲话定要讲个痛快"。

两次被解聘的消息都不确，但为什么连续有此传闻？为什么会有人虚晃一枪，反复制造解聘信息？这绝不可能是空穴来风，或许，反动当局是想通过非正常渠道释放一种警告的信号。这时候的闻一多，早已是战斗在民主运动最前列的坚强战士。臧克家在《文化战士——闻一多先生》一文中说——

两星期以前，碰到一位联大刚毕业的学生，他向我报告了闻先生的一些消息。他说："闻先生胡须尺长，而火气很盛，一般同学都很敬重这位'老当益壮'的文化战士（除了别具心肠的少数）。有一次当大众讲演，他高声大叫：'砍我的头，我也要说！'那气概太动人了！"

这时，闻一多已加入民盟，民主斗士的风范更为显现。10月2日，《解放日报》在《因主张民主反对粉饰虚伪　闻一多教授被解聘》一文中说："国立西南联大中国文学系教授、著名学者闻一多，年来对国民党反动派法西斯主义与失败主义者之倒退复古、禁锢青年、坐待倚赖、粉饰太平之措施，指摘甚力。"砍头也要说的刚直，使闻一多等民主人士的影响早已超越了联大围墙。这样的闻一多，哪有不被反动力量嫉恨的道理。

但是，西南联大从来不信这样的邪，正像罗常培在信中所说的，校方一定不会坐视学者尊严之沦丧，断然不会轻易解聘一个受同事尊重、受学生崇敬的知名教授。

冯友兰就回忆："从表面上看来，联大成为国民党完全统治的学校了，其实不然，据我所知，联大还是照原有的传统办事。联大没有因政治的原因聘请或解聘教授，没有因政治的原因录取或开除学生，没有因政治原因干涉学术工作。"（《三松堂自序》）

在解聘闻一多的"假新闻"事件中，也许就是国民党反动当局想用这样的传言来暗示学校解聘一批有民主思想，甚至倾向共产党主张的知名教授。但对这些不光明正大的做法，联大校方始终不予理会。甚至，其颁布的一些不符校情的规定，也受到师生一致抵制。

——面对轰轰烈烈的革命运动和民主人士，国民党反动派所能下的，只有暗杀闻一多这一着棋了。

任何人都有为国牺牲的责任

——金若刚致《国讯》编辑部

1944年11月15日，由黄炎培担任发行人，孙起孟、叶圣陶等任编辑，以"高尚纯洁的品格、博爱互助的精神、忠勇义侠的气概、刻苦耐劳的习惯、正确进步的思想"为办刊信条的《国讯》第380期以"叫知识青年从军"为题刊登了联大法商学院法律学系学生金若刚致编辑的一封信——

编辑先生：

我写这信怀着一种热的希望，我希望你不会使我感到失望。

最近校中传来了一个惊人的消息，说全体大学生征调，我们听了异常兴奋。

我坦白地承认现在学校里根本读不好书，固然图书馆里也有许多珍贵的书，但大部分的教授都为了贫病交迫而分散了他们的研究心得与教育兴趣。时代渐渐地变迁着，许多旧的知识都已成了无用。据我知道，一位新教授从英国回来的新的经济知识竟使老的负有盛名的教授见了目瞪，别的当然也是一样。这样虽然学了也没有多大用处，而科学一方面则更是落后，要用这批人去建设一个比他国落后十余年的国家，这又有什么用处？又何况在这种环境下是否能建国还是一个问题。同学呢，大家的心目中都存在着另一个问题，大家不念书，都喜欢听听教授发脾气，营养的不足使大家不能过分用脑力，这样又有什么用？

战争时间的延长会使一般人的心理变态，我看了以往中国的历史，觉得现在社会的确循着以往的历史走，若不趁这个机会来一种新的刺激，恐怕人会麻木，所以我们都希望在这机会能走向军队去。

只要站在平等地位的人，大家具有共同的权利和义务，这我们都甘心。听说印度留着十万士兵所需要的配备，假如能趁这时征调全国大学生当然是一个很好的政策。

至于进军队干什么，我们都认为有两方面，一方面是机械化部队，念理三及身体强壮的都可以进这一部；另一部分是参谋方面，我们承认许多地方吃败仗都是为了战略的问题，使一般无知识的官佐空谈战略不是太不幸吗？

我们决不承认战争会失败，但我们相信如能征调学生一定能使战争期间缩短；我们不敢自傲一个人能抵得上现在作战的士兵几个，但我们认为我们接受机械化或斗智方面的能力一定比他们高；我们不希望能得到什么阶级，我们不希望能获得像盟国军人一样的待遇，只要每个人都站在平等的地位；任何人都有为国作战的义务，任何人都有为国牺牲的责任，我们决不会留恋，假如中央能有一个公平而严正的命令。

我自进联大，已有二年，大概是环境的变迁，体格衰弱了不少，花边X光检验肺部尚有微伤，但并没有关系。昨天我冒着危险输300CC血给血库，除了精神稍感不适外，也没有多少损失，我绝力希望能直接参与战争，我的同学也如此，但只有一个条件：就是命令要公平，决不允许任何仗着地位和势力的同学舞弊。

这是我们的意见，我冒昧地申述请贵刊向政府建议并与朝野有力人员互相商讨。

金若刚敬上

十月九日

对于金若刚，《国讯》的主事者黄炎培并不陌生。他曾在1946年8月7日的日记中写道："金若刚（汤侯之子，联大，巨籁达路108弄4号）、杨善继（安庆，联大教育系毕业，云南办事处）由孙起孟聘来担任比乐中学教务，来略谈。"

1944年，从军的涂光炽（左一）等同学在昆明与美国飞虎队朋友合影。（涂勘提供）

又在1948年3月17日的日记中写道："金汤侯之子若刚来，请介绍其弟若融入工商专校，照办。"

金若刚的父亲金汤侯，是浙江绍兴的爱国民主人士和著名实业家，他一生充满传奇。绍兴市档案馆在《绍兴名人金汤侯》中说他"做过旧吏，创办过实业，是绍兴现代交通运输业的开拓者，被誉为'公路大王'；他热心教育，创办了绍兴稽山中学；在抗日战争期间，他曾不惜变卖田产捐钱抗敌……"早在1934年，黄炎培就与时任萧绍长途汽车公司绍兴公司总经理的金汤侯交谊甚厚，曾接受汤氏宴请，并宿汤氏家宅。现在，旧友之子来信，而且是谈大学生从军报国的事，自然受到黄炎培及编辑部同人一致关注。

希望能走向军队去

出生在殷实之家的金若刚在信中说，自己是抱着一腔热望给编辑部写信的，他希望能通过编辑部向政府积极建言献策。正在写此信时，国民政府发出了

"一寸河山一寸血，十万青年十万军"的号召，联大校内也传出了再次面向大学生征调的消息，这使他极为兴奋。他说，自己现在在学校里无法安心读书。一方面，贫病交迫分散了教授们的研究心得与教育兴趣，知识无用的观念又在潜滋暗长；另一方面，营养严重不足又使同学们无法过分用脑力，念书的劲头似乎正在削弱。他说："战争时间的延长会使一般人的心理变态，我看了以往中国的历史，觉得现在社会的确循着以往的历史走，若不趁这个机会来一种新的刺激，恐怕人会麻木，所以我们都希望在这机会能走向军队去。"

他认为，大家都有从军的权利和义务。况且，现在前方正需要必要的人力补给。大学生从军后，可以进机械化部队，也可以利用自己的知识优势参与战略参谋。"我们决不承认战争会失败，但我们相信如能征调学生一定能使战争期间缩短；我们不敢自傲一个人能抵得上现在作战的士兵几个，但我们认为我们接受机械化或斗智方面的能力一定比他们高；我们不希望能得到什么阶级，我们不希望能获得像盟国军人一样的待遇，只要每个人都站在平等的地位；任何

1942 年，任美国志愿空军翻译的许渊冲。（许渊冲提供）

人都有为国作战的义务，任何人都有为国牺牲的责任，我们决不会留恋，假如中央能有一个公平而严正的命令。"

他说，自考入联大后，自己的体格衰弱了不少。即便如此，他还冒着危险为前线将士献血。现在，战争仍在持续，"我绝力希望能直接参与战争，我的同学也如此，但只有一个条件：就是命令要公平，决不允许任何仗着地位和势力的同学舞弊"。

全信洋溢着强烈的投笔从戎、参军报国的热望，表达了共赴国难的坚定信念。此信寄出不久，金若刚就实现夙愿应征入伍，编入了远赴印度抗敌前线的青年远征军。"他们乘上美军的运输机，飞越驼峰到达印度，接受汽车驾驶和步兵训练。受训期间生活十分艰苦，吃不到新鲜蔬菜，每餐供应一碗又老又韧的象肉，难以下咽，当地恶性疟疾流行，好几名士兵病死他乡。金若刚只是远征军的一名班长，但因他是大学生，能讲流利的英语，因此常被派去担任临时翻译，与美军官兵打交道。"（陈惟于：《毕生心血润桃李——缅怀优秀中共党员、优秀教师金若刚同志》）

反对不公平的征调

金若刚在信中希望政府和学校在征调上公平而严正，"决不允许任何仗着地位和势力的同学舞弊"。其实，在一年前，联大100位同学就曾为此致信联大校委梅贻琦——

梅常委钧鉴：

当国家垂危的时候，个人的一切应当为国家的安全而牺牲，虽则我们的知识学历还不够，但是这个原则任何大学生都已了解了。可是这个原则的运用，必须以公平合理为其先决条件，如果违背了这一点，就是有铜墙铁壁阻住我们的前程，或者有种种威吓迫使我们不得不服从，那么我们也只好［走］出最后的步骤，与不平等的国家同归于尽了。

国家这样的垂危，哪一个青年人都不在考虑，我们应当如何救国？如何复兴？可是出其不意地把我们的计划都打破，就是不久本校四年级生立即要去服兵役了。

本来服兵役是人类生活中的一部分，不值得可怕的。但是在这样艰苦的环境中，我们一大部分人，为了追求复兴国家的理想，我们曾经辛苦的做了与抗战有益的服务，自己节下来一些臭钱，希望完成我们的基本教育。我们认为要国家富强，非从工业化不可，为了我们的国家，我们已杜撰了如何工业化的计划。当这种工作正引起我们兴趣的时候，居然要四年级学生出去服役了。

我们是好国民，不仅爱国家，而且也爱政府，最高国防会议与教育部服兵役办法，我们是服从的。但是为了少数人的私情，藉口国家的需要，而来阻碍我们救国计划的不公平征调的建议，我们只有对他们不客气。

先生是一校之主，应当以持平的看法解决我们的需要。

敬祝

钧安

一百个你的学生
卅二年十一月廿四日

这100名大四的同学，是在即将毕业的关键时刻接受征调的。在面对学业和兵役的矛盾中，他们选择了服从。但是他们期冀在征调中，学校不要徇私情。这和金若刚同学的诉求是一致的。

绝不徇私，这一点，联大切实地做到了。1946年5月4日西南联大结业典礼当天，学校在新校舍落成了国立西南联合大学纪念碑，碑的阴面，镌刻着834名抗战以来在长沙和昆明从军同学的名字。在这些名字中，就有梅贻琦之子梅祖彦、女儿梅祖彤、侄子梅祖培（二弟梅贻瑞之子），以及冯友兰之子冯钟辽、罗庸之子罗式刚、查良钊之子查瑞传、李继侗之子李德宁、叶企孙爱侄叶铭汉、云南大学校长熊庆来之子熊秉明、社会学家陶孟和之子陶愉生、历史学家金毓黻之子金长振、国民政府官员翁文灏之子翁心钧、国民党第二十一集团军副总司令刘和鼎之子丁善懿等一批联大教授的子弟和社会名流的晚辈，他们都是有"地位和势力"的，但也都同样在从军名单之列。

联大学生从军纪念戒指

汪伪汉奸缪斌的两个孩子缪中、缪弘兄弟，也选择了和父亲的投敌叛国完全不同的道路，他们不仅不远千里投考了"民主堡垒"的西南联大，而且双双同时投军报国。缪弘从军前曾多次为抗敌将士输血，在第五次输血后，他写下了这样的诗句："没有足够的食粮，/且拿我们的鲜血去；/没有热情的安慰，/且拿我们的热血去；/热血/是我们唯一的剩余。//你们的血已经浇遍了大地，/也该让我们的血，/来注入你们的身体/自由的大地是该用血来灌溉的。/你，我，/谁都不曾忘记。"1945年随军反攻桂林时，还不满20岁的缪弘光荣殉国。他们兄弟二人投笔从军、英勇报国的英雄壮举，写进了联大同学献身抗战事业的光辉史册，成为缪氏家史上光荣的一页。

受国栽培当为国服役

当时的昆明报刊，对联大可歌可泣的从军事迹给予了高度赞誉。因为在联大，从军的学生情况总是领先于全国高校，在昆明更是一枝独秀。在从军的师生中，既有梅祖彦/梅祖彤兄妹、有缪中/缪弘兄弟、沈叔平/沈季平哥俩这样的组合，又有异常踊跃的教职工报名者。

早在1941年初，刚任联大助教不久的穆旦（查良铮）就踏上了艰险异常的从军之路。在军旅征途，在胡康河谷，穆旦不仅经受了刻骨的饥饿、山洪的冲击、毒虫的啃咬和痛楚的夜晚，更经受了生与死的考验。"在阴暗的树下，在急流的水边，/逝去的六月和七月，在无人的山间，/你们的身体还挣扎着想要回返，/而无名的野花已在头上开满。"他的名字没有留在食人的野人山，也没有刻在联大八百学子的从军纪念碑上，但比起那些长眠死亡之谷的战友，穆旦自己已经十分庆幸了。

联大社会学系教授费孝通也曾做过从军的梦。他在写给弟弟费定的信中说："我本想到缅甸去从军，已坐上了车，身上带着上校证书，可是总是没有走成。雨季已到，学校里又多事，于是暂时不做此梦了。"（清华大学杜鹏飞教授提供）

1944年10月，年已57岁的训导员吴志青也向联大知识青年志愿从军征募委员会报名从军，只因超过从军年龄太多而被婉拒。他志愿投军的故事，将在后文中另行讲述。

像费孝通、吴志青这样计划从军而没有去成的教职员，并不是个例。仅以1944年11月30日为例，当天，联大突击发动全校学生从军登记。学校从军征集

西南联大师生欢送抗日从军的同学

会从早至晚办理登记9小时，在查良钊训导长和郑天挺总务长的劝导宣传及学生从军壁报的动员下，当日登记师生达187人（其中教授3人，助教2人，职员36人，女生14人，男生132人）。

实际上，历次征调中，联大的教职员和女生多未被允准。对此，一位女生言辞恳切地致信梅贻琦常委——

梅先生：

自从大四同学要服兵役这个消息传来后，大家全很兴奋。值此国难时期，学生亦应尽一点责任，但为什么不征收女生？同样受国家栽培，同样受知识，男生能作者，我们一定也能。在英美，女子不是一样尽着责任，为国服务。为什么中国不实行？女生能作许多女生能作的事情，我们希望在联大首先实行。如果男生要服役，那也请梅先生指定女生能作的服役。我们享受同样的权利，我们也要尽同样的义务。梅先生，希望你能帮助指导我们。

敬祝

安康

确实，到昆明后，联大的从军运动从来不甘人后。早在1938年11月23日，在奉国民军事训练处令征选云南省新征兵士大队分队长和特务长时，体育组主任马约翰教授就曾激昂慷慨地向联大同学动员说："读书固为学生当前唯一要务，而国破家亡，则有书亦恐读不成矣！青年请缨疆场，以身报国，实为无上之光荣，其代价超越一切。"当时，即有五十余人应征报国。

在学校师长们的动情鼓励下，至抗战胜利，自长沙以来，总计约有1300名同学投军报国。其中，至少有何懋勋、黄维、缪弘、曾仪、吴若冲、朱谌、戴荣钜、王文、吴坚、崔明川、李嘉禾、朱晦吾、沈宗进、杨大龄、雷本瑞、艾光曾、冯智军等17名英雄为抗战而牺牲，1946年回南开复学的从军校友倪民有则在新中国成立后的征粮征税斗争中壮烈牺牲。

愿为国作战，为国牺牲，以从军实现报国之愿。联大师生为尽匹夫之责而奋勇投军报国的真切心声和实际行动，写下了我国文化抗战史和世界反法西斯战争上可歌可泣的光辉一页。

国家兴亡匹夫有责

——吴志青致昆明《中央日报》

西南联大在昆明办学后，始终着力于做好"联合办学"这篇大文章。一方面，以兼容并包的精神，更好地融汇北大、清华、南开之良好办学传统，团结好三校原有之师生；另一方面，则继续延聘各方各面的优秀师资。

太极拳名师吴志青，就是在这样一个背景下来到西南联大的。

堪负盛名的国术名家

吴志青（1887—1951），安徽歙县人。我国著名国术专家、太极拳名手，从小即精习技击，曾拜师查拳名家于振声、马锦标学习武术，同时对翰墨文章亦抱有浓厚兴趣。他12岁即出外谋求生计，后弃商转学，考入巡警学堂，继而转读中国体操学校。民国起，先后担任南京第四师范、江苏省第一工校等校体育主任。1919年，在上海创立中华武术会，1923年又创立中华体育师范学校。其间，率队参加远东运动会。会上，他亲自训练的"科学化的国术"（新式体操）、叠罗汉等项目由500名小学生表演，受到中外人士一致好评，为我国体育界争了光。

北伐战争爆发前后，他又追随冯玉祥、于右任，加入中华革命党，毅然从戎，任西北国民军武术总教练，随军转战河南、甘肃、陕西、湖北、江西等多个省份。不久，受聘担任中华国术馆董事、上海国术馆馆长，是一位深有盛名的国术名家。

全面抗战爆发后，吴志青开始皈依佛教，但仍于1937年10月至1940年2月出任军事委员会西南运输处视察，奔走于广东、香港、江西、湖南等地，为全面抗战初期的军事运输竭尽心力。1940年2月起，又转任经济部贸易委员会富华公司仓库主任，为战时的贸易事业而工作。1941年7月，吴志青弃政从教，受聘担任西南联大训导处训导员，并兼任体育部教员。

到西南联大时，他以五口之家在昆生活，其在学校的薪金，仅够全家半月之需，日常生活捉襟见肘。为了改善经济状况，他只好以教授太极拳的收入贴补家用。那时，在公余之暇，他经常约请李公朴、陈微明、郑天挺、冯友兰、潘光旦、查良钊、华罗庚、杨西孟、马士俊等校内外部分名家，或研习太极

1945年7月15日，吴志青（右一）与同人摄于国立昆明师范学院校园内小桥头。（龙美光保存）

拳，或探讨国术理论。同时，亦组织包括擅长瑜伽柔术的联大印籍留学生许鲁嘉（T.K.Shibrur Kar）在内的一批青年学生一起苦练太极拳术。还曾受国民党云南省党部之请，每天8：00—8：30为该部员工教练太极拳，极受欢迎。

吴志青所教授的太极拳，继承了"查拳"的精华，同时又以自己力倡的科学化国术思想的创新实践，使太极拳这一体育运动绽放了异彩，显露了独特魅力。

联大训导长查良钊教授说："二十七年（1938年）冬来昆明后，闻吴志青

1947年7月15日，国立昆明师范学院事务组部分同人在"联合亭"合影。"联合亭"，即为纪念西南联大而建。一排：左一张惠、左二吴志青、左四郑吉萍、右一姚广才；二排：左一陈有余、左三叶昆生、左四徐景挥、右一陈占奎；三排：左一陈雨洲。（龙美光保存）

君亦在滇，欲访谈无缘。三十一年（1942年）始得相识，见其对于太极拳教学研究有素，功夫恒深，令人敬佩。三年以来西南联大同事同学从之研习者日众。余个人对于太极拳之兴趣遂亦继长增高。"

1945年1月，时任哲学系西哲编译会研究编译员韩裕文（亦系联大哲学心理学系毕业）在昆明靛花巷撰文，披露了他师从吴志青研习太极拳后的奇效。他说："吾生而体弱，且自幼即得胃病，屡治不愈。自来昆明，又以气候变化，不能适应，时感风寒。约自去年（1944年）夏间乃与师友数人同随志青先生学太极拳。不两月而学毕。于是日日清晨自习一次。每习至中段辄觉背上温度渐增，腹中浊气外溢。至于终了，乃微汗冒露，而全体轻松，精神焕发。习之日久，而风寒不内侵，胃病不复犯矣。"

在云南大道生布庄周润苍宅租住时，跟从吴志青研习太极拳的鼎三，感受则更为深刻："余体格素弱，亦复鲁钝，幼且失学，始而知悔，每练习运动，则脑昏眼花，四肢益倦，而脾虚泄泻，皮肤疮痒，互相代谢，医药鲜效。忽避寇南来，瘴湿较重，上述病症忽然加剧，虽云三世孽障，藉稍清偿，然身体痛苦，亦障修持，适居停周润苍先生，延聘吴志青先生，以太极拳教青年同人。余于此道，響慕青年，特鲜缘会。……遂勉力演习，初则四肢无力，动不随和，因加勤奋，人十已百，以期就范，将及兼旬，疮湿渐减；匝月以后，竟告痊愈。下腿久感枯槁，适值滑润，谷食入腹，且易消化，皆前此所未有也。至减少脑昏眼花，而举步轻快……"

愿将残躯献给国家

吴志青向以豪爽和爱国而闻名，他认为，"吾辈治技者，于国弱民贫之际，咸应各尽提倡国粹、发扬民族精神之责任"。

作为联大的一名教师，他虽已年长，仍愿以躬亲之范，成为青年人学习效仿之先导。联大经济学系学生谢汉俊说："吴师为人挚诚正直，做事认真负责，不畏恶势，不怕谗言，凡事只要他认为是合乎正义，合乎公理的，他就不顾一切向着既定目标做去。"在为前线将士献血的运动中，他慷慨捐献热血300CC，表达了对抗敌将士的无限敬意。为此，联大训导长查良钊在报纸发表文章，高度赞扬他的爱国热情。

1944年，在国家号召下，联大又发起了青年从军运动。这时，吴志青已是一位57岁的老人，在身负家累的情形下，他仍不顾一切地主动请缨参加"青年远征军"。他说："我的年龄虽然已超过规定，但身体与经验，尚能适合军人条件。个人现在没有什么舍不得的东西，也没有什么放不下的事情，区区此衷，但愿为祖国尽一点力量。"

10月12日，吴志青还特地向昆明《中央日报》编辑部去信，强烈地表明了从军的愿望。其全信如下——

编辑先生：

窃以"国家兴亡，匹夫有责"，乃先古明训。今我国正在作生死存亡奋斗，七年于兹，已予敌人以莫大打击，敌最近为打通其所谓大陆运输路线，以避免我盟国强大海军之威胁，不惜孤注一掷，以大军先后夺我平汉及粤汉两铁路企图，继则乘势进兵广西，冀将湘桂路攻下而与安南接轨。敌不仅阴谋殊大，而野心亦殊奢。此项阴谋，万一成功，则我全国疆土，势将被切为东西两半，以后欲行反攻，困难较多。正为此故，我亦不惜广大牺牲，对于阵地，坚欲固守。最近我军事当局因鉴于战局严重，特发起知识青年从军运动，以增进军事力量，而奠下此后反攻胜利基础。此项运动，各地现已纷纷响应，年迈老翁，参加者亦大不乏人。鄙人之虽年已五十有七，早过从军年龄，然以鄙人体格尚称强健，精神尚未就衰，以最近输血而论，鄙人尚能以三四百西西捐输，足证鄙人身体尚未衰弱。且鄙人出身体育界，并曾任职军中，对军事知识，略知一二，故极愿于此军事紧急之际，将此仅存残躯，献给国家。俟昆明办理知识青年从军之机构正式成立，当即往报名参加。昔"八一三"事起时，李根源、张一麔诸先生曾组织"老子军"请缨杀敌。现政府既提倡知识青年从军,吾辈虽已非青年,然愿体格强健者,乘此大好报国良机,群起参加,以尽匹夫职责,并为青年先导。此事关系今后抗战至深且巨,尚望贵报响应提倡。倘能将此信发表,则尤为盼望。专此即送撰安。

联大训导员 吴志青敬上。十月十二日

"愿以残躯献给国家",这样的悲壮,这样的真挚,感动了联大校内外很多人,国内报纸竞相报道这一壮举。为此,联大教授潘光旦赋诗赞颂:"先生忧国真如焚,气豪不识老将至,国家养士徒哺啜,收效驰驱自隗始,请缨欲伍少年兵,直教三军可夺帅!"

不过,正如联大知识青年志愿从军征募委员会致其公函所说:"迳启者,从军运动台端首先报名参加,以为倡导,曷胜钦佩。惟按中央法令,台端已超出规定年龄,未能保送入营。"

虽然,他最终并未获准从军,但这份家国之情,亦为他平生最感自豪者。1945年,他的新著《太极正宗源流》在李公朴先生主持的昆明北门书屋出版。郑天挺教授和经济学系学生谢汉俊为之作序,冯友兰、潘光旦、唐兰、杨西孟、马士俊、钱学熙等联大同人及机械系学生虞源等,或题吟诗词作贺,或为之撰写读后,或纵论拳术之意义,使得该书同时也成为联大师生纵论太极拳术的一本重要体育文献。在全书末尾,吴志青特别附录了致昆明《中央日报》的上述书信,以铭其志。

吴志青一生曾著有含国术专论在内的二十余册著作,是一位笔耕甚丰的太极拳名师。他曾在自传《历世纪》书末以"不经一番寒彻骨,哪得梅花扑鼻香"为平生自评,并说:"综观余半生事业,多为人作开路先锋,辛苦有成,人来坐享,好在余素持社会服务之志愿,人不愿为者我为之,人之所享受者亦即我之所享受,故虽终身耕耘,物质毫无所得,亦从未介介。"这是他的心声,也是他的品格。

援助贫病作家不等于慈善事业

——文协总会致闻一多等

文协昆明分会转闻一多诸先生并转西南联大中文系、国文学会、新诗社……诸同学：

这次我们发起募集援助贫病作家基金运动，得到诸先生和诸同学的热烈响应与实际的援助，我们有大的安慰和深刻的感想。这里我们谨代表坚守岗位服务于民族解放事业的作家群，向诸先生和诸同学致谢！

作家的普遍贫病甚至过早的死亡是我们中国的特产——一个严重的社会问题，一个文化悲剧。因此援助贫病作家不等于"慈善事业"，它是带有一种崇高的文化运动意义的。因为这就是对于促使作家贫病的恶劣环境的一种抗议；因为这就是为社会的大众的力量去保护人类的精华——人类的灵魂技师，推进抗建文化的一种运动；而且这又正是文化工作者"文人相助"的一种团结运动，和另一种形式争取学术言论出版自由的民主运动。

作家的贫病和过早的死亡，政治的原因多于经济的原因。

关于捐款用途，我们除开援助贫病的作家外，其余当用在文艺事业和作家福利设施方面。如提高会刊《抗战文艺》稿费、文艺奖金，以及举办作家宿舍等等。

谢谢诸先生和诸同学的热情和实际的援助，我们将在工作上来答谢你们。

握手。

中华全国文艺界抗敌协会总会敬启

三十三年十月十三日，渝

这是1944年10月13日，由老舍领导的中华全国文艺界抗敌协会总会致昆明分会并转闻一多、联大中文系、国会学会等社团及联大广大师生的一封信。信中高度赞扬了联大师生为募集援助贫病作家基金运动，所作出的热烈响应与实实在在的援助。

这时，这场在抗战即将胜利的重要关头，有着文艺互助性质的文化运动，已经在联大开展了一个月。

援助运动之缘起

募集援助贫病作家基金运动，自然缘起于这一时期一批作家的艰难处境。自1943年春季起，这批作家贫病交加的情形引起了社会的关注。

在湖南一乡间执教的张天翼，患病在宁乡卫生院，因无钱缴费而逃出。中华全国文艺界抗敌协会总会负责人披露："张天翼先生，自宁乡逃出后，他的太太来信说，一路逃亡，十分困苦，衣物全部丢光，所幸有学生帮助沿途招呼，已达另一安全地区休养……至于鲁彦先生还是卧床桂林，喉肠结核，病势仍很严重。艾芜先生一家到了柳州，家累又重，且无工作，桂林一疏散，版税也拿不到，贫困万状……白薇女士依然卧病重庆乡下。"作家万迪鹤也在贫病交迫中，困居重庆乡间，经老舍请求政府救济仍无济于事，去世后连丧葬费也成问题。巴金的好友、林语堂兄长林憾庐等人，也在贫病交加中，先后离世。

为此，为了改变"若干作家病不能医、贫无所告、死不能葬的悲惨事实"，同时"为了测量而且加强文艺工作和社会人士的联系"，1944年7月15日，文艺界抗协总会在《新华日报》《中央日报》《扫荡报》《大公报》等多家主流报纸刊登了发起筹募援助贫病作家基金的缘起，称"抗战七年，文艺界同人坚守岗位，为抗建之宣传，勖军民以忠勇，未曾少懈。近三年来，生活倍加艰苦，稿酬日见低微，于是因贫而病，因病而更贫；或呻吟于病榻，或惨死于异乡。卧病则全家断炊，死亡则妻小同弃"，"苟仍任其自生自灭，则文艺种子灭绝，而民族精神之损失或且大于个人之毁灭，用特发起筹募，援助贫病作家基金"，并倡议"一元不薄，百万非奢，爱好文艺者当必乐为输将"。

昆明各报也于嗣后跟进刊载了相应消息，号召昆明各界也行动起来。8月25日，《云南日报》发表了消息后，还专门刊发了社论《一个紧急的呼吁》。30日，《评论报》周刊刊登了援助贫病作家特辑。

9月，文协总会致函昆明分会，部署开展募集基金的活动。6日，老舍在致昆明分会总务部主任李何林的信中写道："关于援救贫病文人筹募基金的事，已在重庆和成都做起来。文艺界的朋友们和社会上对此事都很注意。……在我们发动这个运动的时候，我们的期望就不十分大，我们只希望得到一些钱，救一位因没有一两万元的手术费而不敢入医院治病的朋友能够去及早的调治；能够救另一位非休息两个月不可而又因为没有三四万元不能休息这么两个月的朋

文协昆明分会同人同游大观楼合影。前排左二闻一多；后排左二楚图南、左三李何林、左五丁月秋、左六尚钺。

友去得到休息。这样一两万元或三四万元，便也许不但救活一个朋友，而且可能救活一家子人。……除非我们真能得到的一笔款，我们暂不预备举办什么有益作家的福利事业，因为不论作点什么事业都需要有经验的、有办事才能的人，而这样的人在文艺界是不易找到的。因此，我们并不大吹大播地干，也不去和阔人们打躬作揖。我们只凭一些文学的宣传去打动社会上真正爱好文艺的人——他们未必有钱，但是他们所能给我们的那一元五角才真有价值！……昆明本来有文协分会，不知今日还有人负责没有？假如你愿意，可否邀约闻一多、沈从文、罗膺中、游泽丞、章泯、凌鹤、光未然、魏猛克、王了一诸先生谈一谈，有没有把分会重新调整一番的必要。假若你太忙，无暇及此，那么就在便中遇到章泯和凌鹤两先生的时候，告诉他们一声，看他们有工夫出来跑跑没有。……尊处为贫病病友募捐，好不好就近提出一万或两万元送给包鹭宾师母，包教授是文协会员，而且我想他的身后必定萧条。"

李何林说："老舍带病写信，要昆明分会响应总会号召募捐救济贫病作家，令人感动！要想动得快，最好用发表这封信来号召。"于是，他在13日《云南晚报》的"夜莺"副刊上发表了这封信。

老舍还附了文协总会于9月4日致昆明分会的函："总会此次遵照六届年会决议案，发起募集援助贫病作家基金运动，各方无不热烈响应，良深感奋。查抗战以来，作家固守岗位，从事民族解放事业，七载于兹，任劳任怨，唯民族解放是从。年来生活益形艰苦，贫病交迫，几达绝境。若仍不设法自救，则制造供应人民精神食粮之作家行将无法生存，其影响民族精神之巨，何可言喻。贵分会与本会唇齿相关，呼吸与共，尚望酌量当地情形，展开此项运动，勉力捐募，俾收更大效果。"

17日，文协昆明分会就在昆华文教馆礼堂及时召开了第四届全体会员大会，改选了理事会，闻一多等15人当选理事。改选以前，重点讨论了响应募集援助贫病作家基金等问题，决定了募集基金的9项办法。至此，援助贫病作家运动就强有力地在云南组织展开了。22日，文协总会致信昆明分会，祝贺新一届理事会成立，认为"际此抗战进入最艰苦时期，'荒淫无耻'与'庄严工作'之分，界限更形明显，贵分会于此时召开全体会员大会，必可发展西南新文艺运动，振奋人民大众精神，更坚强'庄严工作'阵线，促使抗战胜利民族解放之时加速到来"。

募集援助贫病作家基金的这项"庄严工作"，就成为最具凝聚力的一项文化运动。

各尽各的心

1944年9月下旬起，为响应全国文协号召，联大师生纷纷使出洪荒之力，为援助贫病作家鼓与呼，起而行。

当时，联大学生王瑶在致友人的信中说，"现闻先生为援助贫病作家、纪念鲁迅、文协，及青年人主办之刊物等，皆帮忙不少，态度之诚挚，为弟十年来所仅见。"闻一多教授第一时间登报广而告之，表示愿为人刻章10只（边款赠送），每只2000元，全部收入捐助贫病作家（后来仅经新诗社一处捐出的金额就达11500元）。曾昭抡、伍启元等知名学者各由版税或稿费项下捐出1000元。曹日昌教授在别处捐款后，在联大又捐了1000元。施养成、许渊冲、彭国焘、万绍祖等师生，则在天祥中学等兼职的中小学，献出了自己的同情心。

在这次募捐运动中，联大同学们其实也注意到，自己身边就有需要援助的作家。他们就准备买点大米、面粉、斗烟丝等慰问敬爱的闻一多先生，但却遭到婉言谢绝。闻先生说："谢谢同学们的关怀，我贫而不病，还有手艺（刻图章）可以维持生活，广大贫病作家生活在水深火热中，比我困难多了，应该救济他们，如果救济我就失去援助贫病作家的重要意义了。"（王明：《伟大寓于平凡——回忆闻一多先生二三事》）

自己的家室处在贫病中而不得不典书度日的吴晗，也捐出了稿费。针对在这场运动中为富者反而无动于衷的情况，他在致《云南日报》的信中说："谨以

1941年9月，老舍在昆明龙头街为吴晓铃题词。（选自《老舍》画册）

最近稿费所得国币一千元，献给正在艰苦挣扎中的贫病作家。几年来的情形是无力者出力，无钱者出钱，这一千元的数目虽少，杯水车薪，然而这钱的来路的分明的，干净的。抛砖引玉，至希望贵报能广大深入地发展援助贫病作家运动，并发动下列三事：①发动昆明文化工作者献助'一天'所得，蚂蚁运粮，各尽各的心。②指定一天辟贵报专栏，替贫病作家说话。③用舆论的力量来请有钱的人拿出一点来。"报纸照登了这封信，成为一种现身说法的动员。

在南菁中学、昆华中学等中等学校的募捐活动中，闻一多、罗庸、雷海宗等多位教授也前往演讲动员。

在联大的学生社团中，中文系国文学会则首先牵头响应组织募捐，外文学会、新诗社、神曲社、熔炉社、现实文学、学习、生活、潮汐等壁报社及个别同学也踊跃组织募集。仅一周时间，至9月27日就已募集到45万元，仅新诗社一家即独力募集了15万元。其中，捐款1万元以上的就有伍志诚、钱锺福，5000元、3000元、1000元以上的则各有6人、11人和30余人。到10月初，募捐金额更为可观。

10月7日，文协总会致函昆明分会，其中称："西南联大同学发起捐募运动，而且数目已突破百万，这使我们感动。他们和作家一样，是属于贫困的一群，为了同情作家们的贫病和流离颠沛的生活，如此热心的给予实际的援助，文协总会谨代表服务于抗战的为民族解放事业而工作的作家向他们致谢。——我们除了衷心的致谢，其他任何语言，都不足以表示我们内心的感受。"

这时，又值联大师生向昆明血库献血较为热烈的时候，梅贻琦常委、沈同教授、郑华炽教授等均积极献血。仅10月7日8：00—17：00，就有170余名师生前往联大青年服务社为前线将士献血，共献出50000CC抗战血。学生献血完成后，校方特派发每人牛乳代金200元、白开水1杯和饼干3块，以示慰问。该项代金原本系月前由联大校友会募集的尊师金，经教授会议决，决定将其分发给献血的学生以作营养费。但是，同学们都不肯接受，于是又一致将营养费通过国文学会捐赠给援助贫病作家基金，完成了该项款额的最终捐献。

为进一步响应募集基金活动，10月9日晚，新诗社举行成立半年纪念暨声援贫病作家晚会，由闻一多、闻家驷、光未然、吕剑等朗诵了新诗，并进行诗歌前途讨论会。闻一多、冯至、楚图南、尚钺、李广田等123人，在闻一多亲笔抄写的《给贫病作家的慰问信》上签名。

慰问信深情地写着——

至亲至爱的朋友们：

在这几十天的奔忙中，我们为你们捐到了一些钱，我们敢说：这些钱的用处是非常正当的。我们相信这些钱不特能买回你们的健康，也买回了我们的觉悟。我们知道你们为什么贫，为什么病，你们的生病，正是人们痛苦的结晶啊！

无论你们怎样的受欺侮受迫害，你们的血泪却滋养着我们对强暴的愤恨和对自由的渴望。今天，你们不再是孤立的，你们的语言，将被我们举起，当作进军的旗帜。

人民的呼声是最响亮的，让那些枉死者也站在我们的行列中一齐叫喊吧！当千万声音合成一个声音，那就会把黑暗震塌的，这——就展开了你们的前途和我们的前途！

向你们致最高的敬礼！

头一天，昆明《扫荡报》副刊以三分之二版面编排了新诗社组稿的"七月诗页"，刊登了何达、萧荻、俞铭传等诗人的六首诗。后又将"诗页"单页抽印，并加盖闻一多题写的"为响应文协援助贫病作家基金运动义卖"字样，拿到街头义卖。

10月13日，文协昆明分会致函总会通报云南地区募捐的情况。此次汇往总会的100万元中，其中90万元是联大同学募得的（含龙云请国文学会代转的20万元，实际募得130万元，先汇这么多）。信中强调："联大同学也是贫困的一群，但也迅速而热烈地响应了文协的号召，并获得了这样巨大的惊人的成绩。而在联大同学劝募运动中，关怀文运的龙主席慨捐二十万元。所有这些，实在没有恰当的语言，使我们道出内心的感激，我们请总会来信一一致谢。"

1941 年 10 月，
老舍与游国恩等
在大理喜洲。

1946 年 2 月，时任文协昆明分会总务部主任李何林（左）与同事及孩子在利滇化工厂合影。（龙美光保存）

　　文协昆明分会的募集活动至当年12月10日结束，共募到捐款406.46万元，其募集到的总额远超重庆总会。而联大国文学会的捐款额162万多元，更是独占鳌头，显示了广大师生内心蕴藏着的巨大爱国力量。

　　在西南联大师生及包括龙云在内的社会各界的齐力参与下，"这笔数目不大但却凝集着广大同情的赠金"，在全国各地前后共募集基金700多万元。张天翼、艾芜、田汉、王鲁彦、黄药眠、端木蕻良、许幸之、新波、宋云彬、熊佛西、安娥、瞿白音、司马文森、陈残云、孟超、何家槐等一大批困境中的作家受到援助，保护了文化的种子，团结了文化的力量。为此，老舍在文协会务报告中说："这证明作家的血汗没有白流，没有洒到沙漠里，社会上各阶层的人民在关心着我们。"

这只是联大在八年中众多募捐和献金中的一次，师生们常常为之自豪。自汗在《自由教学的西南联大》中就说："过去为前方战事捐款，联大同学表现得最为踊跃、热烈，黔桂战事吃紧的时候，全昆明援助贫病作家的这一运动，是由联大号召推动起来的，仅联大一校经过捐款，就达一百六十多万。"

恰如全国文协总会致闻一多及联大社团、师生的信所说，与作家群同样处于贫困中的联大师生，为了同情支持作家，发出了募捐的声音，进行了热情、真诚而实在的捐募。这一崇高的文化互助运动，是文化抗战氛围在西南联大最为突显的其中一次。

1945

学校分门别系，
因材而教；
社会分工合作，
因材而用。
一文弱书生
自不能作
百胜将军效命疆场，
然在学术上
可一跃
而为文豪泰斗，
著书立说。

——薛琴访

"五四"是划时代的日子
——佘长年致陈幼珍

希俊：

　　五月廿八日来信收到了，《民主周刊》及"国是宣言"于前数日收到。读后知道你正用直接的行动来表示爱国的赤诚，这一条路——自由民主——是一条最正直的人类共同理想的路，也是人类共同理想的目标。试看远古、近古、现代的贤者们平生努力的方向，不论是言论、学说、行动，采取的方式尽管不同，但他们都是为理想而奋斗的；惟有为全人类谋幸福的理想，才能久存，与天体运行的自然之道不抵触。我一向是醉心于宇宙系统、生物原始、自然创造等相互间最谐和的自然发展。为此从前在蒙曾写给你一篇小文，略将此意发挥。虽然我的学力是多么脆弱，不能去谈那些大道理，演绎那个系统理论，然而生物喜欢去走合理的幸福之路是无可否认的。

　　人类历史的演变将永远成为一首写不尽的史诗，一部悲壮、惊奇、痛哭、笑骂、愉快的戏剧。里面的演员身份台词都好像事先安排好的，复杂综错交织成些现实事件，将台下观众每一个人感情操纵着，激动了蛰伏着的良知。在这时绝对多数人都是去效法赞叹着义士英雄，抱不平的感想都是人人有的；不过刹那的激动正义之感何能久存心中，表现在行动上，永不背叛。所以谋人类幸福的圣哲，古之汉武帝，今之罗斯福，他们治国的艺术是够令人思索的。大概也就是感到人类的劣根性终究还要不时暴露，所以才对军备那样有兴趣，做了盟国兵工厂的老板；他的用意不仅在打败法西斯集团，恐怕也会用来镇压些劣性不肖之徒。最富艺术幻想的罗总统，既还这样采取紧急措施，也就可见人类命运的坎坷了！

但我们又何能一刻失望，一个最高的理想，在多数人拥护之下，不断的奋斗，终究会生长进步以及于成功的。联大的"五四"历史意义极为深长，今年的"五四"更是一个划时代的日子，同学们赤诚的行为、纯洁的呼号，这证明中国还有生气。正如春季的郊景遍处新绿，但我们并不去注意那些红绿花草，片片枝叶。可贵的还是那一股生气，这个生气将永生于青年学生的心中，像一股有源的清流不绝地灌溉到每一角落，并可汇成巨浸大泽，引导群众！

路是人走出来的，但也是被人踏坏的。自由的、理智的、光荣的生活是每一个人的愿望，弄权的野心政党，再也掌握不住人民，因为根本就不是平等的"人的世界"。我们在充满着轻快的战斗气氛的道路上前进着，再也不要回顾。回顾是耽误了前进的工夫；再也不紊乱步伐，行动紊乱了将使集团力量相抵消。

世界是复活了，我愿意看见沦陷区的朋友们脸上带着胜利的微笑，踏着自由的路，扶持着这批山国中的小弟弟，在自由的空气中来收拾破碎河山。重整乾坤的工作将完全寄于觉悟青年的双肩。不朽的事业，将产生不朽的英雄。

长年于端午节　卅四年

这是毕业于国立中央大学畜牧兽医专修科、时在云南蒙化矿业银行工作的佘长年，于1945年6月14日端午节，写给就读于联大先修班文法组的好友陈幼珍的一封信。信中"希俊"就是陈幼珍，"在蒙"即指在蒙化（今云南巍山县）。

这年的4月至5月，是西南联大爱国民主运动极为热烈的两个月。两位时代青年炽热的心，受到联大爱国民主思想的洗礼，碰撞着、激荡着。

《国是宣言》的诞生

信中所说《民主周刊》，系由民盟云南省支部在抗战后期在昆明府甬道创办，罗隆基、唐登岷等联大师生曾担任主编，潘光旦、吴晗、闻一多先后担任社长。

"国是宣言"，乃指《国立西南联合大学全体学生对国是的意见》。这份《国是宣言》，曾在抗战胜利前后的国统区引起极大的波澜。

在世界反法西斯战争即将取得决定性胜利、中国抗日战争也将取得最终胜利、国民党五届十一中全会提出"政治解决"国共关系之际，1944年9月1日，毛泽东在中共中央六届七中全会主席团会议上正式提出主张："召集各党

1945年，张奚若（左）与钱端升摄于昆明北门街张宅。

派代表会，成立联合政府，共同抗日将来建国。"9月15日，中国共产党代表林伯渠又在国民参政会上正式提出废除国民党一党专政、建立民主联合政府的主张。随之，中国共产党又以书面形式向国民党当局提出了成立民主联合政府的方案。

成立"民主联合政府"的号召传到西南联大后，进步师生一致响应。当时，担任中共云南省工委书记的郑伯克到南方局汇报工作时，同华岗一起商量，要以更大规模的实际行动响应号召，并由省工委及时作安排。华岗回昆后，与民盟云南支部共同商议行动方案。在龙云默许下，10月10日，由民盟云南省支部、联大"报联"、云大学生会、中法大学学生会和昆明文化界联合发起的"纪念双十节，保卫大西南"大会，在昆华女中操场举行。大会由闻一多、李公朴主持，张奚若、吴晗、罗隆基、楚图南等作了讲演。会议最后，闻一多宣读了《昆明各界双十节纪念大会宣言》。宣言强烈要求："坚持抗战，实行民主，结束党治，还政于民。"10月19日，联大报联、云大学生会及全国文协昆明分会在云大至公堂举办"鲁迅先生逝世九周年纪念会"，闻一多、李广田等在会上发言，提出要继承和发扬鲁迅的战斗精神。

11月24日晚，受联大政治学会邀请，张奚若教授在新校舍东食堂作了《国是的出路》的演讲。为免招惹是非，壁报上的题目改为《国是前途》，但演讲时仍照原题发挥。在演讲中，他表示，绝不称蒋介石为"总裁""委员长"和"主席"，而是只能称"先生"。他说："在揭开法西斯的腐败反动结果以前，我们对蒋先生的盛绩是应提出来的：一、他打倒了一批旧军阀；二、他应人民的要求发动了抗战。到现在为止，虽经敌人利诱始终还未投降。所谓蒋先生的'丰功伟绩'，我们应承认到此限度为止。（掌声）"

接着，他列举了蒋介石政府造成法西斯专政的国事现状之五点"成绩"。他认为，此时的国民党政权已经是"整个的全盘腐化了的官僚机构，尤其是全套错误的政策，未彻底改革以前，是一点办法也没有的"。他指出，"由上面所作的分析已可明白我的处方要点所在，那就是要解决国是的出路，只有彻底地改

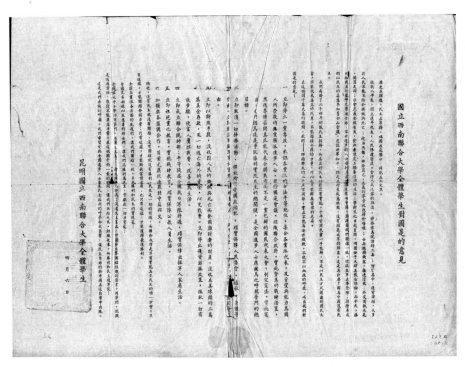

1945年4月6日印发的《国立西南联合大学全体学生对国是的意见》传单。（中国三峡博物馆提供）

弦更张，立即召集各党派各人民团体所组成的国是会议……解决国是问题已不是一两个人好恶的问题，而是全体人民欢喜不欢喜的问题……不能因为'召集国是会议'这一口号是共产党和民主同盟人士所提出来的就感情上觉得厌恶"，鲜明地表达了支持建立民主联合政府的主张。

进入1945年，联大的爱国民主活动、爱国民主运动进入了新阶段。2月，英、美、苏三国在雅尔塔会议上决定加速反法西斯战争进程，苏联准备对日宣战。但在中国，抗日战事却连连失利，国民党政府的腐败更加暴露。对于中国共产党及联大进步力量提出的改组政府的建议，国民党当局予以拒绝。对此，3月11日，闻一多、潘光旦、费孝通、曾昭抡、罗隆基、吴晗、卞之琳、李公朴等342人联合署名发表了《昆明文化界关于挽救当前危局的主张》，指出："中国到了今天，更迫切的需要实行团结，实现民主了。"在中华民族生死存亡的关键时刻，面对政治"独裁专制，贪污成风"、财政"苛捐杂税，通货膨胀"、教育"以党化之名，行奴化之实"、外交"诚不足以结友，量不足以容人"的现状下，昆明文化界人士要求政府召集在野党"共同举行国是会议"，"产生举国一致的民主联合政府"。

与此同时，联大师生在校内召开时事晚会，发表时事壁报，同学们"在这时更发出了第一次对政府的呼吁"。

4月4日晚，联大学生自治会召集全校学生代表大会，讨论了由历史系学生、中共地下党员李曦沐起草的《国立西南联合大学全体学生对国是的意见》（即"国是宣言"）。第二天，"宣言"通过壁报在全校公开征求意见。同时，还向全校师生发动募捐，筹措印发"宣言"等所须发生的费用。

"宣言"得到了绝大多数同学的赞同，但也有少数同学持有异议，认为学生自治会不能发表政治性意见，也有人认为不能以"全体同学"的名义发布。郑伯克回忆，"针对这一情况，我与联大党支部的同志研究认为，只能用积极引导的方法来统一认识。于是，学生自治会将《宣言》交给全校同学讨论，在民主墙上公开发表意见。与此同时，党支部经进步同学在学生中做工作。经过讨论和做工作，大家逐渐统一了认识，大多数系会、级会都表示赞成。最后，《国是宣言》以联大全体学生的名义，在社会上公开发表。昆明《民主周刊》全文刊登，并配发了《学生们的赤诚呼吁》的评论。"（《白区工作的回顾与探讨》）

这份《国立西南联合大学全体学生对国是的意见》（这里参照传单铅印件、1945年5月21日《解放日报》所刊全文及李曦沐著《桑榆集》作了校订）最终获得了全校绝大部分同学的支持，只有五十几位同学没有参加签名。

晓蒂在发表于1945年的《联大的民主运动和壁报》一文中说，经过激烈的斗争："大家更进一步地唾弃了那一部分意见与大多数人相左的同学。他们曾煞费心机地要阻碍宣言的发出，甚至于连学校当局都劝自治会'征得全体同学的意见'以后再发。形势似乎是很危急的，但同学们用口和笔发动了全面性的攻击，毫不留情地揭发他们的'来历'和'身份'，终于，宣言带着更大的效力发出了。大多数同学尝到了胜利的甘味。"

《国是宣言》吐露的是广大师生自己的心声。正如联大同学自己说："几年来，在沉闷的空气中，一般人几乎感到窒息。大学生自然更非例外。他们有充分的、奔放的热情，有辨别是非善恶的头脑，对于国是更有他们的看法，而且他们还在不断地学习，准备在将来为建设崭新的自由中国而努力。在祖国危急的今天，在国家民族兴衰关头的今天，他们实在忍无可忍，不得不倾吐出他们的'由衷之言'。在全国人民喁喁望治的今天，在千万人憧憬着一个理想的未来世界的今天，他们的呼声又怎会得不到深切的同情和洪大的共鸣呢！这几天，联大新校舍的张贴栏内，又贴满了红的、绿的、黄的文告，但这不是坚持异议的文告，而是响应和拥护宣言和通电的文告。这是大多数人意志的表现，也是这令人难以忽视的、巨大的浪花中的无数水沫。"（叶方恬：《民主的浪潮在激荡中》，写于1945年5月）

这份《国是宣言》充满激情地呼喊道：

历史在跃进，民主在昂扬，祖国在危难中，同胞在水火里。

抗战八年来，国土连年丧失，人民惨遭涂炭。贪污已成泛滥的狂流，特务作为统治的工具；财富集中，通货膨胀，大多数人民不能不陷于饥饿与死亡；统治思想，排除异己，正义的声音被迫归于喑哑；士兵辗转饥寒，接连溃败；外交固执成见，开罪友邦；社会正义全被凌夷，食血者流度其骄奢淫侈的生活；学术文化日趋贫困，顽固分子大肆其复古谬论。而今天，胜利和民主的欢呼已响遍全球，举世进步的人士都把焦急的眼光投向中国，期待着我们团结一致，迎接盟军在华登陆；期待着我们以民主的姿态参加旧金山会议，建设世界和平。但是政府是故态依然，没有丝毫改革的迹象。这是为什么？因为中国没有民主。

我们高挂了三十四年假民主招牌，而真正的民主始终没有实现。十年前国民党一手包办，不是以民主方式选出的国民大会，不能代表真正的民意，不能团结全国的力量，所以也不能解救当前的危局。

在这祖国十万火急的关头，我们——西南联大的二千五百同学，实在不能再安于缄默，不能不以血泪的呼号，喊出我们的对国是的意见：

一、立即停止一党专政，承认各党派的合法平等地位，集合各党派代表，及资望与能力为国人所崇敬的无党无派进步人士，举行国是会议，组织联合政府，实施紧急的战时措置，然后筹备召开能真正代表全国民意而不是一党包办的国民代表大会，制定宪法，实施宪政。我们认为这是争取胜利实现民主的总关键，是全国进步人士应该为之呼号奋斗的总目标。

二、立即取消一切特务活动，释放所有爱国政治犯，确实保障人民集会、结社、身体等自由。立即取消有关军事秘密外一切检查制度，确实保障人民思想、言论、出版等自由。

三、立即以断然手段，没收因人民的饥饿与死亡而发国难财者的财产。没收在美冻结的三万万美金存款，及一切逃亡海外的资金，以充战费。立即停止通货膨胀政策，采取一切有效步骤，使富人负担战费，改善人民生活。

四、立即成立联合统帅部；平等提高全国抗日军队待遇，确实保障出征军人家属生活。

五、立即根绝党化教育，实施战时教育，确实保障公教人员生活。

六、加强与各盟国合作，目前尤应从速敦睦中苏邦交。

总之，没有民主就没有团结，没有团结就没有胜利。民主是一切的前提，而联合政府是目前实现真正民主的唯一方案。只有这样，才能团结全国力量；只有这样，才能解救当前危局；也只有这样，才能获得最后胜利。

全国各党各派各法团的先进们，让我们团结一致，争取胜利和民主的实现吧！

全国兄弟姊妹以及忠勇的将士们，让我们为胜利为民主，贡献出一切力量吧！

全国大中小学的同学们，祖国太危急了，浙大同学已发表了促进民主宪政，呼吁学生界团结组织的宣言。同学们，沉默是逃避责任，散漫不能产生力量。在这祖国千钧一发的关头，让我们团结起来，组织起来，向胜利和民主进军吧！

这是我们赤诚的呼吁。我们希望它与全国进步人士要求民主胜利的呼声合成巨响，让民主自由的新中国在这巨响中出现。

昆明国立西南联合大学全体学生
四月六日

"宣言"获得广大同学支持和通过后，联大学生自治会便于4月6日将其印成约4万份单页传单，盖上自治会印章后，拟在昆明市广为散发。学校方面，得知同学们的决定后，早就要求召开国是会议的张奚若教授认为可以不加干涉，周炳琳等教授则保持沉默。11日下午，学校几大处负责人一起，约请学生自治会主席齐亮等面谈，要求缓发。齐亮等在稍作辩解后口头答应，但实际早已通过邮局，寄给国内外联大校友、英美法盟友、各兄弟院校，乃至偏远的厂矿（如贵州毕节县新村砖瓦厂）。即便远驻印度的远征军和青年军中，也没有遗漏地寄到了。

佘长年在蒙化得到的陈幼珍同学随《民主周刊》所寄的传单，即为几万份传单中的一份。

到重庆公干近两月的梅贻琦常委，也于4月11日这天回到昆明。他自然也看到了这份《国是宣言》。回校后不久，他在学校的一次师生集会上发表演讲，对这份"宣言"尤多规勉，大意是对已经发生的过往不再追究，但以后对类似事件还是要慎重。

经过广泛的传播，由这个宣言传导的爱国民主运动浪潮，迅速造成巨大的宣传声势，有力地响应了中国共产党争取和平民主、组织民主联合政府的主张。其形成和发表过程，表现了联大团结进步的爱国精神，在其爱国民主运动史上有着里程碑式的重要意义。从此，同学们的"日子不再像以前那么沉闷，人们的心也开朗了。春天的阳光射到人们久被压抑的心，使每一个人都感到了希望

的鼓舞"。（黎平：《昆明的青年怎样纪念自己的节日》，写于1945年5月7日）

佘长年在信中赞扬陈幼珍同学，说读了《民主周刊》和《国是宣言》后，"知道你正用直接的行动来表示爱国的赤诚"，是极为精到而客观的评价。这既是赞扬陈幼珍同学的，更是赞颂全体联大师生的。

从张奚若的时事演讲《国是的出路》，到《昆明文化界关于挽救当前危局的主张》，再到联大同学自己所写的《国是宣言》，这是一股爱国的洪流。它们以雄辩的事实、铿锵的宣言，提前宣告了国民党反动统治的破产。

联大的"五四"意义深长

自《国是宣言》起，经过一个月的酝酿和准备，联大学生自治会决定在昆明市扩大举办规模盛大的"五四"纪念周，以"召唤五四，争取民主"为宗旨，逐日举行科学、音乐、文艺、戏剧、营火大会等节目，继续壮大爱国民主运动的声势。国民党反动派得知这一消息，赶忙"饬令各校严加防范"，密令阻止各界群众和大中学生到联大来，不准报纸刊登纪念"五四"的讯息。同时，还颇费心机地用公款购买昆明、南屏、大光明三家电影院5月3—4日的2800张电影票，免费"招待"联大学生看美国电影，以达到转移学生注意力、分化爱国学生力量的目的。

收到免费的电影票后，联大训导处即张贴布告，让学生去领。不过，在训导处布告旁边领票处墙上，却很快贴出了另一张大字报。上面写着：

大学生的灵魂＝1张电影票＜1斤猪肉

这个由工学院"燎原"壁报社的同学用数学公式编写的壁报，以其一目了然的直白揭露，引起联大同学对反动当局别有用心之做法的愤慨。

领到票后，有的同学干脆把电影票撕了贴在壁报上以示抗议。后来，有同学建议，不如把票赠送给难得看到电影的士兵和贫民。于是，学生会理事把票全部领来，如数赠送，而联大的"五四"纪念活动照常进行。

在联大同学的精心筹划下，"五四"纪念活动凝聚了学生、工人、青年、农民等各界人士，大家在街头总是传着一句话："到联大过节去！"

4月30日，联大学生自治会主办的科学晚会拉开了纪念周的帷幕。会上，曾昭抡、潘光旦、袁复礼等教授发言，他们一致指出：民主和科学是五四运动的两面旗帜，"没有民主就没有科学"。5月1日，由联大等四大学联合举办音乐晚会，吸引了五六千人参加，其中新中国剧社演唱的《大家唱》等节目使晚会

西南联大学生自治会所在地（龙美光提供）

气氛达到了高潮。2日，联大新诗社主办了诗歌朗诵会，同学们与闻一多、光未然、赵沨等在一起歌唱《五月的鲜花》，朗诵呼唤民主的诗篇，燃烧起爱国的热情。3日晚，联大历史学会主办了一千多人参加的"青年运动座谈会"（又称"五四以来青年运动总检讨晚会"），吴晗、雷海宗等五位教授发表了演讲，并由同学们进行热烈讨论，整个活动持续到凌晨才告结束。

5月4日，纪念周活动达到了高潮。晨，学校举行了本月国民月会。十时，举行了纪念运动会。中午一时起，举行了深入昆明街巷、参加人数达2万余人、历时4小时的"五四"大游行，在游行结束后宣布成立昆明学联，并表示要以昆明学联的成立促进成立全国学联。晚6时，在图书馆前民主草坪举行了全校大会餐。晚7时，举行火炬竞走，并放映了电影。5月5日，有十余位教授及知名作家参加的文艺晚会，则重点讨论了文艺问题。

其间，联大校内的壁报更为扩大。"后起者均被挤出划定范围，饱受风雨，然精神不灭。三十余幅壁报，均于五四换上新装，更有一'联合版'，洋洋数万言，公布在阅览室前，挤得人山人海。"至于不让媒体报道的禁令，最终还是没有实现，就连在重庆的《中央日报》也于5月14日以《联大五四大聚餐会》为题集中报道了联大为期一周的纪念活动。

其实，自1938年迁到昆明后，"五四"纪念已经成为号召联大师生奋起爱国的一项重要活动，八年间从未中断过。连联大在云南的始业和结业，也都特意选在了"五四"这一天。

这八年间，国民党当局也曾几次阻止联大等校对"五四"的纪念。甚至，还将青年节改在3月29日。但西南联大的骨子里，始终流淌着"五四"的爱国血液，不管别有用心者如何作梗，都不能动摇师生们来自"五四"的拳拳爱国精神。

故而，佘长年在信中所说的："联大的'五四'历史意义极为深长，今年的'五四'更是一个划时代的日子，同学们赤诚的行为、纯洁的呼号，这证明中国还有生气。"的确讲得非常到位。

附记

收信人陈幼珍（后改名"向阳"），1924年农历8月10日生，湖北黄陂人。1944年高中毕业后，她只身奔向西南联大就读先修班，系一二·一运动的重要参与者之一。在联大，她参加了新诗社、剧艺社等文艺团体，并加入民主青年同盟。1947年进入晋冀鲁豫边区，翌年结业于太行区北方大学文教学院，在陕北新华广播电台担任编辑工作。从此，终身奉献于广播新闻事业。

闻一多给黄福海、陈幼珍的题词

1945年12月1日上午，国民党特务到联大攻打校门时，一位女同学站在凳子上高喊"中国人不打中国人"。这位女生就是陈幼珍。

一二·一运动四烈士牺牲后，郭良夫同学编写了三幕话剧《民主使徒》，公演时改名《潘琰传》，即由陈幼珍饰潘琰的生母。

联大师生复员北返前，她和黄福海同学曾找到闻一多先生，请求先生题字赠别。闻先生为之写了"君子不可以不宏毅，任重而道远"，并在题签后盖了"叛徒"一印，以鞭策他们在爱国民主的道路上坚定地走下去。

在作此文前，笔者曾电话联系过佘长年之子佘朝麟。他告知，作为养马专家的佘长年，从蒙化回来后，就在昆华农业学校任职，后来转入云南农业大学任教，直至退休。而对于陈幼珍，他则连名字都没听说过。

笔者收入这里的这封信，是佘长年先生抄录在一本袖珍的笔记簿上的几封信之一，八九年前得自于昆明一个旧书摊。

编刊物简直是一件苦事

——李广田致沙汀

西南联大时期，李广田与女儿李岫在四川叙永。

联大师生在紧张的教书和学习之余，也积极地投入文化建设中，参与办报办刊就是其中极为突出的文化实践之一。经由此种或当编辑，或成作者，或做校对的经历，也为他们很快地变成编辑家、出版家、作家和各行各业的专家学者添增了催化剂。杨振声、李广田主编《世界文艺季刊》就是其中具有代表性的一例。

《世界文艺季刊》前身为1942年1月25日创刊的《世界学生》月刊，月刊创办后，曾大量刊登联大师生的各类文章。同年10月25日，其第10期开辟了"文艺"专栏并由联大教授杨振声主持。从此，文艺成为该刊主打节目。

1943年9月25日，该刊第2卷第7期干脆宣布："本刊为应着时代的需要，决自下一期（第八期）起，尽量加重文艺作品的分量和内容，并请本刊文艺栏主编西南联大教授杨今甫先生为主编。"实际上，第八期未再行世，该期为《世界学生》最后一期。

经过近两年的筹备后，以文艺为唯一刊载方向的《世界文艺季刊》在原《世界学生》"文艺"专栏基础上于1945年8月重新破土而出，主编则增加了时任联大中文系副教授的李广田。作为主编之一，为了首期及以后各期刊物的顺利出版，39岁的李广田费尽了心思。第一期刊物出版前，他就曾致信当时就极为活跃、长自己两岁的新文学作家沙汀。

他从呈贡东方语言专科学校致沙汀的信这样写道：

敬之兄：

你给之琳的信我都见过。你近来的写作成绩真是惊人，这边的年轻朋友们都很喜欢你的作品，他们经常有些讨论会，常常讨论你的作品，最近还有一个同学写了一篇书评——介绍《奇异的旅程》——交给我，我已把它编入了《世界文艺季刊》第一期。

我现在代替别人编辑《世界文艺季刊》。这刊物的前身是《世界学生》，主持者是杭立武，经费是来自中英庚款，主编是杨振声先生，他现在海外，责任竟全落在我身上。第一期即付印，内有之琳、冯至、白平阶、陈翔鹤诸兄的小说或论文，此外还有些联大青年朋友的文章。第二期即将编辑，请你千万帮忙，寄些稿来。每期十万字，不过三万字的小说可以一次登完。商务印书馆出版，可不致脱期。我希望这刊物能成为我们朋友的刊物，大家帮忙，提供意见，使

《世界文艺季刊》书影（龙美光保存）

它不致太不像样。我对于编刊物毫无经验。假如诸位老兄都不帮助，我就无法支持了。我想你存稿一定不少，短篇自然最好，长篇的一章或数章也可以单独发表。我恳切地盼望。

《困兽记》只见广告，昆明尚无书来，《奇异的旅程》的再版是不是又另改了名字？

我此刻在呈贡东方语言专科学校暂住。赐函或稿件请寄昆明西南联合大学。问好。

弟李广田

七月五日

他在信中说，在卞之琳处看到沙汀写来的所有信件，特别为他的高产而赞叹。他说联大的很多同学都很欣赏沙汀的作品，常在讨论会中进行讨论。这些同学，当是联大冬青文艺社的，李广田是这个社团最支持同学们的导师之一。

他特别说："最近还有一个同学写了一篇书评——介绍《奇异的旅程》——交给我，我已把它编入了《世界文艺季刊》第一期。"这位同学是联大外文系的王景山，其在该期以"景山"为笔名发表了"沙汀的《奇异的旅程》"一文。李广田说，另一位主编杨振声在国外，因此责任全在自己一人身上，"第一期即付印，内有之琳、冯至、白平阶、陈翔鹤诸兄的小说或论文，此外还有些联大青年朋友的文章。"其实，联大青年朋友一直是这一刊物的主力，这种不遗余力扶助青年的做法自然使联大的同学们终生难忘。

王景山在他的《粉笔生涯》一书中就回忆："一九四五年秋，杨振声、李广田二先生编的文艺刊物《世界文艺季刊》出版了。……广田先生的著作在该刊揭载的有短篇小说《活在谎话里的人们》，论文《谈报告文学》《认识与表现》等。值得注意的是，在上面先后发表的联大文艺社社员的著译竟达十几篇之多。其中包括刘治中（署名史劲，现名刘克光）的短篇小说《冬日》，王楫（署名王季）的短篇小说《未完成的婚礼》，赵少伟（署名卢式、王卢、卢集、赵毅深）写的评论《罗曼罗兰的〈悲多汶传〉》《爱密尔·白朗代及其〈咆哮山庄〉》《AN.奥斯特洛夫斯基的〈大雷雨〉》和译文《论传记艺术》（Lytton Strachey作）、《约翰·史丹倍克：工作中的小说家》（L.加奈特作）、《卡莱尔》（传记，Lytton Strachey作）、《人心》（小说，Giorgicri Contri作）以及我（署名景山、鲁峰）写的评介《沙汀的〈奇异的旅程〉》《徐昌霖的〈年青的R.C〉》《读茅盾的〈清明前后〉》等。由此可以看出广田先生对我们这些文艺学徒的培植、提携和关怀。"

每位编辑有每位编辑的趣味，也各有自己的稿源圈子，李广田自不例外。他也愿意团结身边的文朋诗友共襄盛举，办好这份纯文艺的刊物。所

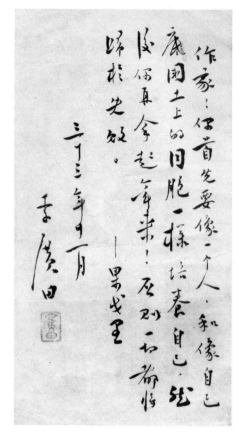

1944年11月，李广田为油印文学纪念册《野火》的题词。（龙美光保存）

以他说，"我希望这刊物能成为我们朋友的刊物，大家帮忙，提供意见，使它不致太不像样。我对于编刊物毫无经验。假如诸位老兄都不帮助，我就无法支持了。"当编辑就是交朋友，这也是时至如今所有编辑家成功办刊的不二法宝。这当是李广田作为一位功成名就的作者的亲身体验，在他担任主编后更要践行的办刊办法。

借此，李广田也就特别地向这位深受联大同学喜欢的同辈作家约稿，并且说在"恳切地盼望"。约稿的真诚一定打动着沙汀，但是沙汀回信表示，由于心情原因，此时尚不在较好的写作状态中，故而未能应稿。对此，李广田复

信道——

敬之兄：

八月二十七日信收到。文章不可勉强，等心绪好些时慢慢再写起来。《困兽记》收到，正在读。联大青年朋友们早已有人读过，我曾劝他们写介绍或批评文字，已经得到一篇，本想同您的短篇小说同用在《世界文艺》第二期的，您的文章既不能写成，书评也就不想发表，因为书评本身并不如我所希望的那样满意——假如您愿意看看，可以先寄给您。另外还有人在试写，假如可用，或用在《季刊》第二期，或为了赶时间，就先交重庆的刊物，此刻还不能定。之琳还在乡下，大约最近可回来。您的《兄弟》已改题为《自由》在《评论报》发表，剪寄一份，请詧收，稿费如未收到，可来信催问。其芳《夜歌》诗集已出版，不知曾否见到？正在忙中。下次再谈。

问好。

弟广田

九月十三日

《困兽记》是1945年5月才出版的，在上一封信里李广田说只见过广告。等沙汀寄来时，联大已有学生读完并已有书评写出来，本打算在《世界文艺季刊》连同沙汀的短篇小说一并刊发，但既然短篇未就，书评也还不尽如人意，就只好暂时搁置。短篇《兄弟》改题为《自由》在《评论报》发表，大概由于寄费的昂贵，只好寄成剪报。朋友之间，对于稿费事宜，也说得清清楚楚，逐告"如未收到，可来信催问"。

说到稿费，还不得不说文艺季刊第三期的出版。

时间又过去半年，季刊第三期也将于1946年春季正式出版。本期杂志，不仅将要刊登杨周翰、王逊、杨振声及李广田本人的文章，也将发表刘澍德、李何林等昆明文友的作品以及早已约写的沙汀的短篇小说《访问》。在刊物正式问世前，李广田早已于3月12日预支了稿费，他致信沙汀说——

敬之兄：

　　寄上《世界文艺》季刊第三期《访问》预支稿费七千三百元，请查收，附收条一张，签名盖章后望即掷还。第二期据闻已出，但我还不曾见到，第三期已寄重庆。这刊物印刷既坏，出版又慢，对于作者和读者都是一件不愉快的事。我希望第三期能到上海去印，但重庆办事的是些老爷，有多少事都呼不应，无可如何。现在上海方面刊物颇多，但大都只见广告，不见刊物。李健吾和郑振铎主编《文艺复兴》，已出两期，有走私者带来数册，印刷极精美，可以说和战前一样，可惜内容并不太好，不知是因为稿缺还是因为编者一直留在〔沦〕陷区，于是在观点上也稍稍隔膜了一些。因此我深感到编刊物的困难，尤其像我，简直是一件苦事。近来我一直忙一件无聊的工作——领中文系学生参观并实习，除把长篇《引力》重理了一遍而外，没有写什么东西，生活空空的，心里又急又慌。你是不是又在写新的长篇呢？念念。问好。

弟广田

三月十二日

　　他在信中倾诉了办刊的种种艰难，如印刷的粗陋、出版周期的缓慢、组稿的艰难、稿件质量的参差等，"因此我深感到编刊物的困难，尤其像我，简直是一件苦事"。联大行将结束，但自己成天在做的工作却是带着中文系的学生到处参观实习——原来联大中文系的实习工作是需要教师参与的！没有真正进行写作，李广田心里空落落的。

　　4月间，季刊第三期正式面世了。对于沙汀在此期刊登的《访问》，杂志在"编辑后记"中给出了很高的评价："编者愿意请读者特别注意的是沙汀先生的《访问》和马尔兹的《地上最乐人》。沙汀先生，是现在中国最好的小说家，他近年来埋头写长篇，《闯关》《淘金记》《困兽记》等，早在读者中有了最高的评价。而他的短篇也无一而不老练深刻，至于题材的现实性与主题的积极性，那更是构成他的作风的主要特色。《访问》，也是一个很好的例子。"这个编后记，当是这位兼职的编辑家李广田所作。

1946年11月，季刊出版了第一卷第四期，并憧憬计划在来年出版的"二卷一期，应当是一个新的开始，但愿随着新的开始，也有新的进步，更愿意从作者和读者，得到更多的指导和帮忙"。

但，正如《世界学生》宣布第八期改版却很快落空一样，《世界文艺季刊》二卷一期的出版也像中了魔咒，其问世的这一天始终没有到来。足见李广田所说办刊之难，实行家之言。

大学校长不得兼任行政官吏

——汤用彤等致胡适

　　1945年6月中旬，在联大常委蒋梦麟率团赴美出席太平洋学会归来之前，国内各新闻报纸就已提前放风，称蒋梦麟将在行政院就要职。他刚回到重庆，国民党中央常委会就于25日通过了两件人事任命案，其中一件即为："行政院秘书长张厉生辞职照准，特任蒋梦麟为行政院秘书长。"第二天，包括国民党中央主办的《中央日报》、中国共产党主办的《新华日报》等重要报纸都报道了这一消息。

　　6月27日，《大公报》（重庆版）又刊出《蒋梦麟谈教育》的专访，称：此次受命担任该职，"本以年高体弱，不堪胜任，虽经一再谦辞，终未获允，只得于战时勉力襄助，稍尽绵薄。近两年来因兼负红十字会方面职务，致西南联大校务偏劳梅贻琦先生。今后虽暂在中枢服务，仍拟不时回昆小住，共策校务进行。缘早经决定毕生尽力教育事业，实无兴趣另作他图。"同日，重庆《时事新报》再作报道："蒋梦麟仍兼长联大。"

抗战时期的汤用彤

消息传到昆明，联大校园一片哗然。尤其在蒋梦麟任校长的北京大学，反应更为激烈。大家纷纷翻出1929年蒋梦麟任教育部长时颁布的《大学组织法》中关于兼任官员的规定："大学设校长一人综理校务。国立大学校长由国民政府任命之，省立、市立大学校长由省、市政府分别呈请国民政府任命之。除国民政府特准外，均不得兼任其他官职。"

十六年过去，蒋梦麟自己已经忘记这一规定，因此仍抱着将继续兼任北大校长和联大常委的心态。至7月5日，连云南省政府也因得悉兼职事不肯发蒋梦麟所用汽车的通行证，联大常委会因此致信云南省警务处，称："查本校蒋常委现虽任行政院秘书长，但并未辞去本校常委职务。据呈前情，相应备函证明，即希查照，准予仍照原数换发本校常委汽车通行证为荷。"不过，长期身处教育园地的教授们并没忘记大学校长不得兼任行政官员的规定，纷纷表达了要求蒋梦麟辞职的诉求。江泽涵致胡适信时说："梦麟先生做官而兼校长，几全体不赞成。有些人以为他将来回来，暂时北大敷衍过去，也未尝不可，但这只是与他最接近的少数人……"

7月9日，周炳琳致信胡适："孟邻先生之去职，以从政与长大学不可得而兼，兼则损及大学威望。"许宝騄则说："孟麟先生无论多理想，有了中委的头衔，就不免是自由之累了。"因此，钱端升在致胡适的信中说："北大孟邻无法兼，这是客观的结论。"

傅斯年在致胡适信中，详述了事情的起因和矛盾的累积。他说："北大的事，是因孟邻先生到行政院起来的。他这几年与北大教授感情不算融洽，总是陶曾穀女士的贡献，大家心中的心理是'北大没有希望'。我为这事，曾和孟邻先生谈过好多次。他总是说，联大局面之下无办法，一切待将来，而今日之局，其罪魁祸首是我（长沙临时大学之发动）！我真苦口婆心劝他多次，只惹得陶之不高兴而已。他答应宋到行政院，事先绝未和北大任何人商量过，到此地亦若干日与北大同人无信（过昆飞机未停），我劝他赶快回去一看，也未能做到。于是昆明同人吵起来了。"

傅斯年接着说："在他事之初发表时，我还与骝先商量，枚荪代理一时，不意我在此接到昆明的信，——连着好几封，一致主张先生继任，包括毅生诸人在内，而枚荪尤为强调。我去一说，又太直爽，然旋即说通。当时孟邻先生虽发一小气，事后甚好，于是决定请先生担任。不过枚荪做的太过火，连累及我，我做得太直爽，累及骝先。孟邻先生最初态度甚好，近反若有所芥蒂，大约又是陶曾榖的把戏。也许因为行政院已经无趣了，故心理如此（陶却最高兴）。这些事只有面谈，也只有你回来，才可替我们解释清楚。"信中，陶曾榖系蒋梦麟夫人，骝先即朱家骅，枚荪乃周炳琳，毅生为郑天挺。

江泽涵认为，全面抗战后，蒋梦麟对北大的事总是不过问。他说："校内的空气如此，一个最重大的原因，是校长避免与教授接谈，当然与学生更无关系。蒋校长绝对不看教授，教授也只极少数去看他。只有一个校务会议，起初不选举代表，被教授逼迫多时，选出代表，但不肯开会。好像每年有两次会，就算稀有的事。开会时总设法阻止多谈。校长从远处回来，有时有个茶会，或校庆时有茶会，但在这种会中，毅生兄总做出难堪的样子，叫人唱戏或想别种办法闹一阵而散。这种情形过去特别显著，近一两年好些。所以有人说蒋校长当红十字会长后，精神好多了。盼望他做更大的官，精神可以更好些。这原因的原因何在？我觉得：（一）他的夫人与多位谈不来。（有警报时他们与枚荪兄、树人师、景钺、今甫兄在乡下同住一院子。我幸而在另一乡下。）（二）毅生兄遇事敷衍对付，他是管理北大一切事务的人。我从来未公开表示我的意见，枚荪兄有一次问我，我只空洞地说：'从前提倡民主与科学，那时国内样样学问空虚，难以有大成就。现在时机好，各种学问都已有进步，所以更需对于教育有眼光有见解的人领导。'所以具体地说，我对于枚荪兄的理由是很赞成的。"

不过，周炳琳认为："当时同人有主张孟邻先生应即辞去北大职务者，此纯为公，某种谰言不值一辩。得孟邻先生涵容，立即从谏，并荐先生以自代，此亦为公。在先生未回国前，复得孟真兄允诺暂行代理，以积病之身愿任此繁剧，同人对孟真为母校牺牲之精神，钦佩莫名。"

蒋梦麟（左）与梅贻琦在西南联大合影（选自五集纪录片《西南联大》）

在北大同人的反对和朱家骅、傅斯年的力劝下，蒋梦麟决定辞去北大校长和联大常委。8月7日，他专程到昆表达辞意。第二天，江泽涵致信胡适，告知了昆明的情况："昨天蒋校长在昆明请北大教授茶会。他说骝先、孟真两先生劝他辞北大校长，因为他兼任北大校长，违反他手订的大学组织法。他说他从前未想到此点，故打算兼任，现在他觉得必须辞职了。他说，大概要你做北大校长，在你回国前，要派人代理。他说话的态度极好，得着大家的同情。"

9月3日，江泽涵致信胡适："今日是胜利日，北大的事真是千头万绪，不知从何说起。蒋校长来昆明宣布他要辞职后就回重庆了。他是说你回来继任。他曾要锡予师代理校长，锡予师坚决地拒绝了，现在还是无人负责。本来学校的事都在毅生兄一人手中，他今日飞重庆，听说教育部派他去北平，不知道他真去北平否？现在可以负责的人只有枚荪兄与锡予师在昆明。（枚荪兄似不肯居负责的地位，因为他反对蒋校长兼职颇烈。）我觉得你做不做校长关系不大，但是你越能早回北大一天，于北大的好影响越大。凡是与北大有关的人几乎全体渴望你回来。不知道你究竟能否提早回国，我们只怕北大仍旧敷衍下去，不能趁此整顿振作，未免太可惜了。"在昆明，新任北大校长尚无定论，人心浮动着。

同日，刚任教育部长不久的朱家骅致电胡适："梦麟兄因任秘书长，依法不能兼任校长，故力推兄继任，主席暨弟与北京大学同人亦均认为非兄莫属，公意如此，务请俯允。复员在即，不及征求同意，拟先提院发表，在兄未返国前，孟真兄虽抱病已久，暂行代理，特电奉达，并请速驾是幸。"

9月4日，国民政府行政院举行第711次会议，会上，"国立北京大学校长蒋梦麟呈请辞职，应予免职，任命胡适为国立北京大学校长，胡适未返国接事前，由傅斯年代理。"（见《云南日报》）北大易长终成定局。

这一消息，自然也及时传到了联大。9月6日，汤用彤致信胡适——

适之先生：

多年未具函问候起居，然常在念中。前孟邻先生自美返国就政院秘长，北大同人因复校之期不远，校事须加紧策进，亟欲先生返国为孟邻先生臂助，因有枚荪及弟等四人之电。此举用意并非对孟邻先生有所不满（其时亦未知校长将辞职）。至孟邻先生所以坚持辞职的缘故，实因"大学校长不得兼任行政官吏"之规条乃其任教长时所手订。当蒋先生自渝返昆召集教授同人宣布辞意时，措辞极诚恳坚决，同人闻悉之下，神志黯然，盖惜其去而知其不能留也。近得泽涵转示先生赐示，知台端因接前电而有所启示，至为感激。但前孟邻先生在渝尚未返校宣布辞职时，昆明即传言其有辞意。弟与景钺兄曾上校长一书劝阻。其中有曰：

"溯自先生长校以来，在北平时代，极意经营，提高学术水准，成效彰著，……在抗战八年中，三校合作，使联大进展无碍，保持国家高等教育之命脉。此中具见先生处事之苦心，有识者均当相谅。"

此所陈二点，虽未能如来谕所言之亲切，但其意相同也。弟等虽愚，实尚未如先生所云走入迷途也。

成事不说。现政府已任先生为北大校长（未到任前由孟真兄代理），同人知悉，莫不欢欣振奋，切望台端能早日返国到校。弟以为今后国家大事惟在教育，而教育之基础，尤在领导者具伟大崇高之人格。想先生为民族立命之心肠当一如往昔，必不至于推却万不应推却之事也。

孟真在重庆，毅生已到重庆，景钺不日出国赴美（理学院事切盼树人兄即返主持），枚荪言当另上函。至一切校务，孟真到后自有详细报告，不赘。

抗战八年，北大教务方面，人员零落，即留在校中者，亦因流离转徙之折磨，英气大逊于往昔。现在北大首要之事，即在加入新的血脉，尚望先生在国外即行罗致。至如现在各院系情形，及同人对兴革的意见，自当候孟真到后，由其函陈。专此敬颂

著祺

弟汤用彤顿

九月六日

10月19日，蒋梦麟向联大呈交了辞职信："谨启者：梦麟业已辞去国立北京大学校长职务，所有国立西南联合大学常务委员兼职，自应一并解除，即希查照为荷。此致国立西南联合大学　蒋梦麟。"30日，联大奉教育部"人字第52727号训令"，正式聘傅斯年为常委。

如是，蒋梦麟在无奈之中辞别了北大和联大。但是对于他为北大所作的贡献，胡适、傅斯年等也都给予了高度的赞扬。胡适说："民国二十年以后，北大复兴，孟邻兄领导之苦心伟绩，弟所深知。"

贺麟认为，对北大素有深情的蒋梦麟能在行政院就秘书长职，将对北大产生极大帮助。反对蒋梦麟继续兼任校长极为激烈的江泽涵则说："我觉得蒋校长这次离开北大，也许反能使他在北大的地位增高。这确是北大之福。"

蒋梦麟的辞职，系由兼职行政院秘书长引起。同时，还因其较少过问北大事务产生了隔阂。而蒋夫人陶女士与北大同人间的矛盾又加剧了这一事件的发酵。但是，大家没有看到的是，忠厚谦让的蒋梦麟对学校的事务、对教育事业并非真的不关心、不参与、不支持。为了北大、清华、南开三校在联大的团结，他有意"不管"学校校务，但他总在外部争取政府和各界对学校的支持。他说："不管者所以管也。""联大局面之下无办法，一切待将来。"为了西南联大能够联合到底，完成战时办学使命，这样的委屈，这样的隐忍，也是了不起的。

此外，严格而言，蒋梦麟并未违反他手订的《大学组织法》。该规定中说："除国民政府特准外，均不得兼任其他官职。"行政院秘书长是国民政府的要职，当然是经政府特准的。但蒋梦麟并不辩解，而是在大家提出异议后坦然接受了辞职建议。

不管辞职与否，时至今日，蒋梦麟在北大和联大历史上的地位，正可以他自己的话来总结："为功为罪，想不能磨灭。"

不薄今人爱古人

——朱自清致叶圣陶

圣兄：

　　在成都得畅谈几回，甚快！别后上月廿九早上冒雨到新津机场，候到晚上没有飞机来，疲倦不堪。幸而睡得很好。卅日下午四时半到昆明。路上伤了风，但不重。本该早写信，因为《国文月刊》事耽搁到如今。小女已到昆明，并闻联大师院国文系并入文学院。一多拟约兄明秋到清华主持大一国文，弟告以恐兄无意教书，渠嘱再函询。乞示。余冠英君打算将《国文月刊》编到四十期为止，以后或停，或由私人接办。罗膺中君问弟意见，弟与余君和师院当局商量，仍继续编下去。但还未通知罗君。这儿复员大约总得等滇越路通，或者要到明年夏天。到那时再谈私人接办问题。弟意《国文月刊》停了很可惜。私人办或可勉强浦江清兄编，就怕稿子困难。兄有何高见，望告。

　　吴晗君已答应给《开明纪念刊》作文。（闻、浦都答应，在蓉已函达）

　　国共似可合作，极盼其成！祝好！

弟清

九月九日

　　这是1945年9月9日，朱自清从昆明就《国文月刊》的编办等事宜写给老朋友、著名教育家叶圣陶的一封信。信首的"圣兄"，即叶圣陶是也。信中所称小女，即叶圣陶女儿叶至美。一多、罗膺中，当然是指闻一多、罗庸两位教授，他们和朱自清、余冠英等均是《国文月刊》的主要编者。

这封信除了叙谈两人别后朱先生自己的情形，主要还是恳谈《国文月刊》的办刊事宜。现在，抗战已经胜利，因而联大师生已在做复员的准备，刊物也就难以在联大持续办下去。

"弟意《国文月刊》停了很可惜。"这是朱自清的心声，也当是全体执事者共同的心声。

《国文月刊》的创办

1940年6月16日，在联大师院黄钰生院长及驻桂林的开明书店支持下，由联大师范学院组成了"国文月刊社"，正式编辑创办了《国文月刊》。月刊由浦江清（兼主编）、朱自清、罗庸、魏建功、余冠英（第3期起改由其兼主编）、郑婴为编委。第3期起增加彭仲铎为编委，第12期起增加罗常培、王力、萧涤非、张清常为编委（浦江清、魏建功、郑婴不再为编委），第21期起浦江清重回编委会，闻一多参加了第27期的编委，第28期起增加李广田为编委，第38期起增加沈从文为编委。刊物首期由丰子恺设计封面并题写刊名，其封面"画中流砥柱之图案，流中有二鱼，分居砥柱之左右"，鲜明的画面冲击力，给人以极强的寓意之感。不过，丰先生在1940年1月25日的日记中说，此只是"装饰耳，但读者或将神经过敏，猜想此二鱼暗示何意，听之"（均见丰子恺《避寇日记选》）。

其第一卷第一期所刊"卷首语"，即其发刊之词。文章说，"这一刊物是由西南联合大学师范学院国文系中同人所主编，同时邀同西南联合大学文学院国文系中同人及校外热心于国学教学的同志合力举办的。我们久想办这样一个刊物，因为经费及出版的问题，耽搁到现在。这次蒙黄子坚先生的赞助在师范学院内筹划出一部分经费，又蒙开明书店的赞助，贴补了另外一半的出版费，替我们印刷发行，我们非常感谢。"并且明确地指出："本刊的宗旨是促进国文教学以及补充青年学子自修的材料。根据这一个宗旨，我们的刊物，完全在语文教育的立场上，性质与专门的国学杂志及普通的文艺刊物有别。所以本刊不想登载高深的研究论文，却欢迎国学专家为本刊写些深入浅出的文章，介绍中国语言文字及文学上的基本知识给青年读者。本刊虽然不能登载文艺创作，却可选登学生的作文成绩及教师的范作，同时也欢迎作家写些指示写作各体文学的方法的文章。"

根据编辑部酌定，《国文月刊》所刊载的文章主要有以下几类：一是通论，凡讨论国文教学的各种问题的文章以及根据教学经验发表改进中学国文及大学基本国文的方案的文字皆可入栏，以作教学同人交换意见的园地，同时可备办教育者的参考。二是专著，凡关于文学史、文学批评、语言学、文字学、音韵学、文法学等不太专门的短篇论文或札记。三是诗文选读，包括古文学作品及

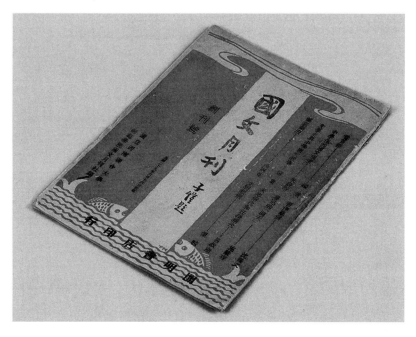

1940 年 6 月出版的《国文月刊》创刊号

现代文学作品两项，均附以详细的注释或解说，备学子自修研究。四是写作谬误示例，专指学生作文内的误字谬句，略同于"文章病院"。

在这一办刊宗旨指导下，《国文月刊》团结了全国范围内（尤其是西南联大校内）一批享誉语文教育界、文学界的专家学者和初涉教坛的语文教育新秀。先后有各年全体编委及施蛰存、吕叔湘、陈梦家、许维通、李嘉言、老舍、吴组缃、陈西滢、叶圣陶、孔祥瑛、朱东润、孙毓棠、吴晓铃、冯友兰、陶光、郭绍虞、岑麒祥、赵西陆、何善周、傅懋勉、杨振声、刘兆吉、李觐高、游国恩、徐嘉瑞、赵仲邑、郑天挺、姜亮夫、詹锳、李何林、叶兢耕、王瑶、季镇淮等近百位名家为之撰稿支持，这是一本名家所办、名家写稿、名家助力的名刊。

刊物吸纳了西北大学丁易、浙江大学王季思、云南大学注册部张友铭、桂林师范学院吴奔星等多所高校教育教学工作者及研究专家的文章，也容纳了两广地质调查所刘迺隆、福建省银行总管理处刘永潜等非教育界或非国文专业的作者们的佳作。

编辑还注重使刊物成为联大等高校学生的国文研习园地。就联大校内而言，就刊登过中文系万先荣、姚殿芳、郑临川、李婉容、田葆瑛、汪曾祺、马忠、王彦铭，国文系叶金根、姚芳、萧望卿等同学的佳作。这些同学的作品，有的是他们在联大各体文（或语体文）班上的课卷作品，是经沈从文等师长推荐来的；有的是他们研究国文问题的心得，是联大师生之间教学相长的产物；有的是他们聆听国文演讲后的记录稿（如罗庸在云南省中等学校师资进修班上关于"读字的分析"的讲演的速记稿），均是极为可贵的国文教育材料。

更为难得的是，刊物还极为重视与中等学校国文教育的接轨，大力地刊载了全国多所中等学校国文教员的文论。至1945年底，五年间，就曾刊载过昆华女中和克强（他是从丽江中学来此任教的）、国立十二中陈德炎、广东惠州中学方遽君、四川自流井蜀光中学承宗绪、重庆中华职业学校庞翔勋、重庆市立中学项因杰、浙江淳安县立中学唐景崧、湖北中等学校胡时先、桂林高级中学易熙吾、上海扬州中学于在春、湖南蓝田大麓中学吴忠匡，以及国立六中三位教师孙秋方、徐德庵、卫仲璠等教学一线的教师们的文章。此间，从河北育德中学转入北平民众教育馆的张璿（即张中行）也在月刊上谈"赋得读书"，大意是不应为读书而读书，不应为写作而写作。有了这些文章以中学国文教师资格所谈的中学国文教学的研究与实践，这本以助益国文教育为己任的刊物就具有了极高的研究和示范价值。

由于刊物集聚了一批知名的专家学者，刊载了一批极有分量的国文研究、教学实践、习作示例等方面的文章，很快就受到读者的关注，常有读者致信编辑部请求赠阅，各期订数也连续增加。作者方面，每期也常有新面孔和读者见面。

这样积极的局面是月刊社始料未及的，当然也是极感欣然的。1943年4月，编辑部在"编后语"中指出，"我们创办这个刊物时不敢期望继续到这么久，因为预料可能遇到的困难是很多的。在过去两年中遇到的困难确是不少，最初是稿子缺乏，经费不足，后来又加上印刷困难。稿子的困难在第二卷开始的时候已不甚觉得，现在已完全不成问题了。经费困难自始就很严重，最初是对撰文者不能送报酬，编辑者还须自贴邮票纸张等费。后来从本校得到一点补助，再后又从开明书店得到一些补助，于是对撰稿人可以赠送少数纸墨费了。起初是每千字三元，后来加到五元，又加到八元。最近蒙开明书店慨增补助费，今后我们可以对撰者赠送每千字十元至廿五元的稿费了。……"（1944年又增加至每千字五十至一百元。）并说："从读者的批评和本刊的销数看来，本刊似尚能应社会的需要，并非毫无贡献，因此我们决定无论遭遇何种困难，绝不使本刊停顿。"

然而，随着抗战胜利，组成联大的三校即将复员北上，国文月刊社这一组织在联大师范学院自然也将成为历史。故此，始有9月9日朱自清致叶圣陶的这封信。

为刊物存续而奔忙

9月11日，朱自清始将9日所写之信寄出。寄信后，朱自清又径往访编委之一、师院国文系主任罗庸。从谈论中，罗表露出不赞成开明书店继续办《国文月刊》之意。因此，他建议由出版社出具一正式函件致联大师院《国文月刊》社，并由罗转，声明愿用"月刊"名义续办，并继续与罗沟通。一方面朱先生本人则函时任主编余冠英，并将叶圣陶信交罗庸阅看，同时函告罗，谓之已请开明书店与《国文月刊》社接洽。"如渠不同意，或作游移之语，则此事即只有一途：由店办《国文月报》，另起炉灶。"朱自清在当日致叶圣陶信中说，另两位编委"江清、了一二君俱不反对用'月刊'名义，但事情仍须由罗君决定"。9月15日，朱自清在胃病中为续办刊物事继续致叶圣陶，"昨晤了一兄，谓将来私人接办，稿费恐须增加至某种水准。此节自甚重要，谨奉达，作为参考。"可见，王力的意见为另一种不同的想法。

至10月，继续办刊之事又将遇新问题。联大结束后，师范学院将独立设置，改称"国立昆明师范学院"。根据朱自清与罗庸的沟通，罗担心的是，《国文月刊》现在由开明续办，但将来昆明师范学院要求收回就难办了。因此，10月11日的信中，朱自清说："弟意现在不妨由联大师范学院交店续办。将来所谓昆明师范学院如要求收回，似不难应付，因彼时既成事实造成已久也。此意弟今日拟即与罗先生熟商。如渠同意，恐须正式函询各同人或开会决定。如结果大家赞同，当可由联大师院国文系出一函致店方。最好自然由师院出信，但恐周折更多。总之，弟尽力办，为'月刊'亦为店方过去之帮忙也。"

10月24日，朱自清致叶圣陶信："《国文月刊》事，经此间同人详商，觉立即改组颇为不易。根本一点，在此环境内，拉稿总是笺注考证多，恐永难如弟等所望，多得通俗之稿。因此决定出到四十期即暂告结束。……月刊承开明合作，维持至今，深为感谢。不能续出，甚觉歉然。"此时，开明书店一方，则在叶圣陶的支持下，决心排除万难续办下去。

12月，昆明发生了一二·一运动，月刊续办的事仍在朱自清的考虑中。12日，他再次致信叶圣陶——

圣兄：

久未复信，罪甚！昆明学潮，弟等常开会，心境恒在紧张与疲惫中，想能见谅也。"月刊"事罗先生已有正式复信致开明，即照开明所建议者办理。但此信必须交余君过目，并请其另拟声明稿载入四十期中。而余君住乡下，不能迅与接洽。顷已函学校转余君，请其来商。惟在罢课期间，不知其何日来也。"月刊"分任稿件事，弟只可尽力做去，不敢作数量及时间上之约束，乞谅之。

学潮事，关停职后，甚盼学生能先行复课。学校照此意做去，不知能办到否？弟等就学校言学校，自望伸张正义与保全学校并行不悖。青年看法似不如此。夹缝中做人，真大不易耳。

芷芬君见告，兄全家即将东下，大佳大佳。不知是否直归苏州，抑将在沪暂住？弟明年夏或将过沪。但人事演变无常，亦难确定也。开明纪念论文，此间同人或不能如期交稿。

弟清

十二日

在前后一个多月的沟通后，1945年底，《国文月刊》出版了第四十期。这是由西南联大师范学院主办的最后一期。这期"编辑后记"写道："这一期是本刊第四卷的末一期。……我们打算在这告一段落的时候暂时停刊。因为国文月刊社本属于西南联合大学师范学院，联大既将结束，国文月刊社自然随着结束。不过我们还想结合更多的同志，以私人名义继续办这个杂志，这或者是一向爱护本刊的读者所希望的。"编后记一旁，则系开明书店就《国文月刊》结束联大阶段办刊工作所发布的启事。启事中，出版方允诺将在1946年按期续办。

1946年3月，在众多作者和读者的企盼中，《国文月刊》第四十一期由开明书店独立编办。这一期更新了编辑部组成，由夏丏尊、叶圣陶、郭绍虞、朱自清4人担任编辑，原有编委中，只剩朱先生一人参加编辑工作直至逝世，但李广田等编委仍然坚持为以后各期撰稿。这期的卷首语，除了声明了续办的因由，又重新刊布了1940年创刊第一期上的卷首之语，以示对办刊方向、办刊传统的坚持。

西南联大时期，《国文月刊》以五年时间办刊40期，每期字数大多保持在5万字左右。囿于主编的风格，其前期（浦江清主编时）着重于国文教学的方法、教材的整理和研究，后期（余冠英主编时）则侧重于考据工作，专业性更强而趣味性趋弱。两个时期的月刊，各有其长短，都为国文教育和研究提供了重要的阵地。作为主办方，联大师范学院院长黄钰生曾几次请求联大拨发或增加补助费，均得学校允准，他认为办《国文月刊》是师院的三大主要学术活动之一，"此刊物一开始就受到了欢迎，在国文教学方面起了积极的作用"。

至于作为出版方的开明书店，负责该刊出版工作的资深编辑家、出版家叶圣陶曾为此刊写过这样一段广告词——

这个杂志是由国立西南联合大学师范学院国文月刊社编辑，宗旨在讨论国文教学的理论跟方法，供给国文教材跟参考资料。撰稿的都是各大学各中学富有教学经验的教师，虽然认识跟理解不尽相同，可是一致地抱着"不薄今人爱古人"的态度。在国文教学方面，这种态度是极端切要的。中等学校的国文教师，大学跟师范学院的国文系同学，应该是这个杂志的当然读者。自己修习国文的人，如果阅读这个杂志，就好比遇见了良师益友，也将有很多的进步。

翻阅完厚厚的四十期《国文月刊》，我由衷感到：叶先生的话，毫无夸张的成分。

绝不能在局势不安中迁移

——汤用彤致程毓淮

抗战全面胜利，就在大家以为可以过和平日子，回归到正常工作、生活、学习轨道上的时候，内战硝烟已然蓄积，令人失望之至。1945年11月11日，汤用彤教授在致联大理学院算学系教授、时在美国访学的好友程毓淮的信中，就表达了这样一种悲观情绪。

汤用彤致程毓淮信全文曰——

毓淮吾兄：

别来想甚安好，久未奉函问候起居，甚歉。抗战终止以后昆明物价虽稍跌，但薪津仍不够用。而且国内战争不止，真令人丧气。

联大恐一时不能搬，现在虽定于明年四月十五日放暑假，但在六个月中华北不必能安定，联大决不能在局势不安之中迁移前往。

弟已厌倦此项生涯，亦欲得机会往美洲一游，但恐不能得轻松之事。因身体坏，不能过忙碌的生活也。万一有能偷懒的好事，乞兄为留意为荷。

前承命兄为购物归国甚感。但现在国内外交通仍不方便，如通过检查不致没收，能直带至昆明，如二者当有把握，即请代为购置。否则等以后再说。

所托之物列下：

一、女手表一支，敝内所用的。

二、自来水笔二支或一支，可以用普通墨水的。听说Parker51须用特制墨水。买来无墨水，岂不完哉。

一切请全权酌主，谢谢！顺致

道祺

弟　彤顿首

十一月十一日

程毓淮在昆明时和汤用彤曾是一个院子里的邻居，这封信显露着他们在全面抗战八年以来所结成的亲密无间的友谊。

信中说，抗战胜利后，昆明物价稍有回落（同时期吴晗致郑振铎时则说"一放爆竹，暴跌了一下，随后过节又涨回去"），但是薪水仍然捉襟见肘。国内局部战争仍时有发生，和平没有期盼中那样如期而至。在这样的情况下，联大的复员必然还须时日，来年夏天能不能搬成还很难说。可以想见，半年之内，要想组成联大的三校所在的北方回到和平状态几乎是不可能的。他认为，"联大决不能在局势不安之中迁移前往"。

汤用彤称已厌倦这种看不到希望的日子，特别希望找机会到美洲访游。不过，由于身体抱恙，不能从事太过忙碌的生活。但美洲之行可能很难找到轻松的事情，他特别委请程毓淮在美留意留意"能偷懒的好事"。

信中，他还委托程毓淮代购一只女式手表和可以用普通墨水的一两支钢笔。此时，手表、钢笔等在昆明仍然还是需要舶来的贵重物品（而且像派克这样的名牌钢笔在昆明还难以配到对口的墨水），可见全面抗战以来八年间，国家落后依然如是。

这八年，也是汤用彤一生中最苦最难的八年。

辗转迁滇

1937年10月，汤用彤与贺麟、钱穆两教授偕伴离平，经天津取海道至香港，再自港辗转奔赴位于南岳衡山的长沙临时大学文学院任教。在南岳掷铁峰下，除进行日常的教学工作，他继续埋首完成未竟的学术著作，于1938年元旦正式完成了《汉魏两晋南北朝佛教史》一书的写作。

不久，学校决定再迁昆明。2月中旬，汤用彤与冯友兰、贺麟、朱自清、陈岱孙等十一位教授经长沙乘汽车过广西，从越南海防乘滇越铁路，于4月抵达昆明，任改名后的西南联大哲学心理教育学系主任。迁滇途中，他珍藏多年的两箱《大正大藏经》在路途中丢失，为他在以后研究佛教史造成极大困难。

4月底，汤用彤一行赴设于蒙自的联大文学院任教。5月4日，联大同时在昆明、蒙自两地开学上课。

蒙自的生活是惬意的，和谐的，令人满意的。最初有同事认为，联大文学院院长理应有北大一席（此时文学院院长为北大教授胡适，由清华教授冯友兰暂代。而理学院、工学院院长亦为清华教授，法商学院和后来的师范学院为南开教授），大家建议由汤用彤担任院长。这样，北大也能争得一席之地位。蒋梦麟到蒙自后，为顾全大局，在与教授们的集体恳谈中平息了这场风波。

不过，到了蒙自，三校同人相处既久，感情逐渐融洽。郑天挺回忆："记得一次与闻（一多）及罗常培相偕散步，途中又遇汤用彤、钱穆、贺麟、容肇祖等人，大家一起畅谈中国文化史问题，互相切磋，极快慰。战时的大学教师生活，虽然较前大不相同，但大家同住一室，同桌共饭，彼此关系更加融洽。"

8月1日，学校开始放暑假。月底，蒙自分校正式结束。此时，汤用彤和贺麟非常赞叹蒙自拥有令人艳羡的优美环境，于是一起与钱穆、姚从吾、容肇祖、沈有鼎、吴宓相约，在学校迁回昆明之际留此小住，待秋季学期开学后再往昆明，以饱享新学期开学前三个月清静流连的优雅生活。

钱穆回忆，当时"借居旧时法国医院。闻者谓，传闻法国医院有鬼，君等乃不惜与鬼为邻，七人亦意不为动，遂迁去。不久，又闻空军中漏出音讯，当有空袭。法国医院距空军基地不远，果有空袭，乃成危险地带。沈有鼎自言能占易。某夜，众请有鼎试占，得节之九二，翻书检之，竟是'不出门庭凶'五字。众大惊。遂定每晨起，早餐后即出门，择野外林石胜处，或坐或卧，各出所携书阅之。随带面包、火腿、牛肉作午餐，热水瓶中装茶解渴，下午四时后始归。医院地甚大，旷无人居，余等七人各分占一室，三餐始集合，群推雨生为总指挥。三餐前，雨生挨室叩门叫唤，不得迟到。及结队避空袭，连续经旬，一切由雨生发号施令，俨如在军遇敌，众莫敢违。然亦感健身怡情，得未曾有。余每出则携通史随笔数厚册。自在北平始授此课，先一日必做准备，写录所需史料，逐月逐年逐项加以添写，积五六厚本，及离北平藏衣箱底层夹缝中携出，至南岳蒙自又续有添写。此乃余日后拟写《史纲》所凭之惟一祖本，不得不倍加珍惜。数日后，敌机果来，乃误炸城中，市区多处被轰毁，受祸惨烈。而城外仅受虚惊，空军基地无恙，法国医院亦无恙。此下遂渐安"。雨生即吴宓，又字雨僧。

随着开学日期的邻近，留蒙的同人也都整理好行装准备返昆。其中，汤用彤与贺麟则送钱穆去宜良县岩泉寺落住后再返联大。到昆明后，他与魏建功、罗常培、黄国聪、容肇祖、姚从吾、毛准、郑天挺、张佛泉、赵迺抟、蔡枢衡、刘晋年、谭锡畴、刘钧等北大同人租住位于正义路上的柿花巷四号小院中（钱穆来昆上课时也住此），开始了文人雅集式的、群居于一小院的生活。

满头白发的哲学家

到联大后，汤用彤在联大哲学心理学系开设"佛典选读""印度哲学史""魏晋玄学""欧洲大陆理性主义"等课程。这些课上，只要头发银白，终日埋守书斋研习、不大公开演讲的汤用彤一走上讲坛，教室里就黑压压地等着听其宏论的同学。在开"佛典选读"时，由于参考书不够，他就让助教石峻在课外帮助回答同学们的疑问。这是一种接近现在大学所谓"辅导"的工作，但又不是正式的上课。于是在石峻的请求下，汤用彤开了一个佛教方面必读书目，以更好配合他的讲授。

邓艾民同学说："他当时已满头白发，常常因为讲课劳累而斜倚在黑板边，低着头，边思考，边讲授，层层深入，将同学逐步引导到所讲的内容中去。他讲印度哲学史就把我们带到印度历史上的哲学家思想中，讲欧洲大陆理性主义就将我们带到笛卡儿、斯宾诺莎、莱不尼兹的思想体系中，讲魏晋玄学又将我们带到王弼、嵇康、阮籍、郭象、僧肇等人的思想体系中。他给我们全面地忠实地介绍这些哲学家的思想，材料丰富而又不显得烦琐，分析清晰而又不流于空疏，即使自由主义习气很浓的同学，也舍不得缺课。他只讲历史上哲学家的思想。对这些人，你可以赞成，你可以反对，但你首先必须了解。这对于我们这些喜欢对不太了解的事物好发议论的青年人来说，仍旧感到不满足。有些同学喜欢谈论中西哲学的比较，有些同学喜欢用最新的哲学观点对过去的哲学进行批判，汤先生精通中西哲学的思想，但在课堂上并不涉及这些方面。"

后来成为哲学家的冯契回忆这段日子时也说："他一个人能开设世界三大哲学传统（中、印和西方）的课程，并且都是高质量的，学识如此渊博，真令人敬佩！我因为要参加联大地下党领导的'群社'的许多活动，如办壁报、组织同学学习革命理论和时事政策等，所以有些课程常常缺课，但汤先生的课我却总是认真学习的，除非生病，决不缺席，因为他的课确实吸引人。正如高屋建瓴，他讲课时视野宽广，从容不迫；资料翔实而不烦琐，理论上又能融会贯通，时而作中外哲学的比较，毫无痕迹；在层层深入的讲解中，新颖的独到见解自然而然地提出来了，并得到了论证，于是使你欣赏到了理论的美，尝到了思辨的乐趣。所以，听他的课真是一种享受。……那时在昆明，教师和学生吃的都是配给的有霉味的米，米里掺杂无数砂石，吃饭时一不小心就崩断牙齿。鱼、肉当然极难得，每天能有一个鸡蛋已是奢侈品了。但汤先生是那种'箪食瓢饮，不改其乐'的哲人，他'不戚戚于贫贱，不汲汲于富贵'，因为他有自己的超脱世俗的玄远之境足以安身立命。记得有一次，我和他谈得很高兴，不知不觉间天已黑了，师母走进门来说：'你们也不点个灯，黑洞洞的，谈得那么起劲。'汤先生说：'我们谈玄论道，在黑暗里谈更好。'我说：'我们在黑屋子里抓黑猫。'于是两人都哈哈大笑。有时，谈得兴致来了，一直谈到夜阑人静，我踏着月色从田间小路归来，确实觉得体会到了'吟风弄月以归'，有'吾与点也'之意。"

邓艾民回忆，1945级哲学心理学系毕业时，同学们邀请了系中的老师们在文林街一个小茶馆的楼上开毕业茶话会。平时很少发表议论的汤用彤，却在茶话会上语重心长地一再勉励同学们毕业之后，要坚持为真理献身的精神，发扬中国文化的优良传统，不要追逐名利，"学得文武艺，卖与帝王家"。邓艾民说，汤先生平日忧国伤时，很少外露，有似阮籍那样，发言玄远，口不臧否人物，这次却娓娓而谈，动人心弦，赢得了同学们的赞赏和爱戴。

——汤用彤在毕业茶话会上的话，对马上就要走向社会的年轻学子来说，自然是谆谆的告诫，当然也是毕业前受到的一次深刻而实在的教育。

疏散乡间的日子

1939年底，汤用彤从越南海防把家眷接到了云南。此时，由于钱穆曾住的宜良风景如画，极得汤用彤喜爱，因此他把家属也安顿在这里。汤用彤之子汤一介（曾在联大先修班旁听）回忆："1939年夏，我父亲由昆明经上海至天津，欲上北平接我母亲和我以及弟妹到昆明。但到天津由于发大水，不能上岸，只得返回昆明。……父亲没有能到北平接我们，于是我母亲决定带我们去昆明。……母亲带着我、妹妹、弟弟和邓家姐弟，由北平乘车到天津，由塘沽上船到上海。……大概在10月初，我们到了香港，住在什么旅馆已记不得了，只记得母亲要在那里用黄金换钱，并且带我们坐爬山电车，上太平山看香港风景，接着我们又乘轮船到安南（即现在的越南）的海防。这时日本军队已占领海防，上岸时还受到日本兵的检查，走过检查站就看到父亲在那里站着等我们，就这样我们全家团聚了。……由安南经滇越路到昆明，我们没住几天就搬到离昆明不大远的宜良县。……我们住在宜良时，西南联大不少教授也在这里，我记得有贺麟、郑昕、姚从吾、唐钺等等……当时还有一陆军的后方医院驻扎于此。因此，宜良县的外省人颇不少，时常有些交往和互助。父亲每周要乘火车到昆明去上课，在那里他就住在靛花巷北京大学文科研究所里，但他大部分时间住在宜良。宜良离有名的石林不远，这里风光秀丽，有山有水，气候温和，田地几乎四季青绿。我记得蚕豆开花季节，一片黄花，不是'战地黄花遍地香'，而是'宜良黄花遍地香'了。宜良有一温泉，水温且微香，可以洗澡，有大池，有小池。我们自然要了两间小池，我和父亲一间，母亲和妹妹、小弟一间。洗澡回家的路上，如果蚕豆已熟，就顺便摘些，回家煮吃，甜香可口，是我们当时最喜欢的零食。……在宜良期间，父亲主要在研究'魏晋玄学'。当时没有多少事，我看他经常在阅读《全三国文》《全晋文》《后汉书》《三国志》《晋书》等等。"

汤一介说："1942年夏，我们家由宜良搬到了昆明，为了躲避日本飞机的空袭，住在离城约十里路的麦地村的一座很小的尼姑庵中。这个尼姑庵只有一个年轻的尼姑，没有什么香火，菩萨像已破败不堪。正殿租给了北大文科研究所放书和东西，我记得放有一部《道藏》，陈国符教授常去看，王明也常去看。这时向达先生去西北考察，他的箱子也放在里面。开始我们也住在正殿，和那几座破损的菩萨为伍，后来搬到西边的三间屋子里住了。清华的文科研究所在距麦地村一里之遥的司家营，闻一多先生一家住在那里，还有几位清华研究生也住在那里，我记得有季镇淮、何善周等。离麦地村不远就是龙头村，这是一个小镇子，可以买到粮食、蔬菜之类，如果遇到赶集日还可以买到鸡、鸡蛋和烧火的木炭、松毛之类。冯友兰一家和金岳霖教授就住在龙头村。冯先生的《新原道》和《新原人》、金岳霖先生的《论道》，大概都是在龙头村写成的。据冯先生的序中说，他写这两书有时和我父亲讨论。这段时间父亲仍在研究'魏晋玄学'……"那时，住在司家营的闻一多也常和汤用彤一起讨论《周易》里的问题。后来，闻一多专注于伏羲的研究，他们两人之间的讨论才算终止。

不久，汤用彤一家又从麦地村搬到了联大附近的青云街20号云南名宿周钟岳旧居小院中居住，与数学家程毓淮教授一家成为邻居。这里濒临翠湖，与汤用彤先生此前曾住过的青云街靛花巷三号北大文科研究所教员宿舍较近，也是极为风雅的居住之所。

丧子之痛

联大时期，汤用彤坚决地坚守在后方投身教育和研究，曾几次谢绝了出国讲学的机会，决心不到胜利之日绝不出国。那时，在经济上，汤用彤承受着极大的家庭重担，家里常常靠吃稀饭过日子。到了1942年，他不得不卖去借以御寒的一件皮氅，还颇诙谐地说："以后不用想离开云南了，冬天没法过呀！"然而，这样艰难的情形下，他常常为教学和研究，像联大总务长郑天挺一样，要熬夜工作到晚上十二点以后才入睡。他对学生仍然极端负责，教诲不倦，在学生面前毫无忧容和倦色。那么对同人呢？吴宓说，"汤用彤君对友，于私情上甚为关切。然其世故最深，故亦最得人心。其治事处世，纯依庄老，清净无为，以不使一人不悦为原则……"但是，他也有难遏一怒的时候，在一次的哲学系举办的座谈会上，他和金岳霖就曾大骂以学问为进身之阶的文人。

从长沙到昆明九年间，由于一贯的刻苦钻研，他在学术研究方面硕果累累。先后完成和出版了《汉魏两晋南北朝佛教史》（1938，曾获教育部1943年度哲学类学术研究一等奖）、《南传念安般经》（1940）、《印度哲学史略》（1945）三本书，发表了《中国佛史零篇》（1937）、《王弼大衍义略释》（1941）、《印度哲学的精神》（1942）、《文化思想之冲突与调和》（1943）等论文，并于

1944年获得教育部颁发的三等服务奖状。对于国民政府教育部为他的著作评奖一事，他极为反感，表示："多少年来一向是我给学生分数，我要谁给我的书评奖！"

然而，就在取得丰硕学术成果的这九年中，汤用彤也遭受了中年丧子的巨大人生打击。首先是长子汤一雄的逝世。汤一雄是中共地下党员，也是联大剧团的主要演员之一。1939年夏，在准备《夜光杯》的演出中辛劳奔忙，感到腹痛，未能及时治疗，直到病势严重才去医院。到了医院，医生诊断是盲肠炎，进行手术。在进行盲肠切割手术时，因麻药中毒而去世。1944年夏，15岁的长女汤一平也因患肾衰竭去世。在接连丧子的巨痛和物力艰难之下，1945年8月，终于迎来了抗战胜利。

但是，抗战的胜利并未马上换来期待已久的和平。很快，内战阴霾又笼罩全国。对于中国将要往何处去，汤用彤很少公开发表意见，而是整日用湖北乡音吟诵《哀江南》，表达对时局极度悲观的情绪。这时，他已不能安心待在国内看着动荡的时局了。在致程毓淮的这封信中，他表示："国内战争不止，真令人丧气。"因此希望能够出国一游，以缓解沉闷的情绪。

1946年5月4日，联大正式结束。这天，学校举行了隆重的结业典礼，汤用彤应邀代表北大作了发言。他表示："联大开课是五月四日，刚好结束又是五月四日，这正是联大精神。不要忘记这个节日——中国文人相轻，不但三个学校联合不会成功，一个学校还要分裂；但联大是联合了八年，这正是小型民治精神的表现，民治精神就先要尊重各方意见——希望三校精神上以后继续合作，更紧密联合。"

联大结束后，汤用彤随校复员。第二年，他终于受邀赴美，到加利福尼亚大学讲学，在不安的局势中稍作学术休整。他在联大的故事，没有随着时光的流逝而湮灭，反而绽放出更为夺目的精神光芒。

物质享受退一步着想

——薛琴访、蒋明谦致胡适

1945年12月12日，在美国化学界泰斗、美国伊利诺大学教授亚当斯指导下攻读博士学位毕业后，正受聘担任美国礼来公司药物研究所有机化学研究员的联大助教蒋明谦，给已任北大校长的胡适写了一封信。

信中，除了汇报在美的详情和将来回国后的打算，还特别谈到了联大物理学系助教（北大编制）薛琴访的情况。该信说："今日得北大物理系助教薛琴访君来信，附上先生一函，兹特转上。薛君事，他给先生信中叙述很详。希望先生与饶先生一谈，给他一个正当合乎情理的处置。他在北大求学服务，前后共十六年，学业与服务成绩，不待我说。北大后继青年人才很少，而现在又正是扩大复兴，收罗人才的时候，像他这样北大自己训练出来的不可多得的人才，极热心忠爱北大的人，如果学校待他不给一个公平的处置，许多爱护北大的人，都不免寒心。我深信，如果北大不用他，当然是他个人的不幸，也是北大的一个大损失，而且是一个大错误。请先生注意，他并不是一个残废无用、不能做事的人，他还是可以照常的作研究与教学工作，只是不能跑路而已。如果他真是不能上课阅卷及研究，当然学校可以不用他。但是如果他确乎能照他所说的，能用钢架支持，每日到校上课研究，学校是否能给他一个适当的位置？如果一定要说非要能步行才能在物理系教课，那我也无话可说了。不过我想先生知道这事的真实情形后，一定以为不应当这样，所以我再写这信给先生，希望先生为中国学术研究发展着想，为青年后辈前途着想，为一般助教说几句公道话，使薛君能得一个合理的地位和待遇。总之，这事我希望先生与饶先生一谈，给我一个答复，以便早日转告薛君为感。"

薛琴访的事是在信的最后来说的，足见对其人其事的足够重视。蒋明谦认为，正值北大扩大复兴收罗人才之际，像薛琴访这样"北大自己训练出来的不可多得的人才，极热心忠爱北大的人，如果学校待他不给一个公平的处置，许多爱护北大的人，都不免寒心"。极见事态之急，之重，之非同一般。

入川途中患婴儿麻痹症

到底什么事情，让蒋明谦如此挂心，让薛琴访如此着急？还得回到蒋明谦受托转寄胡适的薛琴访的原信上。薛琴访致胡适的长信说——

适之先生赐鉴：

敬呈者，生自民国十八年入北大预科肄业以来，在母校求学服务继续十六年之久，虽因所习不同，未能直接受先生谆谆训诲，但平日颇喜读先生书籍，听先生讲演，间接受先生之启发与教化甚多。尤其先生之自由思想，精博学问，科学精神，学者风度，使生印象之深，真有"高山仰止，景行行止，虽不能至，然心向往之"之慨。生今日尚有独立自由之思想，潜心研究学问之志趣，实多受先生之影响。今抗战胜利，先生重返北大，并主持校务，无论为北大发展计，或个人前途计，均莫不使生欢慰无量，兴奋已极。

回忆在北平时课余之后，常随明谦、寿生至先生府上敬聆教言，兴趣既浓，得益尤多，实为不可多得之黄金时会。七七事变，南下至京，曾晤先生一面，此后先生去国，生亦随校迁徙，衡湘暂驻，转瞬即成离别。昆湖三载，一切初安。滇边又告紧急，学校为备万一之退路，始有设立叙永分校之议，生即为被学校派赴叙永工作者之一。

不幸生于赴川途中，因气候不适，劳顿过甚，故于入川后不久即患婴儿麻痹症，下肢运动神经受损过甚，致行走极感困难。抗战期间，医药缺乏，经济艰难，临床既无良好之治疗，嗣后更无调养之环境。四五年来，空袭频仍，生活艰苦，莫不需要两腿以担负艰巨之工作，而生竟失去两腿之健康。生环境之困苦，中心之隐痛，恐非身临其境者所能想象也。

所可幸者，生除行走欠佳外，手脑尚称健康，每日读书写作十时以上，均不感疲倦，故对学校职务除实验室工作未能担任外，其余均能照常进行，从未中断。在研究方面，除积极研读专书，收集材料，计划若干专题研究外，已完

1938年12月，于昆明翠湖。左起：竺可桢、姜立夫、饶毓泰。（选自《竺可桢的抗战年代》）

成论文三篇，寄英美杂志发表。在此图书杂志非常缺乏之际，生尚能有此区区成绩，实亦困苦中差堪自慰之事耳。

尤堪告慰者，即生经四五年之疗养，足部神经已渐恢复。最近半年来，利用钢骨支架帮助足力，每日练习行走，已大有进步。现在平地上之活动已无困难，一俟明谦在美代定制之新式钢架带到后，稍加练习，短距离之活动当无问题。故生拟于明年复校后每日从早到晚均至校中工作，即实验室工作亦拟恢复。因之，生欣然以为四五年来之困窘心情不久即可获得一线之生机，曩时之勃勃气象又行将复苏矣。

不料最近忽闻树人师致函系中某师长，曾述及生在校之去留问题。树人师去美已近两年，对生之近况及将来计划多有不明悉之处，因之视生为残废无用之人，故为恐他人责难计，拟于明年复校时不续聘生，嘱生早作他计。生得悉之后，十分惊恐，中心感痛，莫可名状。近四五年来，因足疾未复，行走不便，未能担任实验室工作，内心时感不安。幸蒙学校体谅，树人师关怀，予生种种厚待，生实不胜铭感之至。现在抗战胜利，复员在即，如生确属残废不能工作，自应请辞，方符情理。但生实有不得已之苦衷，竭诚恳求先生明加体察者，即下列诸端是也：

第一，生自民国廿四年在母校卒业后，蒙树人师不弃，留物理系任助教，计在北平工作两年，一切尚不负诸师长之厚望，曾发表专门研究论文两篇，故辱承饶师雅爱，一再告诫不可他去。七七事变后，计在长沙工作半年，在昆明工作三年，举凡仪器之装运与整理，实验室之设立与布置，空袭损失之顾计与避免，以及其他繁杂琐事均莫不辛苦工作，至筋疲力尽而后已。后来虽因战事影响，随校迁川，而遭遇不幸，使生之两足失去健康，但生犹勤奋努力，工作不懈，完成学校职务，专门研究亦曾发表论文三篇，校中同人明悉生之情况者，均莫不同情体谅。树人师所谓恐他人责难一事，想系树人师之深思远虑也。况且明年复校后，生本拟决定做到每日到校，恢复一切工作，他人更无责难之理。彼时自有事实证明，故无须生预为申辩。但在此学校当局计划复员之时，树人师考虑生之去留之际，惟有恳求先生代为解说，方能释树人师之远虑，而使生有随校北返之机会。现在抗战胜利，举国人士对复员还乡莫不鼓舞欢腾。若明年复校，生不能随校北返，被母校弃置西南，既不能复员，又无家可还，则八年流离之苦，竟成天涯沦落之憾，中心感痛，曷其有既也。

第二，生因足力欠佳，不能任人事繁重之工作，自然以在学校作"教""学"之工作为宜。学校分门别系，因材而教；社会分工合作，因材而用。一文弱书生自不能作百胜将军效命疆场，然在学术上可一跃而为文豪泰斗，著书立说。北大地质系教授葛利普先生，两足寸步难行，若在其他环境中恐为废人无疑矣，但在北大任教数十年，其辉煌成绩竟使中国地质学获得惊人之成就，以至成为中国最进步之科学。罗斯福先生当年患麻痹症时疗养八年之久，足部终未全复，彼以钢骨支架之助，作政治活动，连任三次总统之后，卒能完成其

昆明大西门外（赵宝煦1946年6月10日作，赵阳提供）

丰功伟业；如彼当时自暴自弃，或一般社会人士认为彼足残废，不能胜任，则今日之民主世界或已改观矣。生并非妄自尊大，欲与此等学者伟人比拟，生实欲母校及先生为生之情况体谅，使生能在于生更适宜之学校环境内工作，以尽其所能，而免真正成无用之人，为社会多添一废物也。

第三，各学校环境不同，人事各异，以生之情况而论，当然以在母校服务为宜。因母校同人，非师即友，对生之情形较为明悉，对生之困难当能谅解与扶助。先生试思，生在母校求学服务有十六年以上之关系，如母校尚不能体谅生之境况，予生一适当之职位，生何能在与生毫无关系之学校或机关求得一适当之职位耶？如母校师长均不能为生体谅，其他陌生之人更何能为生设想耶？生须特别申明者，即生并非以一真正残废无用之人，不能为母校工作，而恳求母校予一不称职之位置。生仅因足部受伤，行走欠佳，完全能为母校作手脑并用之工作，而恳求母校予一称职之位置，母校仅体谅其不能（即行走繁重之工作）而用其所能，是于母校有益无碍之事也，母校又何乐而不为欤？

第四，生于母校渥受母校环境之熏陶及母校师长之教诲多年，故生向学之心颇为诚悃。兼以生平日之所专研，注意之所集中，均须在母校优良环境之下，受曩时师长一贯之指导，继续研究，方始在学术上有相当成就。若生在此为山九仞之际，一旦睽离母校，失去研究学问之环境与机会，则生之目的与志向势必成为梦想，十六年之勤奋努力亦俱惘然矣。盖因科学研究，情形特殊，若无优良环境、适当师友，即无以言研究矣。故生之极欲留母校工作者，并非仅为解决职业上和生活上之困难，实亦为达成生之专门研究学术志趣也。古人有言，"凡人之蓄道德才智于身，以待时用，盖将以待天理物，非为衣服饮食之鲜肥而为也"，诚哉斯言。生在求学时代即常以"精神生活进一步追求，物质享受退一步着想"两语自勉勉人。生每一念及现在所获之区区成绩，辄即对母校师长感佩莫名，景仰不已，对母校之环境依依不舍，留恋不去。先生由此可知生平素志趣之所在也。

总之，无论就生之平素志趣而论，或就生之身体情况而言，生均以继续留母校作"教""学"之工作为宜。当今学术建国之时，科学人才缺乏之际，国家不惜巨金造就人才，母校栽培生十余年之久亦非易事，母校岂忍遽然置生于无用之境耶？以母校之庞博伟大崇高气象，想必不致摈生于门墙之外而使生成向隅之叹也。以先生之阔大心胸，卓越眼光，想更不致使生困陷沉沦而堕入残废无用之境也。以生向学之诚，志趣之坚，想决不致有负先生之盛意、母校之厚望也。规用以成圆，矩用以为方，社会分工合作，因材而用，务恳先生明加体察，使生能继续留校，达成教学相长之志趣，则生有生之日，皆戴德之年矣。诚恳之言，未计及文法，有渎聪听，尚希鉴谅，并盼明教，以便早日有所遵循。专肃上呈，恭叩

道安

学生薛琴访敬上

三十四年十一月十二日

薛琴访致胡适的这封信，洋洋洒洒近三千言，详述了自己从一个拥有健康体魄的青年科学家是如何遭受病痛折磨而致残，他又是如何克服常人难以克服的磨难坚持工作和研究的。

薛琴访说，1940年，在日寇空袭频繁，滇边局势危急的情况下，联大决定在叙永设分校，薛即为赴叙者之一。不料，在赴分校的路上，由于气候不适，加之过于疲劳，下肢运动神经受损过巨，进川不久就罹患小儿麻痹症，导致行走极为困难。在经济拮据，缺医少药，无以治疗保障，更无休养调理的情况下，造成两腿的灾难性后果。在此艰难苦痛之中，他庆幸自己"手脑尚称健康"。他说，自己每日读书写作十个钟头以上也不感到疲倦，因此照样能为学校勤苦地工作，从未因腿疾而中断。"在研究方面，除积极研读专书，收集材料，计划若干专题研究外，已完成论文三篇，寄英美杂志发表。在此图书杂志非常缺乏之际，生尚能有此区区成绩，实亦困苦中差堪自慰之事耳。"

为了使自己适应学校的繁重工作，他也努力地进行着足部训练且已取得积

极成效，他期待着在来年能及时投入北大复校后的实验室工作。"因之，生欣然以为四五年来之困窘心情不久即可获得一线之生机，曩时之勃勃气象又行将复苏矣。"

然而，他新近从化学系一师长处获悉，北大理学院院长饶毓泰先生在一封信中专门谈到薛琴访患腿疾后的去留问题，其因不明薛的实际情形，"视生为残废无用之人，故为恐他人责难计，拟于明年复校时不续聘生，嘱生早作他计"。

这一信息，如晴天霹雳，令薛琴访始料未及，惊恐万分。他由衷感谢学校在其蒙难后的体谅和饶毓泰教授的关怀。但他认为，"现在抗战胜利，复员在即，如生确属残废不能工作，自应请辞，方符情理"，但自己确实有不得已的苦衷和志趣，恳求胡适和饶毓泰教授都明加体察，不在这一关键时刻抛弃自己。

恳请收罗热心爱护北大的人才

薛琴访在致胡适的信中所谈恳请学校手下留情的四点理由，至情至性至理，道尽了他自己遭遇磨难后的身残志坚、坚韧不拔、敢于战胜自我的可贵品质：遭遇两足失去健康的不幸之后更加勤奋努力，工作不懈；在足力欠佳难以胜任繁重工作的情况下，为"免真正成无用之人，为社会多添一废物"，乃以同校葛利普教授和美国总统罗斯福为榜样，立志在学术上一跃而为著书立说的学坛泰斗；始终以"精神生活进一步追求，物质享受退一步着想"自勉亦勉人……

薛琴访的信确实打动着代传信件的好友蒋明谦，也一定打动了向来爱惜人才的胡适。而蒋明谦一边，也和薛琴访一样着急。1946年元旦过后，蒋又就此事继续致信胡适——

适之先生：

　　十二月十三日一信，想已寄到，薛琴访君事，不知先生与饶先生商谈结果如何。现在因北大迁离昆明在即，薛君丞想早日得先生一个答复，以便作一最后决定，为将来出发的准备。北大复兴，现正开始，收罗热心爱护北大的人才，协力合作，关系学校前途很大。我和我的几个北大的好友，都切望学校当局对于这事作一个贤明公正的处置，不要使已经涣散的北大人心，更朝着离心的方向进行。同时这事的结果如何，对于我个人返北大服务也有很重大的关系。本着多年来先生对我的指导爱护与扶助，和我多年来与北大的历史关系，我都不能不向先生作一个最后的申诉，请先生再考虑一下薛君的事。如果饶先生处实无挽回余地，当然也不必勉强。但是无论如何，都求先生于最近期内给我一个回信，以便转告薛君，同时我也好再考虑一下我究竟是否应该回到北大的问题。

清华大学三十六周年校庆。这是原西南联大（北京、清华、南开）三校恢复后，清华从昆明回北平清华园第一次举办校庆。左一为原西南联大训导长、昆明师范学院院长查良钊，左二为北京大学校长胡适，左三为原西南联大常务委员会主席、清华大学校长梅贻琦，左四为原西南联大师范学院院长、南开大学秘书长黄钰生。北平，1947年4月27日。（张祖道摄并提供）

屡次函扰先生，实属万不得已，请原谅。匆匆，即请

时安

蒋明谦谨上

一月八日

　　信中，蒋明谦在催促胡适尽快和饶毓泰协商定夺，以不致使学校在复员北返之前就失去人心。在1945年12月12日的信中，蒋明谦曾表示回国后计划回北大任教，但是如果薛琴访的事情不能妥善处理，自己也将重新考虑是否还要回北大服务。这当然不是负气，而是由于薛琴访在追梦路上不为身体缺陷所阻的人格魅力使然。同时，蒋明谦实在也要看看北大是否还是一所真正地爱惜人才的学校。

　　蒋明谦和薛琴访的信自然是受到了胡适的重视。但是，不论联大还是北大、清华，一校之长必须首先尊重院系负责人的决定。因此，是否能留任薛琴访，主要还得听饶毓泰的。于是，胡适又为此事致信饶毓泰，商请他重新考虑原来的决定。1946年1月14日，饶毓泰致信胡适，谈到曾带领虞福春、薛琴访等进行理论物理研究的联大（北大）教授马仕俊到美后的情形，并说："仕俊为我言，薛琴访工作甚为努力，意望北大留薛琴访为他的计算上之帮助。弟对此事愿由系中同人公意决定，即前此有解他聘约意，亦由虑他久屈居助教职，精神上不痛快也。"

　　既然要尊重公意，结果自然也必然是留任北大教职了。

　　薛琴访生于1910年，是四川蓬溪人，少年时代即满怀科学救国信念赴京求学。1935年从北京大学物理系毕业后留校任教，并与蒋明谦合作进行了元素周期性的理论研究。来联大任教之前，他就已经是一位初有成就的青年科学家。他撰写的《元素的周期性》于1937年发表在《中国化学会杂志》。到联大后，他所写的《在辐射阻尼影响下带电分子的散射现象》于1943年发表在英国《剑桥大学哲学会志》，《苯的拉曼光谱和同位素效应》《散射问题中的积分方程的近

似解》于1945年发表在《物理评论》，这些登上世界科学殿堂的学术论文都是他在患小儿麻痹症后千折万磨的艰难境遇中写成的。

在大家的竭力争取下，经过自身长年累月的艰苦努力，联大结束后，薛琴访理所应当地随北京大学复员了。在北大，他的物理学研究更上层楼。除了讲授"理论力学""电磁学"和"普通物理"等课程，他还在美国《物理》杂志上发表了《元素的原子量交替》《纯粹科学与应用科学》等科学论文，为中国科学界争得了荣誉。新中国成立后，为了更好普及科学知识，他曾从1949年10月起持续在北京新华广播电台撰稿并播讲"自然科学常识讲座"。由他绘制的月蚀图解和1950年1月9日在《人民日报》上发表的《二十四节气歌》《阳历推算歌》，至今仍在继续发挥着指导科学研究与生产生活的作用。

历史与时代，没有辜负一位在身体上遭遇难以愈合的磨难，却仍然满怀抱负、身残志犹远的科学家。

1946

最近三分之二收入，
端赖此道。
曩岁耽于典籍，专心著述，
又误于文人积习，不事生产，
羞谈政治，自视清高。
抗战以来，
由于个人生活压迫
及一般社会政治上
可耻之现象，
使我恍然大悟，
欲独善其身者
终不足以善其身。

——闻一多

纪念碑琐事甚多

——冯友兰致梅贻琦

1946年1月15日，联大及清华文学院院长冯友兰致信梅贻琦，就从前线来到昆明的清华大学原哲学系书记（即书记员）申荆吴重返学校的有关事宜予以请示。信说——

月涵校长大鉴：

战前在清华哲学系任书记之申荆吴君在职三年，至战争起遣散，嗣后从军抗战，于去年夏来昆明，意望复职。兰以清华系中无事可办，未为代请。现在复校在即，清华系中如清理借书，添购书籍，琐事不少，而系中现只有金龙荪先生及兰二人，拟请准予自2月份起任用申荆吴君为清华哲学系助理（照

1946年5月4日，冯友兰教授在西南联大纪念碑揭幕典礼上。

助理最低级起薪），并在联大文学院院长室帮助编辑校志，盖校志稿件各部门甚难送齐，须直接派人去查明抄写，若专靠现有之半时助理，恐不能于4月内编齐也。刻纪念碑琐事亦甚多，申君亦可帮助。是否有当，请卓裁。

顺请

大安

冯友兰谨启

1月15日

　　1937年七七事变后，时局紧张。7月29日，日寇入侵北平城，清华同人纷纷离校。当时，在清华大学哲学系的申荆吴滞留北平城内，未能随校南行。很快，他就奔赴河南唐河县，参加抗敌后援会的抗日救亡宣传工作。随后，又投军参加抗战，抗战胜利前才又辗转到达昆明。

　　到昆明后，申荆吴极欲回归清华和联大。不过，当时校内并无合适岗位，他一直未能回校就职。转眼到了1946年，冯友兰向梅贻琦表示，复员在即，仅有金岳霖和他自己在系内办事，有几件事急需增加人手协助。一是哲学系外借图书的清理和添购，二是联大校志的编辑工作，三是联大纪念碑的筹建琐事。

　　图书有关事宜暂且不说，这里专谈后两件。

西南联大校志之编纂

　　1945年11月1日，是联大建校8周年纪念日。值此抗战全面胜利，北大、清华、南开三校复员在即，联大这一过渡组织即将结束之际，学校决定扩大举行校庆。此时，联大教授会一致认为，在此具有重大历史意义的时刻，有必要编纂一部可信可靠的联大校史，以纪念学校在湘滇两省八年多的办学历程，遂决定将这一意见提交联大常委会决策。

　　10月27日，联大召开常委会。议决的事项中，有两项与校庆工作有关：（一）设置校庆庆祝大会筹备委员会，以查良钊为主席。（二）聘请五位教授为西南联合大学纪念册编辑委员会委员。30日，联大常委会再次开会，正式聘请冯友兰为纪念册编辑委员会主席，并以雷海宗、姚从吾、罗庸、闻一多为委员。

　　11月21日，常委会会议决定，"西南联大纪念册"改名"西南联大校志"，纪念册编辑委员会相应改称校志编辑委员会，并加聘冯文潜为委员。29日，冯友兰正式向联大教授会报告校志征稿事宜。当天，昆明《中央日报》已在头版广告栏正式刊登了《国立西南联合大学编辑校志征稿启事》（同时亦刊12月16日重庆《大公报》等报刊）：

  兹拟筹编《国立西南联合大学校志》，征求下列文稿：（一）有关本校生活之文学（不拘文体）、艺术（绘画摄影）作品；（二）本校从军及担任译员、教职员、学生有关战地生活之作品；（三）本校从军殉职及在校殉职教职员、学生之传记；（四）本校教职员学生在平津及南来沿途有关生活情形之作品。来稿请于三十五年一月三十一日以前，投交昆明国立西南联合大学文书组转校志编辑委员会收。稿件一经采用，除赠送本刊外，从优致酬。已经发表之稿亦可收受，

西南联大校门
（龙美光保存）

惟采用后除赠本刊外不再致酬。

国立西南联合大学

从此，校志编辑委员会在冯友兰主持下，持续推动着各项工作。1946年2月13日下午五时，联大召开第八届第八次校务会议，冯友兰报告了校志委员会组织情形。

校志是一项纷繁复杂的系统工程，除了征稿启事中征求的师生的各类文艺作品和殉职师生的传记，其中的重头戏是反映学校办学经过的《国立西南联合大学校史》。校志委员会成立后，冯友兰作为这一工作的主倡者和主持者，毅然地担负起了撰写校史的责任（主稿人）。从校志委员会成立这天起，他就为校史工作勤苦笔耕。经过连续八九个月的紧张筹备和撰写，至1946年8月下旬，他在洛克菲勒基金会资助下赴美讲学之前，已完成了校史稿的撰写定稿并呈交学校。但当时三校复员工作尚未全部完成，校志出版工作未能及时提上日程。

直至1946年12月2日，在一二·一运动一周年纪念日后，三校有关负责人——北大郑天挺、汤用彤、郑华炽、陈雪屏，清华梅贻琦、沈履，南开黄钰生等，才于当日午后一时在北大子民纪念室举行谈话例会。此次历时3小时的例会，热烈讨论了三校继续合作的诸多事项。但三校商定，只对外公布一项决定，这就是冯友兰所编联大校史的出版工作。可能由于校志委员会征集到的材料有限，三校决定直接将《校史》稿改称《校志》出版。出版前，共同组织了以郑天挺、汤用彤、冯文潜、雷海宗、黄钰生为委员的联大校志复查委员会，决定复查定稿后即行印刷。

遗憾的是，三校复员至今，从未见到该书的印行本。不过，北京大学档案馆保存的《国立西南联合大学校史》简稿和《国立西南联合大学大事记》，当能窥得"校志"之一角。其中，"大事记"系联大校友、历史系助教王丰年在雷海宗指导下编成，亦为西南联大校志可资参考之珍贵文献。

西南联大纪念碑之筹建

校志委员会的另一项重要工作，是有关纪念碑的建立。冯友兰在《三松堂自序》中说："1946年上半年，三校忙于分家和准备北归的事，在有一次清华的校务会议上，梅贻琦说，我们在昆明待了七八年，临走的时候总要留下一个纪念品吧。会上我就提议，留下一个有古典形式的纪念品。大家都说好，就推我筹备这件事情。我就筹备立一个完全合乎传统形式的纪念碑。严格地说，这座纪念碑并不是联大常委会正式决议建立的，而是作为在联大中的人为了纪念联大而建立的。"这就将联大纪念碑的建立提上了工作日程。

2月1日起，学校即在昆明《中央日报》刊载了《国立西南联合大学启事》（2月28日起重庆《大公报》亦连续三天刊登）："本校现拟编辑从军师生题名录，以备刊入校志及纪念碑。除历届译员及青年从军，由校保送已有案者外，其曾经自动从军及任译员者望于二月底以前，将履历及证件寄交昆明本校文学院院长室校志编辑委员会收，以凭列入。证件当仍寄还。此启。"启事中所特意提出征集的从军学生题名录，后来作为校志委员会的一项重要工作成果，置于西南联大纪念碑阴面（镌刻了抗战以来从军的834名联大同学的英名，其中绝大多数系在昆明从军且学校有登记者，长沙时期的绝大多数从军同学、昆明时期未在学校登记的同学，以及以教师身份参加的查良铮不在其中）。

联大方面，也异常重视西南联大纪念碑的树碑工作。正在感冒中的梅贻琦在3月2日（星期六）的日记中写道："晴，有风。咳嗽稍好，鼻涕仍多。午后起床批阅公事。晚约冯、雷、冯、姚、罗、闻、唐、刘、潘、汤、朱（闻未来）便饭，商写刻纪念碑事。余酒食未多进，陪座而已。十点客散。"朱自清也在当天的日记中写道："参加梅先生晚宴，主客为唐、罗、刘三人，他们都是纪念碑之设计者。"参加晚宴的主客唐兰、罗庸、刘晋年，再加上冯友兰和未参加

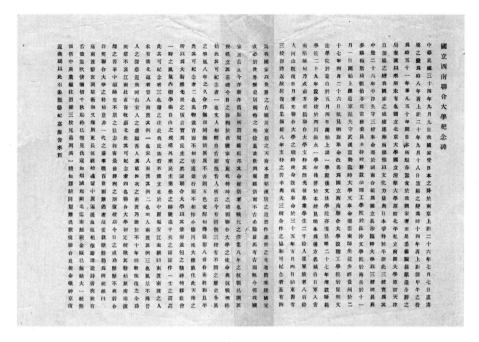

西南联大纪念碑碑文铅印纪念折页（龙美光保存）

晚宴的闻一多，共同组成了纪念碑设计建造工作的五人组合（从军题名碑由文学院教授唐兰篆额、算学系教授刘晋年书丹）。

当时，联大计划要建的碑当然不止联大纪念碑一项。据朱自清日记，2月22日，他参加校志委员会举办的茶会，讨论了建立一二·一运动四烈士纪念碑的有关事宜（后于1946年5月在龙翔街原师范学院校址附近龙翔街建成"一二·一惨案李鲁连、潘琰、张华昌烈士殉难处"纪念碑）。

经过三四个月的紧张筹备，"国立西南联合大学纪念碑"在联大结束前如期建成。

为彰显从长沙成立以来九年间在艰辛万分的历程中，联大"聚三校之精英，共钻研于一堂，光扬学术，为国储才"的斐然成就，1946年5月4日上午九时，联大在昆广大师生、校友、昆滇军政和社会各界名流聚集一室，在联大图书馆举行了隆重的结业典礼。首先，梅贻琦常委在向来宾及师生行礼后报告了联大在全面抗战八年中的奋斗经过，并对云南地方当局及云南人民的热心协助表示由衷感激感谢。接着由北大汤用彤、清华叶企孙、南开蔡维藩代表各校致辞。再请本省耆老马骢、经济界代表严燮成、云大校长熊庆来发表演讲，均对联大为国树人的突出成就表达了钦仰之情。结业典礼的最后一项，在联大附中合唱团悲壮的校歌余音中，由冯友兰教授诵读西南联大纪念碑全文。

在冯友兰读完碑文后，师生及来宾一道，冒着纷纷扬扬的细雨，前往图书馆后的土丘斜坡前，为刚刚落成的西南联大纪念碑举行揭幕礼。冯友兰简短的揭幕辞后，在大家的共同见证下，覆盖于碑上的联大、北大、清华、南开四校校旗被徐徐揭开，联大纪念碑雄壮、庄严的真容顿时展现出来。礼毕，来宾和校友应邀回到室内略进茶点。一会儿，雨终于停了下来。来宾、校友、师生千余人来到校舍前合摄一影，以作联大在昆八年之永久纪念。

对结业礼和纪念碑揭幕式，梅贻琦在当天的日记中写道："午前有雨。上午九点在图书馆举行结业典礼，余报告后请三校代表汤、叶、蔡相继致词，来宾请马伯安、严燮成、熊迪之，最后由冯芝生读纪念碑文。会后至后山为纪念碑揭幕，然后在图馆前拍照，时已有小雨。拍照方毕雨势忽大，在办公室坐约半时，待雨稍小始出。此或为到此室之最后一次矣。"

这是让以梅贻琦为代表的全体联大人难以忘记的一天。

自认是当行出色之作

西南联大纪念碑高约1丈，宽约4尺，由冯友兰（文学院院长）、闻一多（中文系教授）、罗庸（中文系主任）三位教授共同完成这一集历史、文化、艺术于一体的碑作佳构。其中，闻一多教授以极具象形特质的篆额，从右至左依次镌刻着"国立西南联合大学纪念碑"几个艺术功力独具的篆书。几个字中，闻先生将充分体现三校合作精神的"联"字置于最顶端，以高度的对称之美展现着他高超的艺术修养。

全碑正文的书丹者罗庸教授则以刚劲有力的楷书，完美展示了冯友兰教授纵横恣肆、充满坚韧之势的雄文大作。在碑文中，冯友兰将西南联大艰苦卓绝的办校历程、刚毅坚卓的办学精神，乃至我国人民近代以来抗击日寇的历史、中华民族五千多年的文明史融汇其中，彰显了其作为哲学家深厚的历史文化底蕴和卓越的文学才华。

碑文首先说："中华民国三十四年九月九日，我国家受日本之降于南京。上距二十六年七月七日卢沟桥之变，为时八年；再上距二十年九月十八日沈阳之变，为时十四年；再上距清甲午之役，为时五十一年。举凡五十年间，日本所鲸吞蚕食于我国家者，至是悉备图籍献还。全胜之局，秦汉以来，所未有也。"作者认为，全面抗战取得的伟大胜利系甲午中日战争、九一八事变以来首次战胜强寇。这样全胜的局面，即便秦汉以来都是没有过的，从中表露着对抗战胜利的无限喜悦、无限自豪之情。

接着，回顾了北大、清华、南开三校在七七事变的炮火声中联合办学的历史背景和客观原因："国立北京大学、国立清华大学，原设北平；私立南开大学，原设天津。自沈阳之变，我国家之威权逐渐南移，惟以文化力量，与日本争持于平津，此三校实为其中坚。二十六年，平津失守，三校奉命迁于湖南，合组为国立长沙临时大学，以三校校长蒋梦麟、梅贻琦、张伯苓为常务委员，主持校务，设法、理、工学院于长沙，文学院于南岳，于十一月一日开始上课。迨京沪失守，武汉震动，临时大学又奉命迁云南。师生徒步经贵州，于二十七年四月二十六日抵昆明。旋奉命改名为国立西南联合大学，设理、工学院于昆明，文、法学院于蒙自，于五月四日开始上课。一学期后，文、法学院亦迁昆明。二十七年，增设师范学院。二十九年，设分校于四川叙永，一学年后，并于本校。"九一八事变后，政治中心逐渐南移，设于南京。但因三校在对敌斗争中的坚持，文化中心仍固守平津地区。七七战火一起，为日寇所痛恨的三校遽受蹂躏，不得不奉命迁到长沙，合组临时大学。然而，很快，京（南京）沪（上海）也先后失陷，长沙危急，学校只得再次迁滇。迁滇途中，发生过许多感人肺腑的故事，由师生、记者、护送的军人、后勤保障人员等300余人组成的湘黔滇旅行团的徒步长征实为最可赞颂的一页。师生到滇后，先是设了办学仅3个月的蒙自分校，很快又在文、法商、理、工四学院基础上新成立了师范学院。1940年，又增设了办学达一年的叙永分校。这就是联大从长沙而云南的迁徙和办学过程。

作者接着说："昆明本为后方名城，自日军入安南、陷缅甸，又成后方重镇。联合大学支持其间，先后毕业学生二千余人，从军旅者八百余人。"冯友兰后来曾自注，"后方重镇"应当写作"前方重镇"。也就是说，昆明本来是抗战的大后方，因联大等国内高校和知名研究机构的迁入而顿时成为西南地区的文化中心。然而，自从日寇入侵越南和缅甸之后，这一边陲之地陡然间从抗战大后方一下成为抗战最前线。滇西抗战、滇南抗战就在眼前，抗战救亡亦已成为云南人民的一项重要历史使命。西南联大就是在这样艰险的局面中坚持办学、共赴国难的。在云南期间，除了正式毕业两千余名学生，培养了一大批学有所成的抗战建国人才，更有八百多名师生投笔从戎，报效国家。

在全国人民八年来的艰苦奋斗之下，全面抗战终于取得了最终的胜利。作者认为："河山既复，日月重光，联合大学之战时使命既成，奉命于三十五年五月四日结束。原有三校，即将返故居，复旧业。缅维八年支持之苦辛，与夫三校合作之协和，可纪念者，盖有四焉。"联大办学使命既成，不由地要回望三校在八年之中克难攻坚、奋力向前的办学实践，以及三校团结协作、联合到底的合作精神。冯友兰认为，联大在滇八年，最应该纪念的有如下四点：

我国家以世界之古国，居东亚之天府，本应绍汉唐之遗烈，作并世之先进。将来建国完成，必于世界历史，居独特之地位。盖并世列强，虽新而不古；希腊、罗马，有古而无今。惟我国家，亘古亘今，亦新亦旧，斯所谓"周虽旧邦，其命维新"者也。旷代之伟业，八年之抗战已开其规模，立其基础。今日之胜利，于我国家有旋乾转坤之功，而联合大学之使命，与抗战相终始。此其可纪念者一也。

　文人相轻，自古而然，昔人所言，今有同慨。三校有不同之历史，各异之学风，八年之久，合作无间。同无妨异，异不害同；五色交辉，相得益彰；八音合奏，终和且平。此其可纪念者二也。

　万物并育而不相害，道并行而不相悖，小德川流，大德敦化，此天地之所以为大。斯虽先民之恒言，实为民主之真谛。联合大学以其兼容并包之精神，转移社会一时之风气，内树学术自由之规模，外来"民主堡垒"之称号，违千夫之诺诺，作一士之谔谔。此其可纪念者三也。

　稽之往史，我民族若不能立足于中原，偏安江表，称曰南渡。南渡之人，未有能北返者：晋人南渡，其例一也；宋人南渡，其例二也；明人南渡，其例三也。

1946年5月，叶铭汉
在西南联大纪念碑前。
（选自《人民画报》）

纪念碑琐事甚多——冯友兰致梅贻琦　　287

"风景不殊"，晋人之深悲；"还我河山"，宋人之虚愿。吾人为第四次之南渡，乃能于不十年间，收恢复之全功。庾信不哀江南，杜甫喜收蓟北。此其可纪念者四也。

以上四点，着眼于中华文明在世界文明中"亘古亘今，亦新亦旧"的、无可比拟的重要地位，着眼于西南联大在全面抗战中突出的历史地位。他认为联大是与抗战相始终的，于国家民族在巨大灾难中"旋乾转坤"发挥着立其教育基础、文化基础和人才基础的重要作用。八年之中，广大师生摒弃文人相轻的陋习，在求同存异中一心一意地谋求真正的校际联合、教育联合、文化联合、人心联合，最终做到了精诚团结，弦歌不辍，五色交辉，相得益彰。

冯友兰认为，在各种思想、思潮、文化等的多维交汇中，联大"以其兼容并包之精神，转移社会一时之风气，内树学术自由之规模，外来'民主堡垒'之称号"，于国家民族一起共创了南渡北返的伟大奇迹。他在《自传》说："抗战时期是中华民族复兴的时期。当时我想，日本帝国主义侵略了中国大部分领土，使当时的中国政府和文化机关都赶到西南角上。历史上有过晋、宋、明三朝的南渡，南渡的人都没有能活着回来的。可是这次抗日战争，中国一定要胜利，中华民族一定要复兴，这次'南渡'的人一定要活着回来……"

这四点"可纪念者"，是作者对西南联大精神精到的、经典的总结，体现了其对联大这所抗战大学由衷的热爱和赞美，彰显着对包括自己在内的广大师生为了国家民族利益团结一心、抗战到底的伟大联合精神，洋溢着强烈的民族自信心和民族自豪感。

碑文最后，冯友兰以对联大校歌的释读入手，认为到昆不久就以《满江红》词牌来创作的《国立西南联合大学校歌》（罗庸词，张清常曲），写出了联大在艰苦流离中办学的极端不易，写出了广大师生刚毅坚卓的精气神，也写出了抗战必胜的坚定信念。回瞰联大八年来的成功，可以说，校歌极为准确地总结了过去，也非常精确地预言了未来。为此，他以校歌辞意，再叙碑铭，以镌刻联大旷代卓绝的伟大一页。他写道——

联合大学初定校歌，其辞始叹南迁流离之苦辛，中颂师生不屈之壮志，终寄最后胜利之期望。校以今日之成功，历历不爽，若合符契。联合大学之终始，岂非一代之盛事，旷百世而难遇者哉！爰就歌辞，勒为碑铭，铭曰：

痛南渡，辞宫阙。驻衡湘，又离别。更长征，经峤嵲。望中原，遍洒血。抵绝徼，继讲说。诗书丧，犹有舌。尽笳吹，情弥切。千秋耻，终已雪。见仇寇，如烟灭。起朔北，迄南越，视金瓯，已无缺。大一统，无倾折。中兴业，继往烈。维三校，兄弟列，为一体。如胶结，同艰难，共欢悦，联合竟，使命彻，神京复，还燕碣。以此石，象坚节，纪嘉庆，告来哲。

早在1938年西南联大到滇之初，在蒙自南湖边，陈寅恪教授曾写下了"南渡自应思往事，北归端恐待来生"的悲观诗句。确实，逃难南滇，精通中国历史文化的联大教授们，不约而同地想到的是中国历史上的几次南渡。而今，北归即在眼前，不再需要"待来生"了。正像联大新校舍26号宿舍的同学欣闻抗战胜利时"欢乐若狂，痛饮达旦"而欣然大醉一样，一雪国耻的无限快意在西南联大纪念碑碑文中也展露得淋漓尽致。

这篇碑文，除掉碑额、署名（原文无标点，这里据《三松堂全集》补入标点），全文只有1134字，"平实无华"（姜亮夫1946年5月4日日记）。然而，冯友兰先生一生中对这篇千字文却极为看重。回到清华后，他曾多次重读和审视这篇旧作，始终将其作为自己的得意之作。1987年，他在《三松堂散文集》自序中说："作为一个哲学家和哲学史家，我的作品大部分是说理之文，抒情之文不多，但也不是绝对没有。在我的抒情之文中，有《西南联合大学纪念碑》。这篇碑文有识见，有感情，有气势，有辞藻，有声调，寓魏晋之骈体于唐宋之古文。我自以为是当行出色之作。"

对于这一纪念碑，这一碑文，联大师生在不同时间、不同场合都曾表达了由衷的赞佩。1982年，杨石先教授重访西南联大旧址时，曾伫立碑前，无限感慨地说："联大经历过怎样一个历史时期啊！科学人才和革命志士的同时涌现，给联大的历史带来了殊荣。这种优良学风和革命传统，在新的历史时期依然可以激励一代新人！"

联大校友、知名历史学家何炳棣在《读史阅世六十年》一书中说："最能表彰联大社团精神及其特殊历史意义的莫过冯师所撰'国立西南联合大学纪念碑'文。"

2004年，联大校友、诺贝尔物理学奖获得者杨振宁在清华大学中文系的讲演中说："我是1945年到美国去的，1946年西南联大解散的时候，冯友兰先生写了一个西南联大碑，这个碑现在在北京大学有一个复制品。原碑存在昆明从前的西南联大校址，现在的云南师范大学。在《三松堂自序》里，冯友兰先生把这个碑文收进去了，显然他很得意这篇碑文。这篇碑文写得非常之好，西南联大的精神，西南联大的意义，西南联大的影响，都淋漓尽致地写出来了。"杨振宁所说的纪念碑的复制品，后来也分别屹立于清华和南开校园，成为各校重要的文化和精神财富。

鉴于联大纪念碑的重要影响，外文系校友、翻译家赵瑞蕻在《离乱弦歌忆旧游》一文中写道："这碑文意义博大深远，充满激情，文采斐然，记叙西南联大始末，阐明其精神与成就。此文是冯先生得意之作，定当流传久远，以启迪后人。"

传之久远的一座丰碑

冯友兰教授之女宗璞说，西南联大纪念碑"不评风花雪月，不记君恩臣功，而是概括了一段历史……碑的正面是碑文，背面刻有全体为抵抗日本侵略，为保卫祖国而从军的学生名字。碑文系冯友兰先生撰写，闻一多先生篆额，罗庸先生书丹，真乃兼数家之美。文章记述了西南联大始末，并提出可纪念者四。……

文章洋溢着一种爱国家，爱民族，爱理想的深情，看上去，真不觉得那是刻在一块冰冷的石头上"。

正因这一纪念碑具有非同寻常的历史价值、文化价值，在其揭幕式第二天，碑文就全文刊登于昆明《正义报》。一周后，碑文及拓片照片又先后刊登于重庆《大公报》及其他报刊。1948年，北京大学在举行五十周年纪念校史展览时，首次展出了西南联大纪念碑及从军学生题名拓片等联大时期的重要文献。如今，联大纪念碑碑文更是被各类大中学课本和文化读物所选用，焕发出新的文化生机。

当然，历史也是随着时代一直往前迈进的。恰如冯友兰先生自己所说："联大纪念碑碑文所说的可纪念的四点，有三点已经事过境迁，成为历史的陈迹了。只有'旧邦新命'这一点不但没有成为历史的陈迹，而且还是一个新时代的开端。对日抗战的胜利仅仅是奠定了'旧邦新命'的基础。在这个基础之上，还有空前伟大的建筑物建立起来。这就是联大碑文中所说的'我国家以世界之古国，居东亚之天府，本应绍汉唐之遗烈，作并世之先进。将来建国完成，必于世界历史居独特之地位'。这不是历史的陈迹，这是将来的伟业。我常以身为中国人而自豪，因为中国人既有辉煌的过去，又有伟大的将来。我们现在的工作，有'承先启后，继往开来'的意义。所谓'旧邦'就是祖国，就是中华民族。所谓'新命'，就是建设社会主义。现在我们常说的社会主义祖国，就是'旧邦新命'的意义。"

自学成才、抗战时期在前线从军报国、回到联大后曾到民主人士李公朴寓所谈"人生观"问题的申荆吴，能在冯友兰的提携下重新回校任哲学系助理，并参加到编辑西南联大校志和建设西南联大纪念碑的工作中，这是历史赋予他的机遇，也是他无上的荣光。

弟住乡下桃源新村已七年

——沈从文复钟恂

钟恂吾兄:

得教言,始悉在昆工作。工作想极顺手。中公同事在此似不多。另一黎昔非兄,适之先生身边做过事,在此失业,不知兄能为寻一工作否?同学似只吴晗兄,不仅在联大为名教授,在昆明亦为极活动人物,然谈及复校问题,或无兴趣也。中公毁去后,闻即在"党"手中,故二十九年曾一度在重庆欲复校,其后即无闻。兄意极佳,惟欲促其实现,恐得在上海与党中强有力者作计(如潘公展先生),方容易着手,否则即有所计划,到成事时亦必为人顺手捞去,此亦自然之势也。

弟住乡下已七年,名桃源新村十二栋,在滇越路线上桃源站附近。茅屋上漏而下湿,粗细事均由家人亲自动手,故不便邀客人相过。平时星一二多在城中,城中住师范学院楼上。家中人每年均只进城三五次,已完全如一乡下人矣。

专复,颂

安佳

弟沈从文顿首

廿八

以上是沈从文于1945年9月28日从昆明呈贡县桃源新村,回复正在昆明工

1945 年 11 月，沈从文一家在昆明呈贡乡下。

作的中国公学时期同事钟恂的一封信。信中提及的中公师友，除了吴晗，还有当时刚从昆明国立中国医药研究所史地部《本草纲目》"本草产地考释"岗位上离职的黎昔非。对于在这一时期在昆明的活动，黎在《自传》说："工余曾有来往的，除彭丽天及联大同乡外，就只有闻一多、吴晗、沈从文数人而已。"并说："每个星期日，我多数到昆明市丽天先生处谈谈，有时也去看看闻一多先生，顺便去吴晗那里谈一谈（因他和闻先生的住房正相对）。"

正因上述交往，沈从文对这位刚失业的中公校友极为关心，询问钟恂是否可以帮其找到一份合适的工作。大概钟给沈的信在谈论中国公学停办后的复校事宜，所以信中也谈了他对这方面的一点看法。

信的最后，沈从文特别示以自己此时在城乡两地的住址——即联大师范学院楼上和呈贡桃源新村十二栋。他说自己一星期里，一般周一、周二在城里，其他时间则在乡下，所以完全像一个乡下人了。但乡下"茅屋上漏而下湿"，各种事都由年进城不过三五次的家人操持，因此不便在那里邀请和招待客人。这短短的四句话，却写尽了从文先生在昆明七八年颠沛流离，不过也相对安适的日子。

小小的文艺中心

1938年4月30日，沈从文辗转到达了昆明，继续进行教科书的编辑工作。一片绿影的昆明，给初到滇云的沈从文留下了深刻的记忆，以致四十年后还不能忘。

到昆明后，沈从文与杨振声、萧乾等会合于翠湖边上青云街217号一个杂院的楼上。当时，联大学生萧珊、杨苡等借住于楼上一角，傅雷夫妇住楼下（傅聪刚出生），刺杀军阀孙传芳的女杰施剑翘则住后院。从此，这里成了一处名流雅士云集的文化会客厅。

施蛰存在《滇云浦雨话从文》一文中回忆，当时，"从文只身一人，未带家眷，住在一座临街房屋的楼上一间。那种楼房很低矮，光线也很差，本地人作堆贮杂物用，不住人。从文就在这一间楼房里安放了一只桌子、一张床、一只椅子，都是买来的旧木器。另外又买了几个稻草墩，供客人坐。从此，我和从文见面的机会多了。我下午无课，常去找他聊天。渐渐地，这间矮楼房成为一个小小的文艺中心。杨振声和他的女儿杨蔚，还有林徽因，都是我在从文屋里认识的。……林徽因很健谈，坐在稻草墩上，她会海阔天空地谈文学，谈人生，谈时事，谈昆明印象。从文还是眯着眼，笑着听，难得插一二句话，转换话题。"

一到昆明，沈从文马上就沉浸到淘古董寻旧物的生活，并开始对西南文化发生了浓厚兴趣。他回忆："到昆明后，为办伙食用具，去青云街陶器店选择，忽发现木架上层，还剩余一批满是灰尘的旧货。绿釉黑釉陶器，都汁水浓厚，温润无匹，形制尤古秀动人。有四楞瓜式和带盖筒瓮式，犹完全保存定窑风。有些鼠灰釉釉面毛毛的，胎质薄而带青灰，竟和传世越窑如嫡亲兄弟。……如能收集百十种不同器物，陈列到任何现代陶瓷工艺博物馆，也将毫无愧色。

……更大发现还是能容三斗的大奁，上下四周人物繁复重叠，纯暹缅风，内中套盒却如唐镜花纹，壮与秀并。又得到一个仿铜器有提梁的朱墨二色漆篮，四只脚，中部透空，有盖活动却不能取下。设计真可说朴茂典雅，形制完全如汉器。这点小小发现，引起我对于西南漆器更深的爱以及更多的关心，几乎把陈列市上能买的全买到了。"

作为青云街那段岁月的见证者，令施蛰存印象最深的还有他们二人相约福照街逛夜市的情景。他说："昆明有一条福照街，每晚有夜市，摆了五六十个地摊。摊主都是拾荒收旧者流，每一个地摊点一盏电石灯，绿色的火焰照着地面一二尺，远看好像在开盂兰盆会，点地藏香。我初到昆明，就有人介绍我去'觅宝'，开头是和李长之、吴晗一起去，后来长之被云南人驱逐出境，吴晗结识了教育厅长龚自知，几乎每晚都到龚家去打牌。于是，沈从文遂成为我逛夜市的伴侣。……有一次，从文在一堆盆子碗盏中发现一个小小的瓷碟，瓷

费孝通在呈贡魁阁

质洁白，很薄，画着一匹青花奔马。从文说，这是康熙青花瓷，一定有八个一套，名为'八骏图'。他很高兴的化一元中央币买了下来。……这个康熙八骏图瓷碟，引起了从文很大的兴趣。他告诉我，他专收古瓷，古瓷之中，又专收盆子碟子。在北平家里，已有了几十个明清两代的瓷盆。这回到昆明，却想不到也有一个大有希望的拓荒地。……在福照街夜市上，我们所注意的是几个古董摊子，或说文物摊子。这些地摊上，常有古书、旧书、文房用品、玉器、漆器，有时还可以发现琥珀、玛瑙，或大理石的雕件。"

刚刚到昆，沈从文就参加了"文协"昆明分会的筹备工作。10月下旬，在千般万般的等待中，由沈从文九妹沈岳萌同行，夫人张兆和携带儿子龙朱和虎雏逃出北平，由上海赴香港，再转道越南海防，乘滇越铁路奔赴昆明。11月4日，在回沪省亲归昆的施蛰存的协助和同行下，张兆和一家四口与顾颉刚夫人殷履安、徐迟二姐徐曼倩，安全到达了昆明。全家在这战云下的昆明，终于团聚了。

家人都到了昆明，年底，沈从文就又和家人一起转住北门街唐公馆（即唐继尧别墅）对面一所旧洋房边的小楼上。沈从文回忆说："听人说原是蔡锷住的。唐家的豪华和蔡家的简陋恰恰形成一种鲜明强烈的对照。我每天都可看到小院子三株尤加利树上的松鼠跳动。"12月30日，他在致大哥沈云麓的信中则简谈了在此过冬的情形："此间日来尚各事如常，已搬一住处，惟办事处仍在青云街。天气较寒，可用火盆，孩子们尚好，只是用人极不得用，数日来一再换人，九妹等多动手洗碗弄饭，大不便利。刘先生等亦同住一处。东东西西比较起来尚不甚贵，因到底有一铁路，运输较便利也。……近来身体还好，只是国家问题困难，有时未免白着急耳。"

北门街离沈从文、杨振声编教科书的青云街6号办公室极近。由于沈从文在北平时期的众多友人朱自清、闻一多等都已南来，这里亦成为一座热热闹闹的文艺工作者聚散地。张兆和的四妹张充和回忆："七七事变后，我们都集聚在昆明，北门街的一个临时大家庭是值得纪念的。杨振声同他的女儿杨蔚、老三杨起，沈家二哥、三姐、九小姐岳萌、小龙、小虎，刘康甫父女。我同九小姐住一间，中隔一大帷幕。杨先生俨然家长，吃饭时，团团一大桌子，他南面而坐，刘在其左，沈在其右，座位虽无人指定，却自然有个秩序。我坐在最下首，三姐在我左手边。汪和宗总管我们的伙食饭账。在我窗前有一小路通山下，下边便是靛花巷，是中央研究院史语所所在地。时而有人由灌木丛中走上来，傅斯年、李济之、罗常培或来吃饭，或来聊天。院中养个大公鸡，是金岳霖寄养的，一到拉空袭警报时，别人都出城疏散，他却进城来抱他的大公鸡。"

转眼又到了1939年春节。此时，昆明已大有春日景象，北门街所见，也尽显春意。2月20日，大年初二，沈从文致信大哥沈云麓："这里新年气候，已如何近于晚春。很多木叶已敷布新绿，杨柳且在不知不觉中已垂丝极长，开花吐穗了。……弟在此住处四周尚空旷，似不必为未来空袭担忧。孩子们可在就近之防空壕中藏避，或出城往空处走，方便之至。住处去北门比沅陵房子去朝

联大时期呈贡城一户人家门口的妇女和儿童（李约瑟摄）

阳门尚近许多，一出城即敞朗原野，十分美观。云南地方虽高，但就城周光景看来，却平坦如江浙地方，不比沅陵溪谷高耸，山深树密。惟河水极古怪，多浑浊旋转，急如奔赴，尤以在盘江为甚。昆明滇池，则近于一蓄水池，长年清澈照眼，不冻，不浑，不干涸。地方气候既四时如春，滇池边山树又极可观，若由外人建设经营，廿年后恐将成为第二瑞士日内瓦。与青岛比较，尚觉高过一筹。将来若滇缅车通，滇川车通，国际国内旅客，久住暂居，当视为东方一理想地方。"

在此优美环境之中，令这文艺中心的主人最感不安的倒是孩子正在吵闹的年龄，这占用了太多读书写作的时间。3月2日，他复信沈云麓说："我在此工作尚好，孩子们亦安好，只是住处不如在北平时代之宽绰，孩子们正当会吵善闹之年龄，占去我时间太多，除到办事处编书外，回家后毫无希望可以单独安心做事，算来太不经济，若不能在晚间做事看书，日子过来，容易养成懒惰习惯，将来生活，实有影响，正是拼命做事年龄，如此消耗，甚无谓也。……近因种种需要，想利用晚上时间，编一新书，并完成那个《长河》，即不可能。物质方面，已受损失，精神方面，亦感浪费，虽欲振作，不可得也。"

接踵而来的是日机空袭，特别是物价日渐高涨的威胁。3月22日，他复沈云麓信："此间物价日高，橘子卖至七毛一斤，皮鞋至十余元一双，东东西西，无不比去年贵过一倍。家用伙食，月约需百五十元，房租需三十五元，孩子们每月也得二三十元添补，所以生活上只能说是得过且过。"4月16日，在致沈荃的信中，无奈地说："学校事俱照常，不以空袭停顿。只是市面受此数次骚扰，未免有所影响，商家上午不开门，必至四时以后才可做生意，买东西殊不方便。且物价在此情形中飞涨，竟无从用任何力量禁止。"4月20日，致沈云麓信："此间诸事如常。……昆明市自经旬前一再空袭后，日中之市，亦告停顿，多数人大白天惟以等候警报是事，别无可为，来日方长，各方面如此下去，无形损失，未免过大。"

就这样，在青云街和北门街之间，沈从文家成为驻于翠湖附近的小小文艺雅集。文坛诸友从各处而来，相聚在此，又把昆明的文艺信息由此处散播全国，一时为海内所瞩目。

因空袭下了乡

物价日涨，空袭频繁，沈从文不得不像迁来此地的其他文化人一样，另寻安全之所了。20世纪80年代，沈从文在致彭荆风的信中说："不久即因空袭下了乡。三天中我上城里教习作，住处在云大门外牌楼前那个米线铺对过小楼上，每顿吃一毛三的牛肉粉，铺中掌柜当成笑话转述，以为最节省，可料想不到有时下乡无路费，经常还得去开明书店借一二元版税才能上车！生活过得不成个样子，气候温和可救了我一家人。所以对昆明特具好感。"

这样的生活是从1939年5月开始的。

1939年5月上旬，沈从文复沈云麓："孩子们尚健壮，甚乖，小虎不日或下乡住，因张四妹住乡下养病。我等找房子不得，否则全下乡矣。"5月11日，沈从文到位处郊县的呈贡乡下龙街寻找住房，最终决定搬到这里的杨家大院。5月12日，他在复沈荃的信中谈到："昨至呈贡，一老人年已八十，犹应征服务。地方去城约五十里，数日后三姐即拟带孩子往一杨家去住，其家为当地首户，房子极好，只可惜余房不多，办公处与家中人难同时去，否则必一同迁去。小虎随母亲下乡，小龙住城中上学，学校甚近，入学校训练得法，习惯至好，故不下乡，到真正大轰炸时，或再要彼等一同下乡挤挤，亦可对付也。乡下风景人情均极优美。我各事仍照常。惟杂务多，既得为《大公报》发稿，又得为《今日评论》发稿，忙而少功，甚不经济，若能下乡，即可摆脱一些不必作之会晤，不必要之应酬，以及可作可不作之小文章矣。"他本希望大部分时间在乡下生活和写作，无奈要担任两个刊物的专栏主编，只得将就着。

5月15日，他在致大哥沈云麓的信中，也介绍了家人乡居的情形："此间离昆四十里滇池边上有一呈贡县，地方风景不俗，兆和因喜乡下清静，已于日前带孩子小虎下乡。小龙九妹三嫂则仍住北门街，与杨家同在一处。将来或有机会一同下乡。……弟事务照常，惟总觉杂务过多，如此分配时间，劳而少功，甚不经济。幸体力尚能支持，不至于累。工作年底即告结束，将来必不继续。预计可作数种生活法，或编报，或教书，或上前方到任何一军去看看，或回乡住下来，写点文章。论个人趣味我想到处走走，为孩子便利我得教书，为万千读书人计，我得写文章。或许上述各办法均无从实现，末了还是听天由命。"

5月20日，在复沈荃信中，则谈到："三姐带小虎下乡，小龙则留城中同我住，每日上学校读书。每礼拜天我可下乡看看，坐火车一小时，骑马一小时，即可到达。乡下在滇池边，平田万顷，处处见得安静。只是找房子不容易。若有房子，必一同下乡，反而省事。不过雨季一来，必落至十月方止，大有每日必雨之势，亦甚麻烦。且东东西西不易买，虽云近在滇池边，交通亦不甚便利，尤以医药不易得。只是人情尚有古风，殊可爱。"总之，他对于呈贡的乡居所在，是极满意的。

倒是他于5月12日致沈云麓信中所预想的工作问题，一个月后已有了答案。6月12日一早，好友朱自清教授就聘请沈从文为助教事宜，与联大中文系主任罗常培商量，达成了一致意见。16日，沈从文同意担任师范学院专任讲师一职。26日，朱自清致信联大常委会："师范学院国文系现有教授，均由文学院教授兼任；专聘者只助教一人。下学年国文系有二年级学生，似宜有一专聘之高级教师，负责教学，以谋国文系之发展。兹经向黄院长商定，拟聘沈从文先生为师范学院国文系副教授，月薪二百八十元。"

6月27日，联大常委会据朱自清提请裁决的函，议决："聘沈从文先生为本校师范学院国文学系副教授，月薪二百八十元，自下学年起聘。"至此，联大从拟聘沈从文为助教，随而拟担任专任讲师，到最终以副教授聘任，并于1943年7月正式改聘师范学院国文学系教授，充分体现了联大对这位硕果累累的新文学作家的至高礼遇。

从此时起，为了更好兼顾赖以谋生的教职，沈从文就开始了每周三天在城

沈从文夫妇均曾在呈贡中学任教。这是 1940 年秋，呈贡中学抗日宣传队摄于县城三台山。三排左二起刘品鑫、吕华民、许唯宁；三排右二陈宜平。

里，其他时间在呈贡龙街乡下的生活。1939年10月14日，他致信沈云麓，详述了这一阶段的生活："弟在此诸事照旧，已到联大上课，每星期三点钟，学校离家中近，且在郊外，走来走去极便利。孩子们在乡下均极好，小虎虎亦已认字读故事本子，小龙则认字将近五百矣。九妹住法国学校甚好。北门街仅我一人住，因城乡两个家，应付不下，故撤去其一。东西太贵，如今生活仅能对付。若到明春，收入仅学校二百八十元七折，折来扣去，恐生活必更紧，物价再高，也许尚应在做事教书以外，拼命写点文章，才够生活也。此间物价米卖至卅六七元一石，蓝布七毛一尺，余可类推。身体幸尚好，云南气候，有人说不好，有人说好，惟对于弟似尚相宜，因不至于如住北平之容易害伤风，即不至于患鼻血也。"信中法国学校，即设于呈贡的法属友仁难童学校，系联大法文教授邵可侣担任校长，沈从文、张兆和这一时期亦在该校及育侨中学、呈贡中学、建国中学义务担任教员。沈从文说："这些难童华侨和边区子弟，我们实近于相互教育。因为从来不拿钱，并且生活打成一片，对他们印象还好。"

1940年6月，沈从文在城里的住所又从北门街搬到文林街师院宿舍（与卞之琳、孙毓棠同处一室），10月起又搬至文林街20号（联大结束前才搬昆中北院宿舍）。龙街杨家大院的乡居之所则从1939年6月延续至1944年8月之前，此后至1946年1月则一直住于呈贡滇越铁路车站附近的桃源新村第8栋和第12栋。

位于跑马山下的桃源新村，是云南地方名流李沛阶、铁路专家李吟秋于1940年亲手策划创建的。从昆明至跑马山的下行火车，由于坡度关系，原来是不停车的。为了很好地经营桃源新村，在"二李"（尤其是李吟秋）的争取下，滇越铁路公司于当年8月10日起即在此设站停靠。至此，移住新村者日众，沈从文一家和多位联大教授就是在这样的情形下来到桃源新村的。

对于到联大任教后，城头、乡下两头跑的沈从文对教职是满意的。1942年5月，他致信沈云麓："教了十年书，一星期四小时，此外即自由处置，天不管地不怕。去作公务员，有什么意思可言。"

至于桃源新村的生活，他在1942年9月8日致沈云麓的信中，也颇为自得地写道："云麓大哥：九年中倒是最近两年在呈贡住，真是最值得记忆，一切似乎都安排对了，一切都近乎理想，因此一家日子过得非常健康。人家要过节时才把家中收拾收拾，我们倒像每天都在过节似的。孩子们给我们的鼓励，固然极大，最应感谢的，还是兆和，体力方面的健康，与性情方面的善良，以及在困难中永远不丧气，对家中事对职务永远的热诚，都是使一家大小快乐幸福的原因。"

在桃源新村第八栋茅屋阳光满室的诗意画面中，他校改完成了即将在联大出版的《长河》。他在这如其名一般美的乡间会见了许许多多来自联大、来自国内的朋友，使呈贡这一偏于昆明一隅的小城陡然间充盈着许多南腔北调的大学者、大教授、大学生，文教气息，一时称盛。

沈从文后来在《水云——我怎么创造故事，故事怎么创造我》中，饱含怀恋之情地写道：

　　我住在一个乡下，因为某种工作，得常常离开了一切人，单独从个宽约八里的广大田坪通过。若跟随引水道曲折走去，可见到长年活鲜鲜的潺湲流水中，有无数小鱼小虾，随流追逐，悠然自得，各尽其性命之理。水流处多生长一簇簇野生慈姑，三箭形叶片虽比田中培育的较小，开的小白花却很有生气。花朵如水仙，白瓣黄蕊连缀成一小串，抽苔从中心挺起。路旁尚有一丛丛刺蓟属野草，开放出翠蓝色小花，此勿忘我草颜色形体尚清雅脱俗，使人眼目明爽，如对无云碧空，花谢后还结成无数小小刺球果子，便于借重野兽和家犬携带繁殖到另一处。若从其他几条较小路上走去，蚕豆麦田沟坎中，照例到处生长浅紫色樱草，花朵细碎而妩媚，还涂上许多白粉。采摘来时不过半小时即已枯萎，正因为生命如此美丽而脆弱，更令人感觉生物中求生存与繁殖的神性。

　　在那两面铺满彩色绚丽花朵细小的田塍上，且随时可看到成对成双躯体异常清洁的鹡鸰，羽毛黑白分明，见人时微带惊诧，一面飞起下面摇颤着小小长尾，在豆麦田中一起一伏，充满了生命自得的快乐。还有那个顶戴大绒冠的戴胜鸟，已过了蹲扰人家茅屋顶上呼朋唤侣的求爱期，披负一身杂毛，睁着一对小眼睛骨碌碌的对人痴看，直到人来近身时，方匆促展翅飞去。本地秧田照习惯不作他用，除三月时种秧，此外长年都浸在一片浅水里。

　　另外几方小田种上慈姑莲藕的，也常是一片水。不问晴雨田中照例有两三只缩肩秃尾白鹭鸶，神情清癯而寂寞，在泥沼中有所等待，有所寻觅。又有种鸥形水鸟，在水田中走动时，肩背羽毛全是一片美丽桃灰色，光滑而带丝绸光泽，有时数百成群在明朗阳光中翻飞游戏，因翅翼下各有一片白，便如一阵光明的星点，在蓝空下动荡。

　　小村子有一道长流水穿过，水面人家土墙边，都用带刺木香花作篱笆，带雨含露成簇成串香味郁馥的小白花，常低垂到人头上，得用手撩拨，方能通过。树下小河沟中，常有小孩子捉鳅拾蚌，或精赤身子相互浇水取乐。村子中老妇人坐在满是土蜂窠的向阳土墙边取暖，屋角隅听到有人用大石杵缓缓的捣米声。将这些景物人事相对照，恰成一稀奇动人景象。过小村落后又是一片平田，菜花开时，眼中一片明黄，鼻底一片温馨，土路并不十分宽绰，驮麦粉的小马，和驮烧酒的小马，与近面来人擦身而过时，赶马押运货物的，远远的在马后喊"让马"，从不在马前扰马以让人，因此人必照规矩下到田里去，等待马走过时再上路。

菜花一片黄的平田中，还可见到整齐成行的细枝葫麻，竟像是完全用伪装饰田亩，一行一行栽在中间。在瘦小而脆弱的本端，开放一朵朵翠蓝色小花，花头略略向下低垂，张着小嘴如铃兰样子，风姿娟秀而明媚，在阳光下如同向小蜂小虫微笑招手："来吻我，这里有蜜！"

为此，在致钟恂的信中，他干脆把乡下七年的居所都以"桃源新村"代之。在那战事频仍的年代，那安谧朴素、野花遍地、盛产美味宝珠梨的呈贡乡间，确实是昆明郊外的一个极为难得的、美如胜景的桃源之地。

遗憾的是，"桃源新村"这一地名早已成为"世外"之名，不仅昆明人不知其之所在，就是地地道道的呈贡人，也一度认为是作家在文学作品中文雅的、浪漫的杜撰。

呈贡有此一史事，的确是文雅浪漫的。

三分之二收入端赖此道

——闻一多致闻家騄

巡哥大鉴：

　　头两次来信后，嘱驷弟作复，驷弟则指望弟已作复，两相推诿，以致迟延
至今。其所以如此，固由弟等二人向来懒于写信的惯习，而二人生活忙碌情形，
恐亦有非兄所能想象者。驷弟现有三男，弟媳患肾脏病，不耐操作，由买菜至
看护小孩等琐务，皆由驷弟自理，而彼自身亦有风湿病，一日劳碌之余，稍有
闲暇，即思仰榻小憩。似此情形，不但无时间，亦且无兴趣亲笔砚矣。弟个人
身体堪称顽健，三男二女亦差托平安，惟孝贞多病，前年曾一度卧病月余，本

治印中的闻一多

年复沾滞床褥者三月之久。据医生最近之诊断，系甲状腺（在颈部）关系，影响心脏衰弱，并患贫血。一家琐务几全赖赵妈一人，而彼亦年老力衰，丈夫数年来杳无音信，谅已贫死，故心绪不佳，时亦多病。至于弟之经济状况，更不堪问。两年前时在断炊之威胁中度日，乃开始在中学兼课，犹复不敷，经友人怂恿，乃挂牌刻图章以资弥补。最近三分之二收入，端赖此道（润格，石章每字一千二百元，牙章每字二千元），曩岁耽于典籍，专心著述，又误于文人积习，不事生产，羞谈政治，自视清高。抗战以来，由于个人生活压迫及一般社会政治上可耻之现象，使我恍然大悟，欲独善其身者终不足以善其身。两年以来，书本生活完全抛弃，专心从事政治活运〔动〕（此政治当然不指做官，而实即革命）。关于此事，重庆报纸时有报导，不知兄处见及否？此处殊不便多谈。

总之，昔年做学问，曾废寝忘餐，以全力赴之，今者兴趣转向，亦复如是。近年上课时间甚少（每周只四小时），大部分时间，献身于民主运动，归家后，即提刀刻章，入夜，将一日报纸仔细读完，已精疲力竭矣。古人云"匈奴未灭，何以家为"，今之为祸于国家民族者有甚于匈奴。在此辈未肃清以前，谈不到个人，亦谈不到家。……

联大决于五月初北返，路线则尚未确定。可能由公路坐汽车到梧州，再坐船转广州，由香港候轮直达天津，转北平。但海轮目前毫无着落。

田契保存完好。

敬候

阖家安好

弟　骅上

二月廿二日

这是1946年2月22日，闻一多致三哥闻家騄信的节选。信中叙述了他与弟弟闻家驷在联大因忙于教学和生计，竟两次未能复闻家騄来信的尴尬情形。还详述了在联大的这闻氏兄弟俩在人口兴旺的情况下，妻小乃至家佣贫病交加的艰窘处境。尤其谈到自己的经济状况，闻一多说："至于弟之经济状况，更不堪问。两年前时在断炊之威胁中度日，乃开始在中学兼课，犹复不敷，经友人怂恿，乃挂牌刻图章以资弥补。最近三分之二收入，端赖此道……"

闻一多说，自己往年终日沉湎于典籍和著述之中，"又误于文人积习，不事生产，羞谈政治，自视清高"。然而，"抗战以来，由于个人生活压迫及一般社会政治上可耻之现象，使我恍然大悟，欲独善其身者终不足以善其身"。于是，近两年来，完全摒弃了钻入故纸堆的生活，投身于民主革命和爱国运动。过去曾废寝忘食做学问，现在则也全力以赴于民主运动。"近年上课时间甚少（每周只四小时），大部分时间，献身于民主运动，归家后，即捉刀刻章。"入夜后，又强撑着把一天的报纸仔细阅读完，才在精疲力竭中昏然入睡。

治印，本是闻一多年轻时的一段爱好。梁实秋回忆："事实上一多治印不自此时始，1927年的时候便已为光旦、刘英士和我开始刻印了。刻印是他的老手艺。不过到了昆明正式挂牌，技艺大进罢了。"

1943 年 9 月，闻一多
自订的《匡斋印存》。
（选自《昆明盟讯》）

对于在篆刻艺术中初试牛刀这段经历，闻一多在1927年8月25日致饶孟侃的信中，也幽默地写道："绘画本是我的原配夫人，海外归来，逶巡两载，发妻背世，诗升正室。最近，又置了一个妙龄的姬人——篆刻是也。似玉精神，如花面貌，亮能笼擅专房，遂使诗夫人顿兴弃扇之悲。"

没想到，挂牌治印，居然成为抗战胜利前夕至牺牲于反动派的暗杀前，面对高涨的物价和困窘生活的闻一多颇为无奈，却也颇为投入的一段艺术生活。

这也是影响至深，传之久远的一段文林佳话。

挂牌治印之肇始

1943年9月，闻一多的书案上出现了他自己手订手写封面的《匡斋印存》。这是他重启已停用十多年的篆刻铁笔的开始。

"匡斋"是闻先生的别号之一，亦其书斋名。对于"匡斋"的来历，朱自清、王瑶均作过诠释。其中尤以王瑶所说最显详尽，他回忆，从前的一次《诗经》课上，闻先生一进课堂就先念《汉书·匡衡传》的一段话："无说诗，匡鼎来，匡语诗，解人颐。"于是，他认为，一多先生以"匡斋"为书房名，"用意就在扩大研究对象的联系面，能够收到引人入胜、触类旁通的效果，像匡衡的说诗能使人解颐那样。"因此，其遗作中尚有《匡斋尺牍》《匡斋谈艺》等，显示了其在文学、艺术、学术方面力求成为经典，力求走进读者灵魂深处，触发人们深刻思索社会、艺术、人生的高远追求。

1943年11月16日，重庆《大公报》刊出其通讯员11月11日自昆明寄出的短讯，率先披露了匡斋

西南联大纪念碑碑文照片

主人挂牌治印的新闻。报道称："生活费高涨不已，大学教授之生活亦日益清苦，但十之八九仍能本'穷且益坚'之精神，固守岗位，乐育群英。一部分则因难以维持一家温饱，不得不兼营副业。以诗闻名之闻一多教授，最近镌金石印章……"

1944年1月18日，重庆《新华日报》也在第二版刊登了吴青（其他期亦曾署作"伍卿"）四天前从云南寄出的新闻短讯集锦《昆明二三事》，其中说："昆明物价，为全国第一，教授们生活困难，大都另谋开源之道。闻一多教授订润例作金石。从前说过'我不明白文艺作品中为什么描写穷人'的吴宓教授，为大光明戏院做翻译。"

"润例"，亦称润格，即文艺作品的酬金标准。润格对外发布或张贴后，就成为一种广而告之的媒介。报道中所说的"润例"，亦当同时指十二教授共同发起的《沈从文 彭仲铎 唐兰 陈雪屏 浦江清 游国恩 冯友兰 闻一多 杨振声 郑天挺 罗常培 罗庸诗文书镌联合润例》。该"润例"共同约定：

文直：颂赞题序 五千元，传状祭文 八千元，寿文 一万元，碑铭墓志 一万元（文均限古文，骈体加倍）。

诗直：喜寿颂祝 一千元，哀挽 八百元，题咏 三千元（诗以五律及八韵以内古诗为限，七律及词加倍）。

联直：喜寿颂祝 六百元，哀挽 四百元，题咏 一千元（联以十二言以内为限，长联另议）。

书直：

楹联 四尺六百元，五尺八百元（加长另议）；

条幅 四尺四百元，五尺五百元（加长另议）；

堂幅 四尺八百元，五尺一千元（加长另议）；

榜书 每字五百元（以一方尺为限，加大值亦加倍）；

斗方扇面 每件五百元；

寿屏　真隶每条一千五百元，篆每条二千元（每条以八十字为限）；

碑铭墓志　一万元。

篆刻直：石章每字一百元，牙章每字二百元（过大过小加倍，边款每五字作一字计）。

收件处：国立西南联合大学中国文学系王年芳女士代转。

无论作文、作诗、作赋、作联、作书，还是篆刻，高昂的物价逼得大家各显神通了。其中，篆刻自然是针对闻一多、魏建功这样的书艺大家而言（当时在昆明报纸刊登治印广告的还有刚从国立艺专毕业的湖南青年艺术家黄继龄等，但影响最深者仍属闻一多）。

其实，挂牌治印换取润笔费补贴家用，这是联大和云大的朋友们给他出的主意。在四处兼职仍难以实质性改善家庭经济的情况下，朋友们怂恿他重新拾起这曾经的"妙龄姬人"。闻一多欣然接受了从事这一高雅艺术的提议。

闻立鹏在《闻一多和他的篆刻》一文中回忆："那时，我们家住在昆明城郊司家营，和联大文科研究所的朱自清、浦江清、许维遹教授和何善周、季镇淮、范宁等同志朝夕相处。父亲的挚友们目睹我们家的困难处境，曾多次给父亲以帮助，许维遹教授甚至好心地提议要为父亲负担一个孩子的生活费，父亲十分感激，但含着热泪谢绝了。他不愿增加朋友的负担，他对母亲说：'我还有一双手，别的劳动不会，刻图章的力气还有。'朋友们想起他早年曾攻过篆刻，也鼓励支持他公开治印。父亲觉得这是一种光明磊落的职业，于是决定公开挂牌，用自己的劳动换取升斗。"

闻立雕回忆，得知闻一多决定挂牌治印，"大家都很高兴，并且热心地给予支持和帮助。"其中，朱自清送来了自己珍藏多年的上海印油，许维遹带来了几把刻刀，孙毓棠赠予一本钤印谱的本子。擅长旧体诗文的浦江清，则撰写了异常精彩的骈文润例，并以工楷誊写后，邀请十二位学界名家（另有一版本为九人）联合具名推荐，经装框后与印谱小样一起悬于市井各收件点。润例全文如下：

秦鈢汉印，攻金切玉之流长；殷契周铭，古文奇字之源远。是非博雅君子，难率尔以操觚；倘有稽古宏才，偶点画而成趣。

浠水闻一多教授，文坛先进，经学名家，辨文字于毫芒，几人知己；谈风雅之原始，海内推崇。斫轮老手，积习未除，占毕余闲，游心佳冻。惟是温磨古泽，仅激赏于知交；何当琬琰名章，共榷扬于艺苑。黄济叔之长髯飘洒，今见其人；程瑶田之铁笔恬愉，世尊其学。爰缀短言为引，公定薄润于后。

梅贻琦　冯友兰　朱自清　潘光旦

蒋梦麟　杨振声　罗常培　陈雪屏　同启

熊庆来　姜寅清　唐　兰　沈从文

一九四四年于昆明

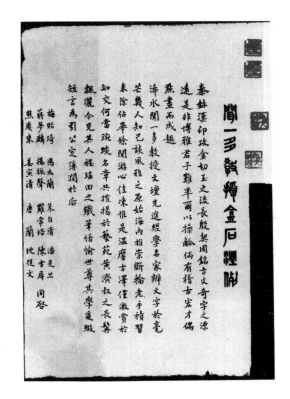

1943 年，浦江清教授所撰《闻一多教授金石润例》，题名系闻先生自己的手笔。

在浦江清的这篇骈文前，闻先生自己用篆文书写了"闻一多教授金石润例"九个大字，可见他对于"教授"这一职称的由衷看重。教授在人们心中本已是社会贤达之士，应该有着优裕的薪资待遇。然而如今，一位大名鼎鼎的联大教授，竟要以挂牌治印换取经济补给，实属无奈。闻一多亲手所写的这九个篆字，因此也体现着他作为时代学者与国家民族共患难的一腔爱国之气，同时也是对于国民党反动统治下民不聊生情形的无声控诉。

关于这一骈文，浦江清回忆说："闻先生对于'文坛先进，经学名家，辨文字于毫芒，几人知己；谈风雅之原始，海内推崇'那几句很高兴。黄济叔是明代刻印名家，其为人长髯飘洒，喻闻先生之风度。程瑶田为清代经学名家，兼长篆刻，以之拟闻先生最为恰合。至于闻氏之刻印，因为他对古文字学的研究，加以早年在美国专学艺术，所以线条配合，别出匠心。学问、艺术双方造诣均高，迥不同于俗笔。而当时昆明一般人士也看重文学名家及教授地位，所以请教他的特别多。在钟鼎文面也只有他一人擅长，多数指定他刻钟鼎文。"

骈文中具名的一位当事人、早年就认识的老友姜亮夫（即姜寅清）回忆："抗日战争军兴，余与一多会于昆明，贫甚，诸友好议谋馐粥。一多以篆刻问世，诸友为之订润例，余为之奔走，遂为制藏书印为谢。"（姜亮夫1975年3月9日致林乾良信）

润例问世后，首先张贴在北门书屋、宝翰轩、联大教职员宿舍附近等治印接件处。宝翰轩主人张宝善回忆："民主人士闻一多教授常来裱画，他治印水平很高，我也在'宝翰轩'挂出了他的印谱为他接件，'教授治印'的佳话由此而起。"除此而外，还在民盟云南省委所办的《自由论坛》连续多期刊登题为"闻一多治印"的广告。

吴晗曾回忆："在青云街逼死坡上和华山南路正义路的几家文具店都有一多治印的广告，白纸上贴了二十几个各式字体的图章样子，右面附上长条的印就的润例，外装玻璃框。"

如前所列，篆刻润例最初为石章每字100元，牙章每字200元。后来物价一涨再涨，润例也只得随而持续翻倍上涨。仅就笔者所见的《自由论坛》1945年1月28日和3月24日所刊广告来看，不到两月时间，润例就由牙章每字1000元上涨为2000元，石章每字600元上涨到1000元，这是《诗文书镌联合润例》中所定标准的十倍。

得知润例一涨再涨，长子立鹤气冲冲地责问父亲："这是不是发国难财？"闻一多听后，沉思良久后意味深长地回应到："立鹤，你这话我将一辈子记着！"

到了1945年3月，润笔费的上涨幅度已跟不上物价的上涨步伐。闻一多只得随朱自清、吴晗、曾昭抡、雷海宗、郑天挺、潘光旦等28名教授一起再订《论文演讲润例》："近来物价高涨，论文演讲所得之报酬价值甚微，同时精神与时间过分损失，同人等今拟有所节制，爰订润例如左：（一）文稿每千字以斗米之值计；（二）报纸星期论文每篇以二斗米之值计；（三）演讲每次以二斗米之值计（演讲稿之发表须另依文稿付酬）；（四）稿酬先惠，定时取稿，演讲报酬亦须先惠。附注：米价以惠酬时昆明中米之市价为凭。"

论文、演讲的润例变化情形如此，篆刻也当应时而变了。

辛勤劳作的手工业者

"你为了生活，学刻图章。成天地刻，通夜地刻，刻到右手中指起了个老大疙瘩，刻到手发抖，写字都不方便，为了一升两升米，为了明天的菜钱。你常说你是手工业者。"这是闻一多牺牲后，吴晗在《哭一多》中对老友的隔空倾述。

治印虽然是闻一多的老手艺，毕竟十多年未曾再碰，加上挂牌后需要面对更为严苛的材料和工艺要求，这项业余"手工业"的开始是极不易的。

闻一多牺牲后，吴晗多次在悼念文章中回忆老友苦刻图章的情形。他在《闻一多的手工业》中说："因为云南出象牙，昆明文庙街一条小巷里，面对面不过二三十家店铺，倒有十几家象牙铺。送来刻的全是象牙章（石头不大有好的，他床边小桌上放着一排排的待刻图章，极少有石章）。刻牙章，尤其是老牙，要使很大劲，出一身大汗。他的右手食指久而久之就长着老大一个疙瘩。"他补充说："刻牙章，过去没有经验。当学刻的第一天，使尽了力气，化一整天时间，刻不好一个。他难受极了，几乎哭出声来。第二天再试，改变用刀的方法，行了。他在几年后和我说这一段故事时，眼泡中还含着眼泪。"

随着治印广告的刊布和人们的口耳相传，来请他治印的人越来越多了，这一业余工作对经济生活的改善效果，当然也是明显的。1944年9月25日，闻一多在致嫡堂弟闻亦博信时说："兄食口较众，前二三年，书籍衣物变卖殆尽，生活殊窘，年来开始兼课，益以治印所得，差可糊口，然著述研究，则几完全停顿矣。"

1945年秋，沈从文在致沪上友人的信中说："一多公已在此成领导民主运动大师。"因此，这一时期的闻一多，其实早已是融入民主革命运动的社会活动家和青年们最为拥戴的师友。他大量的时间已被学生们翘首以待的课堂和日渐频繁的社会活动占去，治印往往是在更为业余的时间，于见缝插针中抢来。他常常苦恼于此，又不得不依赖于此。

闻立鹏这样回忆挂牌治印时的闻一多："晚年，父亲的精力全部投入革命事业，治印篆刻只能是业余时间的事。在会议的空隙，在与青年谈话的间歇，特别是在夜深人静以后，一杯苦茶提提精神，披上衣服，挡上灯光，开始他的铁笔生涯。有时，第二天清晨，当我们睁开眼睛，又看见他伏案工作的背影。"

吴晗回忆，闻一多所住的"一间房子是卧房，是书房，也是会客室，客人坐在床上，板凳上，他在窗前迎着光，一面刻图章，一面和朋友谈话。这样，他这一家在战争的最后几年，幸免于饥饿"。

他的老朋友白英教授回忆："我同他沿着河边散步。有时，午后或晚上，我会来到他家，看他坐在桌旁，俯着头，在赶刻图章，这样他才能养活孩子们——他讨厌这样浪费时间，尽管刻出的图章有时能卖不少钱，他会说宁可在中学里一星期教18小时的课，在中学里，他至少可以按中国老传统热心投入工作。一点也不奇怪，事实是，他在联大比谁都厉害地在破坏这些老传统。"

——为了生存，徒奈其何？

闻立雕、闻立鹏兄弟在一月内被《新华日报》反复刊登过两次，其他报纸也竞相刊发的《谁杀死了我的爸爸?!》中写道："我们有三兄弟两个妹妹，连妈妈娘姨一共七个人，都靠父亲一点薄薄薪水，维持生活，为了援助家计，父亲在课余替人家刻图章，日以继夜地刻，我们晚上睡了觉，他还弓着背在刻，有时候他刻得眼睛发痛了，躺在床上连眼睛都睁不开，他是经常这样给生活重担压得喘不过气来。"于是，为了减轻父亲的压力，孩子们也齐上阵，为闻一多刻印做着各种力所能及的协助工作。

如此拼命地努力，如此艰难的境况下，闻一多也并非全都是见了润笔才收件。校内外的个人和团体需要帮助的时候，他总能不遗余力地给予帮助。闻立雕回忆，老友冯友兰准备对外售字，他赶紧刻阴、阳两枚印章以赠。顾毓琇作为政府代表将赴南京参加日寇受降仪式，他兴奋异常，"连夜赶刻名章，抒发情怀，为之壮行"。

他常为所欣赏的青年朋友赠章鼓励。一次，两位快要新婚的情侣于立生和许云珍奉地下党派遣将去重庆。临走前，他们托好友秦泥请闻先生治印二枚。秦泥把他们的情况告诉闻先生后，先生一口应承了下来。可是等交件时，却拒收酬金。他说，这权当送给这一对新人的结婚礼物吧。秦泥说，像这样为朋友及学生无偿刻章，在闻一多是常有的事。但是，他对他所讨厌的一些权贵俗子（如一二·一运动后被革职的李宗黄），即使高价相求，也拒之门外。

秦泥的回忆是靠得住的。刘仿佛在1946年1月8日《浙江日报》上发表的《闻一多近事》中，转引了一则报道的片段："一多先生近年以刻图章为副业，润资颇高，闻名而往者不少。前有于昆明风云一时之×主席，差人请刻牙章，要求在二小时取件。两小时刻成固无问题，但此公于云南省政府改组中给人印象不佳，一多先生决以违十日取件定例而拒绝，此对某公殊出意外。"作者感慨说，一个站在时代前面的倡导民主的学者，他必然地有其强烈的爱憎，从这一点设想，我们便会明白闻一多的拒绝×主席，决不是矫情，也决不是"二小时取件"损害了他的身份，而是人多少对×主席有了一点认识——他不能掩饰住他的爱憎感。

但是，对于自己心里所赞成的，所支持的，一多先生一定倾全力支持。在昆华中学兼课时，为了鼓励同学们积极募捐，他提出为每年级募捐最多的一位同学义务刻一图章。李何林回忆："昆明文协响应重庆全国文协老舍先生经办的'募捐救济全国贫病作家'的号召，用举办音乐会等等方式进行募捐。闻一多本人已是个贫穷作家和拿了教授工资也难维持他的八口之家的生活、须在昆华中学兼课，并在百忙中再挤出时间刻图章以糊口的人，也竟捐出了他几天刻图章的钱，去救助抗战后流离失所、贫病交加、被反动派弃置不顾的进步作家。"

他同样以刻图章来帮助昆明的进步学术团体。其中，一枚"时代评论社章"，是在炮火声中刻成的。在此章边缘，他刻着："土夕吴晗捐石，闻一多制印。卅四年十月三日昆明。"对于这枚隶书印章的刻成经过，吴晗回忆：

"时代评论社章"印及其边款

他替我刻过两个私章，象牙的一个是离昆前刻的。另一个是石章，现在还寄放在昆明。

时代评论社章具有历史的意义。在刻这图章前两星期，我在逼死坡文具店用一千元买到一块旧石头，长方形。一边刻有双鱼，他也很喜欢，夸我眼力不错。问愿意刻什么字，是一句诗，还是连名带字刻在一起？我说，随便，你喜欢怎么刻就怎么刻罢！不久，时代评论社成立了。要一个公章，他就自告奋勇，连带也替我捐献出这块石头。十月三日的早晨，在枪声炮声中完成这件艺术品。刻完，兴匆匆地走来说："今天我做成一件事，很得意，你来瞧瞧。"我看见也很高兴，连说好极了。又问："你没有听见枪声吗？这样密，这样响，亏你静得下心！"他说："昨晚就有一些声音了，管他呢！我今天高兴做我自己的事情！"

炮火声愈来愈密了，大街小巷满是国军。断绝交通，连大门也出不去，到中午我们才弄明白是内战，国军炮轰五华山，解决主滇十八年的龙云。这样，我们这些流亡者，过了八九年战争生活，第一次看见了战争，被置身于炮火中，闻得火药味。

这样的炮火声，已潜藏着一场惊动海内外的时局危机，导致了龙云政权的结束，也最终引发了一二·一运动。一多先生的对此不满，已全然呈现于前面所述拒为李宗黄刻图章的实际行动中。

印艺高超扬美名

对闻一多而言，是迫于生计才破例挂牌治印的。但是，自从《匡斋印存》摆在案头等着盖印谱开始，他就已将这一谋生手段同时视为谋艺术的一项审美事业了。不论是否收取润笔费，不论是为平民刻印，还是为友好、学生、团体赠印，他总把治印看成一项严肃的、活泼的、富有生命力的艺术工作。闻立鹏说，闻一多的挂牌治印，"虽是为贴补生活，但每一方印都是作篆刻艺术品对待，费尽艺术心血。总以艺术完美为标准，因此都具有篆刻艺术的水平"。确是一语中的。故而，1947年朱自清先生在编《闻一多全集》时，就想把他的刻印作品也收进去。

他虽然在十多年前就已有了篆刻的底子，对篆刻艺术应该说早已胸有成竹。但等真正挂牌治印了，却不敢自负，总在认真谨慎地探索篆刻艺术，以不断学习的心态提高篆刻艺术水准。田汉在《望着云南痛哭》一文中回忆李公朴、闻一多两先生时曾写道：

李、闻两先生的生活都是非常清苦，而一多先生尤甚。李先生在昆明经营一爿"北门书屋"，虽则生意清淡，还能勉强维持。一多先生孩子多，大学教授所入不够开支，还靠在翠湖旁一个中学兼课。他是对于金石有兴趣的，常以余力替人治印。我对于他的铁笔技术非常惊叹。

——啊呀，想不到闻先生还有这一手。哪一天我也要请你替我刻一颗。

——好，你带石头来让我学习学习。

他这种既是谦逊，同时也确确实实是在学习的心态中进行的篆刻工作，得到了友朋和学生们一致的赞誉。吴晗在《闻一多的手工业》中说："一多在美国原来是学美术的，会描字，也学着刻图章。……他会写篆字，写甲骨文，写金文，书桌上经常放着一堆古文字学的书，也写过不少篇关于古文字训释的专门文章。……刻图章不费什么本钱，只要一把刻字刀，和对古文字的了解，字的结构排列有要艺术意味，古雅而不俗。一多恰好具备了这些条件，就靠这一行来养家。他告诉我，最重要的是构思，人的姓名，每一个字的笔画，有繁简，如何安排繁简不同的字，在一个小方块子里，得要好好想。其次是写，用铅笔画底子，刻一个惬意的图章，往往要画多少次才挑一个用墨上石。再后便是动刀了。这段最费力，老象牙尤其费事。刻好粗坯子以后剩下便是润饰的工夫。最后，用印泥试样，不惬意再加雕琢。一切都合式了，在印谱上留下几个底子，剪下一个和原章用纸包好，标上名姓和收件处，这件工作才算结束。"

先生的学生王子光说："他在篆刻艺术方面造诣是很深的，是以汉印与金文为根底，在传统的基础上又熔铸成自己的风格，在篆法、刀法和章法方面都有明显的创造。"汪曾祺也说，先生的治印，"朱白布置很讲究，奏刀有力"。

先生的老友、老同事、文字学家陈梦家在《艺术家的闻一多先生》中则认为，在昆明时闻先生的治印，"很讲究笔画的正确，也讲究布局，因为他对美术设计曾有过研究。他所刻的印章，可以称为艺术品：笔画是合乎六书的，布局是有构义的，刀力是刚劲的，字体是严整的。他所刻的，代表他的个性，就像

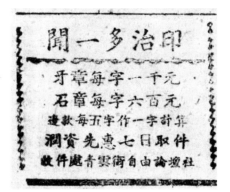

1945年1月28日，《自由论坛周刊》刊登的闻一多治印广告。

他的字一样：不很丰润，但是有力，太谨严而不俗。他的印章、书法和诗，有许多互相贯通的地方。但此地我们必须指出一点，他仿佛最爱格律、章法等形式的严整性，而由于他是热情而又有丰富想象力的人，常常想冲出这个形式的篱笆。"

作为一个颇有个性的教授，闻一多的治印，时常看情况下料。假如来请治印的是两位情投意合的青年男女，他多半会奉上喜气洋洋的龙凤章以示祝福之意，在联大结成姻缘的两位学生徐继、丁淑姿就有幸得到了这样一套龙凤印。

除了形式上的美，他的刻印，还常常以印言志。他曾捉刀为自己刻了"叛徒"一印，立誓做旧世界的叛徒。在一些特殊的印章上，他则在随手而写的边款中表达着强烈的个人情感。

——在"孙毓棠"印的边款上，他写道："忝与毓棠为忘年交者十有余年，抗战以还，居恒相约：非抗战结束，不出国门一步。顷者强虏屈膝，胜利来晚矣。而毓棠亦适以牛津之邀，而果得挟胜利以远游异域。信乎！必国家有光荣而后个人乃有光荣也。承命作印，因附数言，以志欣慰之情，非徒以为惜别之纪念而已也。卅四年九月十一日，一多于昆明之西仓坡寓庐。"在历数私人友情的同时，更为强烈地表达着为国家之荣而荣的爱国之情。

——在赠华罗庚的印章边款上，他刻着："甲申岁晏为罗庚兄制印，兼为之铭曰：顽石一方，一多所凿，奉贻教授，领薪立约。不算寒伧，也不阔绰，陋于牙章，雅于木戳。若在战前，不值两角。"1941年，为避机空袭，闻一多、华罗庚两家曾共同寄居在北郊陈家营隔帘而居。事后，华罗庚写了《挂布》一诗："挂布分屋共容膝，岂止两家共坎坷。布东考古布西算，专业不同心同仇。"表达了与国家民族共患难的家国情。而闻一多在这印章边款上的话，又从印刻作者的角度，于幽默诙谐之中极尽二人在乡间曾共患难的款款情谊。为此，1979年，华罗庚特意撰文，深情地纪念老友闻一多："一多先生治印是为了生计，可是却精工镌刻了图章送给我，这是他的完美的艺术的纪念物，也是他对朋友的真挚情意的宝贵凭证。在几十年迁徙辗转的生涯中，我一直珍藏着它，每当我取出它，就想到一多先生，它上面所凝聚的患难之交的革命情谊成为鞭策自己不断进步的动力。"

正因他出色的治印艺术，据说连一些美军官兵也附庸风雅前来请印。1944年9月，澳大利亚著名战地记者乔治·约翰斯顿（George H.Johnston）在王佐良介绍下，也慕名前来昆明闻宅拜访。12月16日，他所写的《中国萧伯纳的愿景》（*Vision of China's Bernard Shaw*）一文在澳大利亚《阿尔戈斯》周刊（The Argus，又译《守护者报》）发表。因为一袭美髯，他将闻一多称为"东方的萧伯纳"。他在文章中高度赞扬了闻一多诗人、思想家、史学家的学人风范，认为一多先生以渊博的识见成为联大学生心中的"知识领袖"，同学们都愿意团结在他身边。他特别描写了见到闻一多时的第一印象："他站在狭小破旧的小房间里。大床上散落着几十张白纸，上面盖着用中国历代的古文字刻出来的许多朱红色印谱。摞成一大堆的书从墙角溢出来，堆满了旁边的椅子和摇摇晃晃的桌子上。"这一治印专家的形象由此定格于海外报纸上。

但是，闻先生的治印工作也有受到怀疑的时候。雨萌在《悼闻一多先生》一文中回忆过这样一件事——

记得有一次，几个人在民主周刊社取闻先生刻的图章，他们拿着这几个雪白的象牙章看来看去，觉得不像是出于闻先生的手。正在真伪难辨的时候，闻先生来了。他看见这种情形便问："怎么回事？"这几位先生仰慕闻先生已久，看见他这样和蔼地问，反而有点不好意思开口了。民主周刊社办事员便说了这件事的原因，闻先看看图章，接着说："怎么会这样做？这儿是民主周刊社，我们是献身民主事业的，绝不能马马虎虎，我们什么事都要做榜样的，……这是我刻的，绝没错儿，怎么能叫人代刻呢？……"接着他拿起了图章很谦逊地说："如果刻的不好而使各位不满意，那我就很抱歉了。……我个人对于雕刻很有兴趣，朋友们督促我不要丢弃了这件工作，同时，为了生活的关系，这才公开刻图章。我个人自信是很认真的，没有马虎过一个图章。"这一段话已使这几位先生哑口无言。而闻先生又说了一篇雕刻图章艺术，并指出这几个图章的特点，最后这几位先生简直惭愧得不知如何是好了。为了这件事，闻先生总费了半个多钟头的时间。

他就是这样，与教学、研究和写作一样，在篆刻工作上，他也绝不会有丁点的马虎。如果别人不满意，就先检讨自己的艺术水平。

作为爱国诗人文天祥后裔，为了守护闻氏家声，为了国家民族，为了民主革命，闻一多在1945年10月蒋介石解除龙云职务之后，仍然无所畏惧地战斗在民主运动最前列。直至一二·一运动和李公朴遇难之后，自己最终也倒在血泊里。为了生活，为了篆刻艺术，他同样辛辛苦苦工作到最后一刻。闻立鹏说，"从一九四四年四月起，到四六年七月十五日他牺牲之日止，两年多的时间里，他刻了大量的图章，仅现在留在印谱上的就有四百余方。平均几乎每天都要刻一方。就在牺牲前的几个小时，也许是为了镇定母亲的心绪，他还伏在案前刻了一会儿图章。"

一多先生的精神，也透过精湛的印艺，透过他一丝不苟治印的故事永留人间。

附记

浦江清先生为闻一多治印艺术所作的小启，一直以来因其文辞优美精到广受好评。又因其有12位名播海内外的知名教授参与署名推荐，一度被认为是古今中外最强的代言广告。

其实在《闻一多教授金石润例》诞生前，单在西南联大就曾创造过广告代言阵容更为雄厚的纪录。

1941年7月15日，昆明《中央日报》刊登了蒋梦麟、梅贻琦、熊庆来、冯友兰、潘光旦、马约翰6位知名教授，为联大秘书沈刚如设于昆明市府东街17号的诊所所作的代言广告。

接着，8月上旬，《云南日报》《朝报》刊登了朱自清、赵凤喈、李辑祥、李谟炽、章廷谦、雷海宗、毕正宣、潘光旦、胡蒙子、唐贯方、闻一多、许维遹、戴芳澜、殷宏章、俞大绂、朱蔭章、赫崇本、陈桢、余冠英、李继侗、吴韫珍等72位名家，为该诊所"同启"的代言推荐。

11月19日，《云南日报》又刊登了樊际昌、汤佩松、杨武之、高崇熙、黄子卿、张印堂、赵忠尧等另15位名家的代言广告。

至此，共有93人为持续应诊至1946年8月的"国医沈刚如诊所"代言推荐。这阵容，在联大真是空前绝后。

当然，《闻一多教授金石润例》在联大的所有代言推荐中，是有着无可比拟的文学价值、文化意义和历史内涵的。我以为，这才是其"最强"之处。

学府之穷竟如斯耶

——张景钺致朱树屏

1938年7月1日，经联大第76次常委会议决，购置昆明西北角城外三分寺附近土地124亩4分5厘为校址，预算地价及地内坟墓迁移费计24531.29元。8月9日，学校聘请建筑学家梁思成、林徽因夫妇为校舍建筑工程顾问。8月30日，经第86次常委会决议，成立校舍委员会，聘请黄钰生、樊际昌、沈履、冯友兰、吴有训、陈序经、施嘉炀、毕正宣为委员，黄钰生为主席。就这样，新校舍设计和建设工作被提上了联大的工作日程。

联大作为一所匆忙合组的大学，经费并不充裕，自然不可能设计一座现代化的校舍。1938年11月4日，梁思成在致杨廷宝的信中说："我们到昆明已将十个月了。工作不多。最初因西南联大叫我为校舍设计，还闹了不少是非。"到底是什么是非，梁思成并未明言，但从中一定隐藏着不足为外人道的苦衷。

1939年8月，经过不到一年的设计修建，新校舍终于在昆明大西门外建成并交付使用，联大算是有了自己的"新家"。所谓新校舍，其实只有食堂和图书馆是瓦顶建筑，教室、宿舍则为土坯墙的低矮平房，教室顶为铅皮（亦常称为铁皮或者铝皮）顶，宿舍顶则由于资金匮乏一律为茅草顶，因此条件十分艰苦。

1940年，杨彤在《宇宙风》杂志上发表了《穷苦的大学生》一文，描述联大新校舍的简陋情形："新校舍从外面看简直和乡村房子一样，黄泥墙，涂上灰石灰。窗子是木条横七竖八拦成的，玻璃买不起，用着报纸或玻璃纸、牛皮纸，拿来粘在上面以蔽风。屋上铺的是茅草，只有几间课堂有被铁皮铺屋顶的幸运。至于内部，更不像话，地板是没有的，天花板更谈不到，四五十个人挤在这么一间屋子里。晚上，每四个人合用着一盏豆油灯。"

然而，就是已经困窘如是的新校舍，其铅皮顶的不少教室，最后也被迫易为茅草顶。

1946年6月23日，正在美国加州大学进行学术访问的西南联大生物学系主任张景钺教授，致时任美国伍兹霍尔海洋研究所高级研究员的海洋生态学家朱树屏教授的信，披露了这一情形。

其信节选如下——

1940年张景钺教授与夫人崔之兰（后左）、子张企明等合影。

树屏弟台惠鉴：

本月17日惠书收到，承示研究工作范围甚感。又承告知关于经济方面对云大意见，大为喜悦，足见弟台□难，掏诚相示，而同时与钺以机会，可就所知向弟解释。许多不快事却因误会而起，而误会则由于彼此不能尽情吐露意见。

抗战后几年直到目前，国立学校经济之困窘实难令人想象得到。例如在联大后几年，信封、信纸停发，钺为公事写信也须自出文具，自出邮费。去年雨季屋漏，我桌上两处滴水，屋又小，桌子无处可移，只好用两个罐子接水，在一个较干的角上做事。当然学校补一间屋漏的钱还有，但问题是房子间间都漏，常委（即各校校长）办公室也是漏，若要整个补漏就要一大笔款，非费力筹措不可。若弟台去年到联大去，可以看见联大学校将屋顶上铅皮取下，换上草顶，原因是有一家电影院要铅皮，愿买学校的屋顶，学校卖去，换上草顶，

西南联大的"生物学实验室"

可以得一笔钱，略为贴补。云大因学校小，经济情形略好，生物系每年用费究有若干我不清楚，但我想全系今年的费用不会超过美金五万元之值，生物系为研究用款往往要自己想法，所以全系的人课余时种花，每晨由校工挑出去卖。又因美军在昆明人多，鸡蛋价贵，设法养鸡（鸡生病死去不少，是否赚钱，我不知。联大生物系曾一度试养兔子，但因地方太小，未成功）。内人研究蛙的鼻，但小盆内养不好，而学校又无钱买大缸，结果将家中水缸临时借去，此种例子举不胜举。弟必问教育部何以不多给学校经费？而教育部说全国国立大学都要钱，行政院不能多给，何处去弄钱？云大本想借一千元美金为弟购物，内人函中并曾提及设法托人说项，因官价美金当时只二十元，借到等于政府白送，而那时忽然取消官价，照市价买，一千美金要二百多万，学校出不起是意中事。

......

以前北平研究院两方合聘事，我不甚赞成，唯一的理由是我认为对弟研究无好处，该院动物研究所在乡间，两处跑每星期在路上至少要耗去一天的工夫，而设备上也无一处可以对弟帮忙。总之，中国情形不能与英美比。北平研究院副院长李书华先生为人甚好，他极想各研究所上轨道，但实际各所的事要所中直接负责人去推进的。当然这几年大家穷困万分，一个人要兼几个事，每天到处跑，总能得一饱。在这种情形之下我也不愿责人太苛。但无论如何我觉两面兼的办法在这种状况之下，两无好处。现在北平研究院要迁回北平……我很坦白说，云南大学不是做研究理想的地方，但目前的中国何处是理想做研究的地方？云大目前有一好处，此事已成定局。是在后方，离斗争的地方远，虽然设备差，然因陋就简总可以做些事。

我在此习海藻并采集标本为回国教材，近日采集颇忙，两星期后回加大，如七月五日以前可以收到信，谨请寄此间：

C. Y. Chang

c/o Hopkins Marine Station Pacific Glrore, Calif

弟有意见仍请详告，当尽所能答复，尊书主要要点日内寄家书时当转致内人。

即颂

研佳

景钺拜启

六月二十三日

信中的"云大"即云南大学，"内人"则指张景钺教授的夫人、动物形态学家崔之兰教授，当时因联大有夫妻不能同校工作规定而在云大生物系任系主任（张景钺亦在此兼课）。在此前后，张景钺、崔之兰夫妇受云南大学熊庆来校长委托，委请朱树屏代购生物器材等的同时，邀请他到云大任教。

抗战期间，朱树屏在海外积极支援抗日战争，为国内各大高校和研究机构代买了大批科技图书和仪器设备，并通过英国著名科学家、中英科学合作馆馆长李约瑟的帮助运往中国，支持国家的科技和教育事业。联大生物学系使用的2000片显微镜载玻片及部分零部件，就是在朱树屏教授的积极协调下，在海外购买寄到昆明的。他在办理这批零部件的购买事宜时，曾致信英国方面："如果英国文化协会能够付这些费用，并在这些物品上标明英国文化协会捐赠，我相信学校当局会认为这是很大的荣誉，否则请要求Beck公司把账单寄给我，这样我可以安排付款事宜。"（1945年致

1945年3月，重庆报纸对联大变卖铁皮顶的报道。

Crowther）

张景钺6月23日的这封信，在简单寒暄几句后，就进入了正题。他是抗战胜利后不久，才于1945年10月中旬启程，于翌年1月底抵达目的地的。他对抗战以来昆明两所高校，尤其西南联大的情况，是极其熟悉的。因此，他在信中着重谈了学校艰难办学的情形。

他说："抗战后几年直到目前，国立学校经济之困窘实难令人想象得到。"他举例，在联大办学的最后几年，连信封、信纸都在拮据的经费的压迫下不得不停发，学校穷到系主任办公事写信也必须自己出文具和邮费。"去年雨季屋漏，我桌上两处滴水，屋又小，桌子无处可移，只好用两个罐子接水，在一个较干的角上做事。当然学校补一间屋漏的钱还有，但问题是房子间间都漏，常委（即各校校长）办公室也是漏，若要整个补漏就要一大笔款，非费力筹措不可。"

联大茅草顶的宿舍

他接着说，联大新校舍在建成六年后，不得已而将屋顶上的铅皮取下，换上了茅草顶。因为这时有一家电影院需要铅皮，学校正好卖了教室屋顶的铅皮，换上成本便宜得多的草顶，这样就置换出一笔经费，继续改善办学。这是1945年春节前的事。

1945年3月3日，重庆《万象周刊》刊登了一个月前一则从昆明寄来的短讯，其以《学府之穷竟如斯耶！西南联大拍卖校舍》为题报道了联大在办学经费万分困难的状态下的不得已之举。这篇报道最早于同年2月1日以《昆明各大学经费困难　联大变卖铅皮换住草房》为题刊登于昆明《扫荡报》。报道称："抗战以来，全国军民奋战，生活均极艰苦，其中尤以教育界坚守岗位，不顾艰苦而始终致力于百年树人之计，颇堪钦佩。乃迩来物资续涨，而教育经费支绌，益感维持不易。此间国立云南大学、国立西南［联合］大学、私立中法大学等，为维持教育数千学子，以及历年之巨额亏空，已不堪再以维持。联大为清偿历年所有之负债，将该校新校舍所有铅皮屋顶以二千万余元售于本市每某大公司，另易以茅草屋顶……"

报道中所述的买铅皮的某大公司，亦即张景钺在信中提到的某电影院。那么到底是哪家买走的铅皮屋顶呢？联大总务长郑天挺在1945年2月7日的日记中写道：

八时起。十时入校治事。明之来函，责问昨日学校扣留所售铝皮事。此事昨日下午大光明曾派人来问，余以不知，令其往询胡蒙子，未料其事严重至此。校中新校舍屋顶铝皮经明之与月涵商，定售予大光明六百三十张，每张定价六千八百元，立有合同，应于上月二十九日银货两清。已交二百五十万元，取四百张。本月二日来取余货，余以其货价未清，未允其取，并函大光明，请其按照合同议价，嗣由明之与月涵再商，准其立交余款，即行付货。昨日价款交清，货亦点交由大光明装车运出，临时乃为沈刚如所阻，不准运出。其时余已离校，全不知之。大光明乃向明之质问，要求赔偿，因其原建房屋屋顶已拆，急待改装铝皮，如不装，遇雨损失当在千万元。明之大不悦，函余并函月涵，月涵一函尤不客气。刚如本非直接负责之人，此种举动本属轻妄，而事后绝未以告余，以为阻止后即无事，尤属荒唐。今日月涵得信大急，急命将铝皮运走，而对昨日责任竟无所问，可谓大怪！蒙子云，康甫以未经手，大不高兴，怂恿为之。矛尘亦云，连日康甫与刚如数数谈议，昨日刚如先至康甫家，复返校阻止，阻后复至康甫家云。余甚望其仅因不高兴而已，切莫有其他企冀，否则学校名誉更不堪矣。

原来，是被在昆明极具知名度的大光明电影院买走的，货款两清时间约定为1945年1月29日。但所售金额并非报道中所说的两千余万元，而是428.4万

联大同学的宿舍是简陋的茅草房。尽管生活在这样艰苦的校园里很艰难，很不舒适，但并不妨碍联大同学的努力学习，这就是他们对祖国抗战的支持。（美国国家档案馆保存）

元。电影院先以250万元取走400张，至2月2日，又来取剩下的铅皮，只因货款未清而未能取成。2月6日，电影院按要求交清欠款后欲运走，不料被联大常委会秘书沈刚如所阻。事情闹得极不愉快，于是，电影院责问联大工程处主任王明之。王又分别致函梅贻琦和郑天挺，表露了极大的不满情绪。最终，在梅贻琦的强势干预下，铅皮才被顺利运走。否则，如郑天挺所说，学校在昆明的名誉将不堪了。

张景钺在信中还谈到云大和联大为增加经费而分别养鸡、养兔等窘况，以及对云大和北平研究院拟合聘朱树屏一事的反对，因为"该院动物研究所在乡间，两处跑每星期在路上至少要耗去一天的工夫，而设备上也无一处可以对弟帮忙"。不过他说："这几年大家穷困万分，一个人要兼几个事，每天到处跑，总能得一饱。在这种情形之下我也不愿责人太苛。但无论如何我觉两面兼的办法在这种状况之下，两无好处。"

的确，在西南联大这样的高水平学府都要靠卖铅皮渡过难关的艰困情形下，如若严苛地概不允许个人进行任何兼事，实在说不过去，也很不现实。

张景钺写这封信时，西南联大已结业快两个月。这所大学在昆明，从颠沛流离中建盖极端简朴的校舍为艰难开端，又以变卖铅皮作更加穷酸的结束。

然而，艰难困苦，玉汝于成。"盖茅筑室作经筵"，"此是光辉史一页"。早在1944年12月，居华两年之久，刚刚返英的剑桥大学著名生物学家尼德汉（Joseph Needham）教授，在演讲时即称："中国之科学家及技术工程人员，虽处于战时物质缺乏、设备简陋之环境下，然彼等竟能以大无畏之精神最勤劳之努力获致极光辉之成就。"并举例说："昆明之西南联合大学与贵州之浙江大学及其他数大学学生之程度，堪与英国之剑桥、牛津，美国之哈佛、耶鲁等大学比美。"

因此，另一位来过联大访问并受邀作了学术演讲的美国地理学家葛德石（George Babcock Cressey）教授在其《中国高等教育考察报告（1943—1944）》里说："尽管昆明的消费高于其他地方，但西南联大的教育水准和师资力量之高，也让学生更愿意来到这里。"

几十年来，提起这所与抗日战争相始终的大学，我们总觉得，梅贻琦先生就任清华大学校长时的一句演讲词，最能概括其全部的经历。

这便是——

"所谓大学者，非谓有大楼之谓也，有大师之谓也。"

主要参考书目

1. 《胡适遗稿及秘藏书信》，耿云志主编，黄山书社，1994年版。

2. 《闻一多书信选集》，人民文学出版社，1986年版。

3. 《闻一多书信手迹全编》，闻立鹏、张同霞、闻丹青编，国家图书馆出版社，2010年版。

4. 《朱自清全集》，朱乔森编，江苏教育出版社，1998年版。

5. 《北京大学图书馆藏胡适未刊书信日记　胡适抄录徐志摩日记　澄中中学日记　胡适收藏书信》，北京大学图书馆编，清华大学出版社，2003年版。

6. 《柳亚子家书》，岳麓书社，1997年版。

7. 《陈寅恪集》，陈美延编，生活·读书·新知三联书店，2015年版。

8. 《沈从文全集》，张兆和主编，北岳文艺出版社，2002年版。

9. 《雪泥集　巴金书简》，杨苡编，生活·读书·新知三联书店，1987年版。

10. 《刘文典全集》，诸伟奇主编，黄山书社，1999年版。

11. 《林徽因集》，梁从诫编，人民文学出版社，2014年版。

12. 《吴晗全集》，常君实编，中国人民大学出版社，2009年版。

13. 《潘光旦文集》，潘乃穆、潘乃和编，北京大学出版社，2000年版。

14. 《傅斯年遗札》，王汎森、潘光哲、吴政上主编，社会科学文献出版社，2015年版。

15.《吴宓书信集》，吴学昭编，生活·读书·新知三联书店，2011年版。

16.《三松堂全集》，河南人民出版社，2000年版。

17.《朱树屏信札》，日月、朱谨编，海洋出版社，2007年版。

18.《张伯苓全集》，龚克主编，南开大学出版社，2015年版。

19.《国立西南联合大学史料》六卷本，北京大学、清华大学、南开大学、云南师范大学编，云南教育出版社，1998年版。

20.《民国书刊上的西南联大记忆》九卷本，龙美光编，云南人民出版社，2018年版。

写在书后

烽火连八载，书简抵万金。

此时此刻，我不由想起曾任西南联大师范学院数学系讲师的刘薰宇先生在《马先生谈算学》一书里的话。

1940年元宵节前，2月19日。他在昆明万松草堂后院写下了该书出版前言，开头一句便是："这书居然写成、出版，我感到莫大的欣幸！"这正代表了我此刻的心情。

他那本书的文字起笔于1936年冬季，翌年1月开始在开明书店主办的《中学生》杂志上连载，并计划于1937年内连载完。可是，七七事变打破了这一切。

在战事压迫下，刘薰宇自上海、重庆、贵阳，于1938年冬辗转到达昆明。1939年暑假开始后，他打算在故乡贵阳完成这部科普著作的写作。然而，"暑假，回到贵阳，长长的三个月的时间，竟没有写一个字。"原来，敌机的空袭，蚊虫的搅扰，无法使他安下心来写作。"秋后又到昆明。昆明，很好，天气就很好。然而天天想着动手，天天都只是想着而已。"

这又正似我的情形。翻看我的日记，2022年4月1日，我接到本书责任编辑的短函，建议收集西南联大有关的书信，编写成册，另类读好这所学校。8月1日，出版社正式确定了选题，写作计划亦已同步拟定。这时也进了暑假，决心好好沉下心来写写。然而长长的假期，居然一字未着。直至11月4日，西南联大

85周年校庆后第四日，才在这么长的时间里完成了本书第一篇文字。至今想来，仍觉羞愧万分。

刘薰宇先生的《马先生谈算学》，乃至钱穆先生的《国史大纲》、朱自清先生的《经典常谈》、罗常培先生的《汉魏六朝专家文研究》等一批著作的写作，都是在战火硝烟、物价飞涨、书物奇缺的不宁环境中进行的。刘薰宇先生回忆说，寄食于开明书店昆明分店的他自己，"居然不分心在柴米上，坐食现成，于这稿子的完成关系实在不小。……从去年十二月以来，昆明警报频繁，有十几次，都是写着写着，警报一响，便收在篮里，提着跑到荒野。……这样小小的一点东西，经过三年多，而且有过不少的波折，今天居然完成了，我感到莫大的欣幸！"

刘薰宇先生在师范学院的另一位同人、理化学系教授何君超在完成《大学有机化学》一书的译述后，也在其1944年所写的该书弁言《科学与文学之距离》一文中说："此书之译事始于秋病初愈赁居于昆明东郊农村司家营，'饥鼠缘床，幽鸱据树，山楼夜起挑灯'之时，'今夕无眠，愁环剪断还生'，于是振笔直书。箧中书本无多，卷帙稍巨者既不可得，简单之文学读物不但无味，亦且易于枨触愁绪，所谓：'人间何处桃源路，栖栖暗惊憔悴，客子愁多，田家梦好，闲剔残缸不睡，幽窗倦倚，爱松午成涛，月明如水，几度当头，桂花影里铜仙泪。'"

我所崇敬的联大学人，就是在这样艰难困窘的环境中，完成他们的一本本启智培魂的书林经典的。

可是我自己呢？在这和平安宁的祖国大地上，在仍然这么好的昆明天空下，在这样衣食无虞的情形下，在这满室插架的书房里，一本书的进展却如此之慢，不免自惭。

如上所叙，这本书是承出版社体谅，在过去345天时间里，利用寒暑假和八小时外晚间短暂的光阴，断断续续完成的。

靛花巷三号，在西南联大来到昆明后，立即成为一个"谈笑有鸿儒，往来无白丁"的不凡民居。1941年11月22日起，重庆《扫荡报》连载了老舍先生的游记散文《滇行短记》，一开始就写靛花巷。其中说："靛花巷是条只有两三人家的小巷，又狭又脏。可是，巷名的雅美，令人欲忘其陋。昆明的街名，多半美雅。金马碧鸡等用不着说了，就是靛花巷附近的玉龙堆、先生坡，也都令人欣喜。"

在这里，住着老舍的许多朋友，如罗常培、郑天挺、汤用彤、袁家骅、许宝騄、郁泰华等先生。老舍说："在这里还遇到杨今甫、闻一多、沈从文、卞之琳、陈梦家、朱自清、罗膺中、魏建功、章川岛……诸位文坛老将，好像是到了'文艺之家'。"

其实，这里，不仅是"文艺之家"，更是"学术之家""文化之家"。这里是中研院历史语言研究所在昆明最早的住所，也是北大文科研究所和联大教职员宿舍的所在地，又与中央博物院筹备处相邻，是西南联大学人与外界广泛接触的一个重要活动中心。故而，到联大结束前，这里一直名流云集。

在靛花巷三号，陈寅恪完成了《隋唐制度渊源略论稿》，郑天挺完成了《清史探微》，邓广铭完成了《宋史职官志考证》《稼轩词编年笺注》《稼轩诗文钞存》等著作，胡厚宣、罗常培则分别完成了《卜辞同文例》《从语言上论云南民族的分类》两篇论文。更多的学者在这里受到了学术文化的熏陶、锻炼和滋养，为他们后来成为各自领域的大家打下了极为重要的基础。

靛花巷三号是西南联大学人走向昆明、走向民众、走向社会的一个缩影。那时，就流传着"昆明有多大，联大就有多大"的说法，而这一说法正是以联大几个校区和靛花巷三号等街巷为中心向外延展的。靛花巷三号自身依着时局的变化，则和联大本身的变化一样，始终关乎着一批师生的生存发展诉求。

1944年9月9日，房主刘镇东亲自前往靛花巷三号通知，原于上年11月就已涨至2万元月租月付的房租，拟再次涨至10万元月租，且要求一次性付完全年的。在房主随意终止租约，将租金再次涨了5倍之多，"同人等委实不堪再受经济上之特殊压迫"的情形下，王烈、王维诚、王鸿桢、卞之琳、石峻、米士、任继愈、司徒穗卿、胡日恒、孙云铸、张炳熹、许宝騄、齐良骥、赖才澄、郑昕、郑天挺、刘晋年、邓汉英、钱学熙、韩裕文、戴传曾等二十余位联大同人，委托赵凤喈、蒋固节两位律师所办的"赵蒋律师事务所"，发出了"续租靛花巷三号房屋启事"。该启事要求房主按照《战时房屋租赁条例》规定，顾全人情法律，终止不合规不合情行为，取消涨租要求，提出合理解决办法。

其实早在1943年11月4日，房东将房租涨到2万元时，郑天挺在日记中就慨叹："何其不幸！何其不讲理！"现在，更将夫复何言？

靛花巷三号的喜怒哀乐，由此也成为西南联大艰难困苦办学经历的重要见证。就是在这样的千难万难中，师生们克服一切障碍，坚持高水平办学八年余，共创了世界教育史上的伟大奇迹。难怪英籍著名科学家李约瑟（Joseph Needham）也"为他们在中国边远之区所表现的一种不可克服的坚忍与勇气，与其在这样艰苦之中所表现的安然自得之精神"而折服。

故而，对于靛花巷三号，本书中的许多写信人、收信人，或者寄居于斯，或者往来于斯，或于其中的学人有过千丝万缕的交集。这里，已形成了一个以西南联大学者为中心的学术集团。

这，也是我将是书定名为"靛花巷三号"的原因。

起笔345天来，我穿梭于时光隧道，从海内外已出版的数百种图书、杂志、报纸的阅读中，从向联大师生亲

《云南日报》有关靛花巷三号广告（云南省图书馆提供）

友的搜求中，从我自己二十年来的积藏中，检出两百余份书简，以82个主题串联起西南联大光辉璀璨的文化抗战年华。

这些书信，有的是已经在有关作家、学者的全集、书信集、年谱长编或资料汇编里刊载过的，有的散落于民国年间出版的书报刊中，有的系西南联大师生亲属友情提供，有的则是笔者在旧书摊的故纸堆里、在藏书界的师友们的珍藏中发现的……就是这种种的积力和襄助，才形成了西南联大书信史料的第一次总汇聚。这是西南联大这所战时大学的魅力所在，也是我投身西南联大文献史料搜集整理工作二十年来的又一次欣幸！

书中所引书信的作者和收信人，既有联大各级负责人、教职员生及其亲友，也有与联大师生交游的各界人士，如蒋梦麟、梅贻琦、张伯苓、朱自清、闻一多、陈寅恪、华罗庚、沈从文、胡适、柳亚子、朱树屏、巴金、曾昭抡、任继愈、胡祖望、李文达等。至于信件所传达的，既有家国要事，也有鸡毛蒜皮和柴米油盐；既有《诗经》《楚辞》，亦有下里巴人；既有抗战救亡，还有儿女情长；既有教学日常，更有诗和远方……

信，于联大师生而言，是一种日常需要。闻一多先生直言得到的是一种写信的命运，朱自清先生在每天的日记最开头常常简记的是收信人的名字。更多的联大人不是在写信的路上，便是在等信的路上。

信，于联大师生而言，又是一种奢侈。战时物资奇缺，同时又是物价飞涨，寄一封信、收一封信，都需要莫大的勇气。朱自清先生以其教授之资，本应衣食无忧，但是家累重重，加之写信寄信太多，以致在高物价下更难为继。闻一多先生则只能以治印改善之。其他师生，更甭说了。

纸短情长，信里乾坤大。这些从联大师生及社会各界的往来信件中拣拾出来的文字，写满了大时代中精英们的所思所行、所需所求、所憎所爱，激荡着真意满满的家国情、人间情，映衬着在国家民族危亡的紧急关头，西南联大师生异常丰富的内心世界和"富贵不能淫，贫贱不能移，威武不能屈"的英雄群像。走进这些书信，阅读这些书信，走向这些书信的台前幕后，我常常被西南联大这所大学，被她的儿女们感天动地的经历所打动。

在鲁迅、朱自清等现代作家影响下，早在少年时代，我就曾有一个作家梦。因此，在高中毕业之时和大学二年级时，就曾以两本散文集的出版聊表一片文学心。不过，大学时期，我所学的专业却是广播电视新闻学，我所着力的却是后三个字，其实是想要在报刊社做一个名编辑、名记者的。然而，从文学梦和新闻梦的边缘，却斜生出我对历史研究和文化集藏的浓厚兴趣，这就是"一文一武"的西南联大和罗炳辉将军两个迷人的研究对象。从此，又从新闻理想转入历史探究，深深扎入西南联大研究和罗炳辉研究中去了。

基于上述经历，我对西南联大书信的研究和书写，是在新闻眼、历史观、收藏癖、文学梦的杂烩中进行的。对于这些书信，我的任务，并不止步于发现它们，而是在百年无废字的珍爱中，站在读者的角度，用新闻的眼光看历史文献，用历史的眼光衡量对这些书信的书写。

因此，比起介绍写信人、收信人的生平，我更有兴趣向读者介绍这些书信背后的大历史或微历史，更愿意站在读者的角度，寻索书信后面动人心弦的历史往事。不过，有时候，也不去纠缠信中的每一个细节。留给读者一些空间，总也是没错的。

在写作的过程中，我对能够看到原迹的每一封信，都尽可能地予以了核校，以尽可能保证其不失真，不失其原意。需要指出的是，这里所选所读的书信，只是西南联大书信中极小的一部分，例如浦江清先生家书等，都还未及选入释读。这有赖于今后得机增补。

是书书名"靛花巷三号"的书法，特撷取时任武汉大学教授朱光潜先生致罗常培信的同名手迹，以示对西南联大这所抗战大学的致敬和对那一辈学人群体恒久的怀念。全书还随文配发了西南联大时期的一批珍贵图片，其中不少系首次发表，力求成为书信史料的生动补充。

西南联大末任常委傅斯年曾认为，近代历史学就是史料学。正在全书即将付梓之时，已届米寿的西南联大研究专家、云南师范大学余斌教授来信鼓励，认为是书"视觉独到，自备一格；且史料丰满，不为人知者甚多，堪称史料中的史料"。承余先生谬赞，实则我辈要做的还有许多，且一步步从基础史料的整理和研究做起吧。

最后，要特别感谢团结出版社及责任编辑时晓莉女史的热情约稿，感谢书简来源书刊的所有作者、编者，感谢友情提供信件及配图的所有师友，感谢郑天挺教授之孙郑光、任继愈校友之子任重、逯钦立校友之子逯弘捷、李国智校友女婿余斌、王子光校友之女王立等联大师生亲属及吴宝璋、章东磐、戈叔亚、戴美政、徐雁平、吕文浩、陈立言、仇晓刚、杨梅、刘雨杉等师友在各方面给予的指导支持，感谢上海图书馆、中国三峡博物馆、云南省档案馆、云南省图书馆、云纺博物馆、云南师范大学档案馆等单位给予的资料帮助！

本书的写作一定还有不少不足之处，敬请读者朋友不吝批评赐教。同时，也欢迎各界师友继续提供珍贵的书信和史料文献线索，以便今后补充完善。

作　者
2023年10月于昆明
2023年11月改定